A VIDA DOS OUTROS

Luiz Carlos Susin
Gilmar Zampieri

A VIDA DOS OUTROS

Ética e Teologia da Libertação Animal

Dados Internacionais de Catalogação na Publicação (CIP)
(Câmara Brasileira do Livro, SP, Brasil)

Susin, Luiz Carlos
  A vida dos outros : ética e teologia da libertação animal / Luiz Carlos Susin, Gilmar Zampieri. – São Paulo : Paulinas, 2015.

  Bibliografia.
  ISBN 978-85-356-4001-4

  1. Animais - Aspectos religiosos - Cristianismo 2. Ética 3. Relação homem-animal 4. Teologia da Libertação I. Título. II. Zampieri, Gilmar.

15-07762   CDD-261.8

Índice para catálogo sistemático:
  1. Teologia da Libertação : Cristianismo   261.8

1ª edição – 2015
1ª reimpressão –2016

Direção-geral: Bernadete Boff
Editora responsável: Vera Ivanise Bombonatto
Copidesque: Cirano Dias Pelin
Coordenação de revisão: Marina Mendonça
Revisão: Ana Cecilia Mari
Gerente de produção: Felício Calegaro Neto
Projeto gráfico: Manuel Rebelato Miramontes
Imagem da capa: *Adão e Eva no Paraíso Terrestre*, de Peter Wenzel (1745-1829), Museu do Vaticano, Roma.

Nenhuma parte desta obra poderá ser reproduzida ou transmitida por qualquer forma e/ou quaisquer meios (eletrônico ou mecânico, incluindo fotocópia e gravação) ou arquivada em qualquer sistema ou banco de dados sem permissão escrita da Editora. Direitos reservados.

Paulinas
Rua Dona Inácia Uchoa, 62
04110-020 – São Paulo – SP (Brasil)
Tel.: (11) 2125-3500
http://www.paulinas.org.br – editora@paulinas.com.br
Telemarketing e SAC: 0800-7010081
© Pia Sociedade Filhas de São Paulo – São Paulo, 2015

Ao mesmo tempo que podemos fazer uso responsável das coisas, somos chamados a reconhecer que os outros seres vivos têm um valor próprio diante de Deus e, "pelo simples fato de existirem, eles o bendizem e lhe dão glória", porque "alegre-se o Senhor com suas obras" (Sl 104[103],31). Precisamente pela sua dignidade única e por ser dotado de inteligência, o ser humano é chamado a respeitar a criação com as suas leis internas, já que "o Senhor alicerçou a terra com a Sabedoria" (Pr 3,19). Hoje, a Igreja não diz, de forma simplista, que as outras criaturas estão totalmente subordinadas ao bem do ser humano, como se não tivessem um valor em si mesmas e fosse possível dispor delas à nossa vontade.

Papa Francisco, *Laudato Si'*, n. 69

Sumário

Introdução 11

Parte I
PRINCÍPIO COMPAIXÃO

Entre o sofrimento e a morte: olhar e escutar 25
Quem e quantos são os animais? 26
Como nós, humanos, tratamos os animais?
Campos de concentração 27
    Primeiro campo de concentração: animais de estimação ... 28
    Segundo campo de concentração: entretenimento e jogo ... 31
    Terceiro campo de concentração:
    instrumentos na educação e pesquisa 37
    Quarto campo de concentração: animal como utensílio 42
    Quinto campo de concentração: animais para o prato 47

Parte II
PRINCÍPIO LIBERTAÇÃO

Os animais têm direitos?
Pensar e discernir 69

Ambiguidades na herança grega e na herança bíblica
judaico-cristã 74
    Herança grega..74
    Herança bíblica judaico-cristã...80

Ambiguidades na teologia cristã..85
    Santo Agostinho: "à nossa disposição"..........................86
    Tomás de Aquino: "o menos perfeito
    para o mais perfeito" 88
    São Francisco de Assis: "criaturas de Deus" 91

As ambiguidades da Modernidade 94
    Montaigne: "justiça não, benevolência sim" 95
    Descartes: "animal máquina"..97
    Voltaire: "não são máquinas" 98
    Jean-Jacques Rousseau: "natureza e antinatureza" 100
    Immanuel Kant: "dignidade humana e preço animal"...........104
    Jeremy Bentham: "podem eles sofrer?"..........................108

Peter Singer: "Princípio da igual consideração de interesses".......113
    Ética: a inclusão do outro..115
    Em defesa da igualdade ideal..118
    Quando o outro é o animal 121
    Seres humanos e pessoas 132
    O valor da vida de seres scientes, humanos e de pessoas ... 135
    Tirar a vida: os animais que são
    pessoas e os outros animais 138

Tom Regan: os animais "sujeitos-de-uma-vida" 144
   Direitos humanos 146
   Direitos dos animais: sujeitos-de-uma-vida 155
   Direitos animais e vulnerabilidade 161

Parte III
PRINCÍPIO CUIDADO

Exercícios de Teologia da Libertação Animal 169

O olhar da tradição bíblica sobre os animais 175
   Modo de usar 175
   Por que sacrifícios de animais?
   O subterrâneo impuro do desejo 181
   "Misericórdia eu quero e não sacrifício" (Os 6,6) 188
   O júbilo do boi, do leão, do burro e da serpente 192
   A criação: uma "comunidade de aliança
   e vida" que inclui os animais 197
   Dar nome e conviver 204
   Saudar e tornar-se corresponsável:
   a ajuda humana e a aliança animal 207
   A serpente: o mais inteligente dos animais 210
   Caim, o "animal idolatrado" e o "animal acuado" 215
   A arca de Noé: a bênção e a aliança com todos
   os animais e a licença para caçar e comer animais 223
   O destino comum de humanos e animais 231
   Jesus, o Cordeiro de Deus 237
   O Cordeiro e os quatro animais do Apocalipse 246

O olhar da tradição cristã sobre os animais 249
   Modo de usar 249

    Os bestiários de Cristo, dos santos e dos homens 252
    O dualismo e a hierarquia derrotam os animais 256
    Uma doutrina ainda deficitária 262
    Laudato Si' – Afinando a relação com os animais 270

O olhar de São Francisco de Assis
sobre os animais 276
    Modo de usar 276
    "*Sine proprium*": a não propriedade como condição de real
    fraternidade 278
    Os animais não estão à nossa disposição 280
    Pode acontecer o contrário: nós estarmos
    à disposição dos animais 283
    A reconciliação entre o humano e o animal 287

Conclusão
"Que devemos fazer?" (At 2,37b) 295
    O frade e a tourada 297
    O menino, o leite e a vaca 300
    O filósofo, o cão e a transcendência 302
    Conversão animal 307

Bibliografia 313

Introdução

A dor faz pensar, mas pensar dói. Pensar é verbo que tem dois sentidos: "pensar feridas" é socorrer com a medicina e o curativo, é pensar a dor. E pensar é também refletir, socorrer a vida, sobretudo lá onde a vida dói. Por isso, ao mesmo tempo pensar dói e pensar socorre a dor. Dispor-se a pensar ética e teologicamente significa, então, pensar a realidade para torná-la justa como um compromisso humano e divino. O sofrimento e a morte dos animais, seres vivos que nos são dados a conviver nesta terra de Deus, nos levam a pensar nestes dois sentidos: acolher o sofrimento dos seres vivos, dos animais, e portar o socorro da ética e da teologia.

Pensar através da chave de leitura opressão-libertação, além de ser eminentemente um modo de pensar ético, foi e continua sendo a maior contribuição da Teologia da Libertação (TdL) para uma vigilância ética e crítica da fé e para sua vivência histórica à luz da revelação religiosa. A Teologia da Libertação, até mesmo com seus acalorados debates, já inscreveu seu nome na história do pensar teológico, sobretudo desde o ponto de vista epistemológico, no conhecido método circular "ver, julgar e agir".[1] O mesmo estatuto epistemológico pode ser encontrado nas atuais teologias contextuais: na teologia feminista, na teologia índia, na *Black theology*, na ecoteologia, na teologia das religiões e do diálogo inter-religioso, na teologia *queer*. Em todas essas modalidades e óticas de produção teológica, parte-se de uma situação da realidade atual e histórica de opressão, discriminação, violência de alguém sobre alguém, ou, no caso da teologia do diálogo, inicia-se pelo reconhecimento do fato da pluralidade e alça-se voo para a hermenêutica e ação do mesmo fato. No caso das culturas e tradições étnicas, em que cultura e religião se apresentam inseparáveis, é necessário, também, que

---

[1] A TdL intuiu da escuta ao mesmo tempo dos clamores do povo e da leitura do texto sagrado o "princípio libertação" como um princípio heurístico (de pesquisa e encontro) hermenêutico (de interpretação) e inspirador de práticas transformadoras da realidade. Logo se alargou no "princípio misericórdia", ou, ainda, "princípio compaixão", ao entender que, em situações extremas de sofrimento, este é o primeiro momento da libertação: o socorro ao sofrimento, a solidariedade ativa desde a dor. O "princípio libertação" segue o dinamismo do "já agora" e "ainda não" do "princípio esperança" inspirado na visão de futuro, de utopia, de Ernest Bloch. O método "ver, julgar e agir", também inspirado na Ação Católica e consagrado pelas várias instâncias de ação pastoral e dos próprios documentos eclesiais, sobretudo do Magistério latino-americano, recebe nomes mais técnicos quando tratados pelos teólogos que preferem falar em mediações: socioanalítica, hermenêutica e práxica. De qualquer forma, trata-se sempre de ver, ouvir e escutar a realidade, julgar ou interpretar a partir das fontes da fé e agir praticamente para manter ou transformar a realidade. O pensamento não é necessariamente linear. Mais frutífera e estimulante é a relação de circularidade, pois, como diz Heidegger, "o círculo é a festa do pensamento". Se há circularidade não há, propriamente, prioridade de um fundamento sobre o qual se edifica o restante do edifício. No círculo todo ponto pode ser o começo ou o fim último. É nesse sentido que nunca existe descrição pura de fatos: a descrição já é interpretação. Essa dinâmica será perceptível aqui também.

se incorpore, na sua hermenêutica, um diálogo entre os valores dessas culturas religiosas e as fontes cristãs. Em todas as modalidades, o "ferrão" ou, ainda, o "aguilhão" imediato e principal que obriga e desencadeia o pensar é o sofrer. E em todas transparece o pressuposto de que o sofrimento almeja a libertação, a cruz reclama a ressurreição.

Muitos são os frutos colhidos por esse procedimento epistemológico e muito há ainda por semear e trabalhar no campo das referidas teologias contextuais. Os fatos que requerem libertação ainda não alcançaram o seu termo. O tempo continua oportuno para essas teologias, e enquanto a ressurreição dos corpos sofridos não acontecer será necessário continuar insistindo.

No entanto, nossa pergunta, nesta introdução, é esta: não se está abrindo um novo "tempo oportuno" (*kairós*) bem na frente de nossos olhos, o qual, talvez, ainda não estejamos enxergando? Não está chegando a hora de abrirmos os olhos, os ouvidos, as mentes e os corações para um novo acontecimento, para uma nova manifestação de Deus que está a reclamar a fala comprometida da ética e da teologia? O tempo do relógio parece sempre nos possibilitar uma nova chance, se não hoje, então amanhã. Mas, se perdermos a chance do urgente, do que se oferece e está pronto, teremos uma segunda oportunidade?

Visionários e profetas, assim como os poetas, dizem o que todos gostariam de dizer, só que eles chegam antes. Vários teólogos e pastores, no transcurso da história, anteciparam-se em apurada percepção em causas que passavam despercebidas ao senso comum. Mas nem sempre teólogos e pastores se antecipam, nem sempre são antenas avançadas do futuro. Às vezes, os profetas e visionários vêm de fora do campo religioso. E uma nova causa está sendo anunciada por visionários e profetas, para a qual nós, teólogos, ainda fazemos ouvidos moucos e vistas grossas. Que causa? A causa da libertação animal!

Há, de fato, um holocausto diário, uma guerra permanente, uma carnificina sem precedentes, e não nos damos conta, não queremos nos dar conta, nem ao menos queremos pensar no assunto, justificamos, por antecipação, como sendo inevitável, normal, moralmente aceitável e um não problema teológico. Afinal, são apenas animais, e os animais não podem estar ao lado do sofrimento e da morte dos pobres, do feminicídio, dos genocídios de negros e indígenas, da incompreensão para com e perseguição contra os homossexuais e outros atentados contra os direitos humanos. Esses importam verdadeiramente, aqueles não. Claro que seria absurdo dizer o contrário – que os animais importam e as mulheres, os pobres, indígenas, negros, homossexuais não importam tanto. Ninguém defende tal inversão. E, de antemão, julgar que os defensores dos animais não amam as pessoas, especialmente não amam as crianças, ou que são desajustados, fanáticos e inconsequentes, radicais em busca de causas para as suas desilusões, ou coisas que o valham, só empobrece o espírito humano e deixa desprotegidos os indefesos animais, que não só requerem a nossa compaixão e favor, mas justiça.

Poder-se-ia objetar que a teologia ecológica – ou *ecoteologia* – trata dessa questão e, por isso, não há necessidade de um enfoque específico. Pensamos que essa hipotética objeção seria um equívoco que precisa ser desfeito para o bem da teologia, dos humanos e, sobretudo, dos animais. E também para o bem da boa imagem do próprio Deus. A ecoteologia tem insistido nas crises que estão em andamento por causa da ação predatória do ser humano, crises como o aquecimento global, a crise da água, a perda da biodiversidade, o desmatamento, o problema do uso e abuso dos recursos naturais, o problema do lixo, a fome, a pobreza e a migração associadas a essa crise e, portanto, a necessidade de aliar ecologia ambiental com social, e esta com ecologia mental e integral. Tudo isso está bem-posto, e está acertado o método para tratar a questão, sistêmica e holisticamente, na sua inteireza.[2]

Do ponto de vista ecológico, os seres da natureza tecem uma complexa dança com a terra e o clima. O todo é o que importa, e as partes representam papéis, funções de equilíbrio ou desequilíbrio, pois os entes individuais vão e vêm nessa eterna dança. O importante são os papéis e não os intérpretes reais particulares. Raramente se fala do valor intrínseco dos componentes individuais e diversos da natureza, portanto de cada ser, mesmo quando se postula a passagem do antropocentrismo para o biocentrismo e o ecocentrismo. Essa é uma questão fundamental, ausente na ecoteologia, que só uma Teologia da

---

[2] A carta encíclica *Laudato Si'*, do Papa Francisco, é um bom exemplo.

Libertação Animal pode vir a pensar. Há certo platonismo na ecoteologia, na medida em que as espécies são louvadas e os indivíduos, esquecidos.

O paradigma antropocêntrico só pode ser superado se for superado o *especismo* que, além de só considerar espécies e não cada ser ou criatura, considera os animais, sem falar de outros seres, como inferiores e a serviço dos propósitos da espécie "homem", numa hierarquia em que o animal humano está no topo. Ora, os animais são a parte *senciente* da natureza, por isso merecem um tratamento diferenciado. Não se pode colocar, indistintamente, os animais no mesmo patamar das agressões que o humano processa contra o restante da natureza. Há uma diferença básica entre os dois níveis e essa diferença "faz a diferença": quando falamos de animais, estamos falando de seres que são "sujeitos de uma vida" (Tom Regan), e que têm interesses e preferências (Peter Singer), mesmo que ninguém se interesse por eles. Animais têm interesse de liberdade, de saúde e de vida, de locomoção e de relação. A questão animal precisa sair da periferia a que está relegada, hoje, na ecoteologia, para um lugar central, isto é, para um enfoque específico. A relação do ser humano com os animais é, conforme a tradição bíblica – o que ainda buscaremos demonstrar –, o teste para as relações com todas as criaturas, como também o sintoma de uma forma saudável ou patológica e violenta de estar no mundo.

Nesse sentido será necessário dar um passo a mais no "descentramento" que o ser humano experimentou ao longo da história, e que foi resumido por Freud em três humilhações antropológicas: 1ª) Copérnico (1473-1543) ousou retirar da Terra o centro do universo, e com ela também o ser humano, habitante da Terra; 2ª) Darwin (1809-1882) se encarregou de mostrar que entre os homens e os animais a diferença é apenas de grau evolutivo e não um salto absoluto e original e, assim sendo, o ser humano não ocuparia um lugar privilegiado na ordem da criação: descendemos da evolução animal apesar da narrativa bíblica de que somos criaturas especialmente criadas pela palavra e pela mão de Deus – cujo sentido examinaremos na terceira parte; 3ª) O terceiro abalo veio de Marx (1818-1883) e de Freud (1856-1939). Marx e Freud se encarregaram de mostrar que não é a razão que governa nossa vida e nossa história. O que governa soberanamente é a economia, diz Marx, e a esfera da consciência (filosofia, arte, religião, moral, Estado) reflete a posição social que ocupamos na esfera da produção da vida. Freud, seguindo Schopenhauer, completa o quadro dizendo que o inconsciente é o poder dos poderes e a esfera da consciência é apenas uma tênue superfície no oceano da vida humana.

O quarto abalo, segundo a nossa tese, respaldada por bons intérpretes, está em curso e, na esteira de Darwin, talvez de Jung, mas também de São Francisco de Assis, afirma a necessidade de inclusão dos animais na esfera da moralidade, do direito e da teologia.

Houve um tempo em que os negros eram destituídos de direitos. Houve um tempo em que a mulher era destituída de direitos

– *racismo* e *machismo*. Houve um tempo em que os animais eram destituídos de direitos: trata-se de *especismo*.[3] Pensadores das áreas de filosofia, ética e direito estão fazendo sua parte. Cabe à teologia dar sua contribuição nesse debate para não perder o bonde da história. Modestamente é o que se intenta neste texto que busca conectar ética e teologia para pensar melhor.

Uma questão não sem importância, antes de adentrarmos no tema, é que precisamos todos de conversão: conversão do olhar, conversão de sensibilidade, conversão de coração, conversão de hábitos, até mesmo conversão de paladar, além da conversão de mente. O que se instalou em nossos hábitos, sobretudo alimentares, é de difícil remoção. E o que se instalou em nossa mente, na forma de juízos e avaliação, também resiste a que possamos sentir, ver, pensar, falar e agir diferentemente. Segundo Einstein, é mais fácil desintegrar um átomo do que mudar um pré--conceito. Fácil não é, porém não é impossível.

Por isso, há necessidade de novos registros mentais e sensoriais, nova percepção e nova educação. À medida que um novo olhar se abre, o que antes parecia a única maneira possível de

---

[3] O termo *especismo* foi usado, pela primeira vez, em um panfleto em defesa dos animais pelo filósofo Richard D. Ryder em 1973. Contudo, foi o filósofo Peter Singer que o assumiu e definitivamente lhe deu estatuto de conceito-guia para pensar a relação tradicional que o homem estabeleceu com os animais, considerando-os fora da comunidade moral e, portanto, passíveis de serem subjugados, discriminados e tratados como coisas, sem consideração por seus interesses, simplesmente por não pertencerem à espécie humana, considerada, incomparavelmente, superior.

ver o mundo rende-se a outras formas, de modo que não mais será possível vê-lo somente do mesmo ângulo. É o mesmo que acontece com as figuras a seguir, que nos permitem exercitar o fenômeno da ilusão de ótica. O primeiro olhar é viciado pelo hábito, que é seletivo, só enxerga sob um prisma. Até que a figura se mostre desde outra possibilidade, somos capazes de afirmar que não há outra realidade senão a que vemos. Mas, de repente, num *insight*, surge algo novo, e o que era continua sendo, mas o que não era se instaura de tal forma que não mais podemos nos livrar do novo modo de conhecimento. É o que acontece com quem compreendeu e ousa afirmar que, para além do ser humano, há os animais que precisam ser incluídos na esfera de moralidade e de direitos e, mesmo, de reconciliação, de perdão e de louvor diante de Deus. É o que acontece com quem sempre tratou os animais como objeto, propriedade, mercadoria, brinquedo, mas, de repente, ou não tão de repente, revoluciona o olhar e passa a ver nos animais seres vivos sensíveis, alguém e não algo, e com grau ou modo de consciência própria, que merece a nossa consideração e respeito.

Aqui está um belo exercício: nestas figuras o que se vê e o que mais se pode ver?

Na questão animal, estamos todos, ou quase todos, na mesma condição dos homenzinhos presos no fundo da caverna descrita por Platão no clássico *mito da caverna*. Imaginemos, diz Platão, que no fundo de uma caverna se encontram homens presos por correntes nos pés e no pescoço, as quais lhes impossibilitam o movimento e os obrigam a olhar somente para o fundo da caverna. Imaginemos ainda que em direção à saída da caverna, logo após os homens amarrados, há um muro e, atrás desse muro, andam homens para cá e para lá carregando figuras que se erguem acima do muro. Mais atrás ainda há uma grande fogueira. A luz da fogueira projeta, então, as sombras desses objetos no fundo da caverna. Os homens, amarrados com o rosto para o fundo, contemplam essas sombras e ouvem o eco das vozes dos homens em movimento, imaginando que são vozes das próprias sombras, que eles pensam serem reais. Na cabeça desses homenzinhos o mundo está todo inteiro aí e não há outro mundo possível.

Assim descrita, parece triste, muito triste, a condição desses homens. Mas será diferente a nossa condição em relação à concepção que temos da beleza do conjunto da criação, da biodiversidade, especialmente dos animais? Não estamos todos precisando desatar as correntes do pescoço para uma conversão e uma nova experiência do olhar? Ou está tudo bem e vivemos no melhor dos mundos possíveis? Se alguém pensa que está tudo bem em nossa relação com os animais, não estaria vendo somente a sombra do real?

O primeiro passo para a metamorfose da consciência, não sem dor, não pode ser outro senão aprender a olhar. Não basta ver, é preciso olhar. E não basta olhar, é preciso escutar. Ver e escutar diferentemente, e *diferentemente* significa, neste caso, olhar a partir da vítima e não dos interesses e das justificações prévias do vitimador, segundo o "princípio-libertação".

Cremos assim justificada a ordem que aqui seguiremos: na primeira parte vamos nos dedicar a ver e escutar com a mente e o coração abertos. Na segunda parte vamos acompanhar os nomes, alguns conhecidos e outros nem tanto, que já pensaram e se posicionaram, alguns com profética visão e outros como defensores da ideologia reinante, numa história bastante acidentada do pensamento ocidental e da ética que o acompanha. Na terceira parte nos voltamos para a dimensão religiosa dos textos bíblicos e do Cristianismo, que também deixa a sua marca no tratamento animal. Evidentemente há em múltiplas culturas indígenas, africanas, hindus, budistas etc. uma grande riqueza de ensinamentos, mas precisamos fazer uma escolha, aquela que está mais próxima do problema porque está mais envolvida com o Ocidente, a tradição judaico-cristã. Finalmente, já como conclusão, propomos alguns exercícios e sugestões, como convém ao nosso método. Como não dispomos de abundante literatura específica no âmbito da língua portuguesa, esperamos que nossa fadiga cumpra um bom serviço, e estamos abertos ao necessário debate.

É o destino de cada verdade ser ridicularizada
ao ser proclamada pela primeira vez.
(Albert Schweitzer)

Auschwitz começa onde quer que alguém olhe
para um matadouro e pense:
eles são apenas animais.
(Theodor Adorno)

A grandeza de uma nação pode ser julgada pelo
modo como os seus animais são tratados.
(Gandhi)

PARTE I

PRINCÍPIO COMPAIXÃO

Entre o sofrimento e a morte: olhar e escutar

Antes de enfrentarmos as questões de ordem ética, filosófica e teológica que envolvem, ou não, direitos dos animais e, consequentemente, nosso dever moral e teológico para com eles, é oportuno, seguindo o método da Teologia da Libertação, partir da situação, da realidade, no caso dos animais, da sua nada afortunada realidade. É preciso *olhar* e *escutar*! Não só ver, mas olhar: com atenção, com cuidado, com foco, com sensibilidade. E escutar: apurar o ouvido para discriminar os sons de alegria e contentamento e os gemidos de sofrimento e morte. Se olharmos e escutarmos com atenção, uma nova percepção pode tocar a nossa sensibilidade acostumada a uma leitura acomodada pelo hábito e pelas tradições e, sobretudo hoje, viciada pela lógica do mercado e seus intérpretes.

O horizonte do olhar e o arco da escuta podem ser delineados em duas perguntas, suficientemente, abrangentes. Primeira: Quem e quantos são os animais? Segunda: Como é que nós, humanos, os tratamos? A interrogação sobre como deveríamos tratá-los e por que será objeto da segunda e terceira parte deste livro.

Quem e quantos são os animais?

A pergunta sobre *quem são os animais* não pretende ser uma pergunta metafísica que busque responder qual seria a essência do ser animal em relação a outros seres, tais como os vegetais, os minerais e os humanos, por exemplo. A pergunta pretende ser mais modesta. Trata-se mais do aspecto quantitativo do que qualitativo. Isso não facilita a resposta, pois quem saberá, em definitivo, quantas espécies de animais habitam a terra? Mais difícil ainda, ou melhor, impossível, é saber quantos animais individuais habitam a terra. Não há recenseamento de todos os animais e nem há como fazê-lo.

Imagine a tarefa de contar os répteis, os peixes, as aves e os pássaros que habitam a terra, os rios e mares e os ares! E os insetos? Entretanto, essa dupla pergunta pode ter um sentido, não propriamente uma resposta, pois sempre permaneceremos com um déficit de conhecimento nessa área. A pergunta tem um sentido ético: a sua intenção é justamente o choque da ignorância, por um lado, e o choque de uma possível direção de resposta, pois estamos falando de milhões de espécies e, talvez, trilhões, quatrilhões, ou muito mais do que isso, de seres individuais. Nossa intenção não é elaborarmos um estudo de zoologia, nem mesmo de biologia, e não precisamos, no presente estudo – nem seria o lugar adequado – fazer uma descrição complexa do mundo dos animais, os tipos, as espécies, suas características, funções que exercem no equilíbrio da terra etc. Nem somos gabaritados para fazer isso. Mas importa sublinhar coerentemente o seguinte: quando falarmos neste texto de *animais*, estaremos falando de *todos* os animais não humanos, absolutamente todos![1] Não nos importam somente a baleia, a vaca, o boi, o gato, o cachorro, a foca, a galinha, o galo, o macaco. Não os abordaremos por divisões como animais "domésticos" e animais "selvagens" ou perigosos e daninhos. Do ponto de vista bíblico e teológico, convém perguntar também: Não os criou Deus, sem discriminação, portanto, não os conhece Deus a cada um?

Como nós, humanos, tratamos os animais? Campos de concentração

Dos animais aos quais temos acesso – e ainda bem que não temos acesso a todos –, o nosso relacionamento para com eles

---

[1] É claro que, do ponto de vista moral e teológico e, sobretudo, biológico, há diferenças que não podem ser ignoradas e equiparadas quando se trata de defender os direitos dos animais levando em conta as suas "considerações de interesses" enquanto "sujeitos de uma vida". Todos são *seres vivos* – animais –, mas o grau de sua vivência e percepção de si e do mundo que os circunda varia segundo a sua natureza. Não se pode equiparar a vida, a sensibilidade e a consciência de si de um cachorro ou de um golfinho com uma lesma ou uma formiga, por exemplo. De qualquer forma, não nos arriscamos a fazer uma lista discriminatória dos animais que estão no nosso foco de olhar. Proceder assim seria como fazer uma discriminação prévia de quais humanos estariam no nosso foco quando falamos de vida ou de direitos humanos. Ao longo deste trabalho, veremos que os autores analisados, sobretudo na segunda parte do livro, fazem algum tipo de discriminação a partir de algum critério que seja relevante do ponto de vista moral.

pode ser classificado em cinco *campos de concentração:*[2] *estimação, entretenimento, instrumentos de pesquisa, utensílio* e *alimentação.* Em todos os campos a relação com os animais é a mesma relação básica do capitalismo, a saber, relação de propriedade. Nessa relação o animal é tido como *coisa.* E *coisa,* todos sabem, é *algo* e não *alguém.* Se *coisa* não é alguém, então não tem dignidade própria, e se não tem dignidade própria não tem valor em si, e o único valor é o seu preço, que é dado por seu proprietário. Essa relação de propriedade afetou profundamente as relações humanas no passado e ainda as afeta, em grande medida, no presente: o escravo, o empregado, o filho, a mulher, todos foram tratados como instrumentos e propriedades, como continuam a ser tratados o boi e os animais em geral. Há um fundo comum, que produz sofrimento e morte. Convém ir aos detalhes.

Primeiro campo de concentração: animais de estimação

A primeira sombra aparece sob forma de aparente amor, respeito, consideração, carinho, afeto. Afirmar que os animais de estimação sofrem nas mãos dos humanos parece coisa de

---

[2] A analogia entre os campos de concentração e o holocausto humano impetrado pelo nazismo na Segunda Guerra Mundial e o holocausto diário nos vários campos da relação do homem com os animais é sugerida pelo escritor sul-africano, Prêmio Nobel de Literatura, J. M. Coetzee, em seu livro de ficção *A vida dos animais* [São Paulo: Companhia das Letras, 2002]. É apenas uma analogia, com força de expressão chocante, para dar o que pensar, mas é óbvio que não se pode fazer comparações nessa matéria, nem comparar qualitativamente o holocausto humano com a morte, mesmo que em maior proporção, dos animais não humanos. Contudo, assumimos neste texto essa analogia pelo que ela tem de pedagógico na condução de uma possível transformação da consciência diante da enormidade e da crueldade do fato.

extremista inconsequente que não anda bem da cabeça. Afinal, pelo menos nessa relação não se pode dizer o que, eventualmente, pode ser dito das outras relações, definitivamente mais violentas e grosseiras. Será verdade? Deixemos de lado os animais silvestres que são capturados e vendidos para ser prisioneiros dos "amantes" dos animais. Nesses casos ninguém duvida, ou quase ninguém duvida, de que se trata de um despropósito e de uma crueldade injustificável.[3] Como um pássaro, por exemplo, que cumpre seu ser por natureza no livre voo, pode se sentir amado dentro de uma gaiola? O sofrimento e a morte, decorrentes da captura e do transporte, são particularmente algo que só por má-fé se pode justificar. Mas e os animais de estimação ditos "domésticos", terão eles melhor sorte? Tomemos dois exemplos clássicos: os cães e os gatos.

Um paradoxo salta aos olhos de imediato: nós, sobretudo as crianças, adoramos gatos e cachorros, mas, ao mesmo tempo, comemos galinhas, porcos, ovelhas, vacas.[4] Por quê? Não é por-

---

[3] Analogamente, justificar tal aprisionamento seria como ressuscitar a justificativa de que os africanos escravos na América, por serem batizados, teriam a vida eterna que os africanos livres na África não teriam.

[4] Sônia T. Felipe, no livro *Acertos abolicionistas: a vez dos animais – Crítica à moralidade especista* [São José-SC: Ecoânima, 2014], sugere dois conceitos para pensar o especismo. Um é *especismo elitista*. Outro é *especismo seletivo*. O *especismo elitista* considera todos os animais inferiores aos humanos por aqueles não possuírem determinadas características que os humanos elegem como sendo do parâmetro para a superioridade, por exemplo, racionalidade, linguagem e alma. O *especismo eletivo* é a discriminação operada pelos humanos no interior dos animais, elegendo alguns como amados e protegidos, relegando outros à tortura e à morte.

que gostamos, respeitamos, amamos os animais – no caso, o cachorro e o gato. Se assim fosse, todos os animais seriam amados e nenhum cairia em nosso prato. Amamos os gatos e os cachorros e temos para com eles um afeto especial, e isso é muito bom, porque eles, de alguma forma, nos servem a seu modo. Claro que há exceções. Há quem ame, cuide, proteja e se interesse, sinceramente, pelos gatos e cachorros, mesmo comendo outros animais. E há os que, por razões morais, amam gatos e cachorros e estendem esse amor e respeito aos outros animais. São, por exemplo, os *vegetarianos* e, mais radicalmente, os *veganos*. Mas, sem querer quantificar, o número daqueles que dizem amar os gatos e os cachorros e que, porém, os abandonam ao primeiro sinal de contrariedade, não pode ser subestimado. Há, no Brasil, milhões de cachorros e gatos abandonados à espera de adoção, grande parte deles perambulando pelas ruas. Cachorros e gatos abandonados são sinônimo de sofrimento, maus-tratos, doenças e morte. E, mesmo assim, a indústria de filhotes sob encomenda não para de crescer. Os que amam sinceramente os cachorros e os gatos não deveriam parar de alimentar essa indústria e adotar um?

Má sorte tem os abandonados, mas o que dizer dos diversos tipos de cães (rottweiler, pitbull, fila, dobermann etc.) que sofrem exagerados castigos físicos em sessões de adestramento para que se tornem ferozes e agressivos a fim de defender as nossas propriedades? Sem contar as consequências desastrosas que ocorrem quando esses cães, tornados ferozes, escapam da vigilância de seu dono. Maior, contudo, é o sofrimento causado gratuitamente quando o proprietário decide cortar as orelhas e a cauda de seu cão ou, então, provocar a desvocalização do animal para que não cause incômodo sonoro. E aqueles que providenciam a extração das unhas dos gatos para que eles não arranhem os móveis da casa? Essas cirurgias "estéticas" são feitas por "amor" aos animais? Ou é mais por uma necessidade ou capricho de quem trata o animal como instrumento ou uma boneca, um brinquedo? (LEVAI, 2004, p. 100-101).

Como se pode perceber, mesmo os animais de estimação estão sujeitos ao sofrimento e à morte em nossas mãos. Dos campos de concentração talvez esse seja o menos cruel, mas não está isento de maldades humanas. Basta olhar e escutar!

Segundo campo de concentração: entretenimento e jogo

Se outra imagem aparece quando as coisas são bem-vistas e revistas com os animais de estimação, então imagine o que veremos com a nossa relação com os animais para o entretenimento e o jogo. Nesse particular a sombra aparece sob a forma de divertimento, mas a realidade oculta é, quase sempre, o sofrimento do animal como custo do nosso prazer.

Por precisão conceitual, seguimos, neste particular, a indicação de Tom Regan (2006, p. 155-195) que distingue o uso de animais para entretenimento e para jogos. Não temos pretensão de abordar com detalhes tudo o que está implicado em cada uma das modalidades de entretenimento e jogo com animais e menos ainda todas as formas em cada um deles. Apenas ilustramos o que nos parece mais significativo para o propósito de abrirmos os olhos e as mentes para o que está além do aparente.

Entretenimento

O animal de circo. Talvez ouçamos murmúrios e seus ecos por todos os lados: que desmancha-prazeres, até com os animais de circo!? Afinal, circo é sinônimo de *performance* animal, e o que haveria de errado com os animais no circo? Primeiro: circo não é sinônimo de animal, e o famoso *Cirque du Soleil* é prova disso. Não é necessário o sofrimento dos animais para divertir a garotada e as famílias. Segundo: alguém pode imaginar ser possível adestrar, sem dor e sofrimento, tigres para que saltem em meio a argolas de fogo? E ursos pedalando bicicletas? E chimpanzés dançando com roupas femininas? E elefantes sentando em banquetas? E leões dóceis e resignados? Os animais de circo vivem em espaços ínfimos, apanhando, regularmente, com cabos de aço, madeiras, chicotes, porretes e até descargas elétricas durante o adestramento. Muitos são mutilados, tendo dentes e garras arrancados para não representarem perigo. E há, ainda, o problema do transporte constante devido à mobilidade dos circos, o que ocasiona um sofrimento adicional aos animais.

O aspecto mais grave – do ponto de vista do animal – é que o circo, por sua natureza, e não por maldade dos que trabalham nele, não apresenta as mínimas condições para a vida do animal. O espaço é limitado para um animal como o tigre, o leão ou o elefante, acostumados a longas caminhadas e corridas. Além disso, há a perda da estrutura social que compõe a natureza desses animais. Os mamíferos vivem em grupos, em bandos ou manadas e em sua vida natural aprendem, ensinam, divertem-se e interagem e se comportam saudavelmente. Como é o comportamento de um animal aprisionado para o "espetáculo" circense? Regan sintetiza seu comportamento doentio da seguinte forma:

> O que vemos é o mesmo tipo de comportamento estereotipado encontrado nos animais enjaulados nas granjas industriais e nas fábricas de peles. Leões e tigres andando para lá e para cá, indo e vindo, indo e vindo, indo e vindo, nunca se desviando de sua rota circunscrita. Elefantes balançando para lá e para cá, para lá e para cá, para lá e para cá, ou sacudindo a cabeça, para este lado, depois para aquele, repetidamente. Às vezes o comportamento fala mais alto do que as palavras. Esses são seres mentalmente doentes, psicologicamente derrotados (REGAN, 2006, p. 159).

E para quê? Para que o *show* possa continuar e nós possamos nos "divertir". Tudo para que o espetáculo satisfaça nosso prazer, não importando o sofrimento do animal! Afinal, são apenas animais!

O animal de zoológico. O mesmo fenômeno do circo pode ser assistido nos zoológicos: espaço reduzido, falta de sociabilização, estresse, animais exóticos tirados do seu *habitat* natural, outro clima, outro "mundo" para servir o mundo humano.

As touradas. Restritas ao universo cultural ibérico, as touradas são, talvez, a mais cruel forma de diversão envolvendo animais. O destino do animal é a morte, passando por atroz sofrimento. Um espetáculo cruento assim descrito e avaliado por Laerte F. Levai:

> [...] Muitos deles – sem que a plateia perceba – já entram na arena em estado de sofrimento: chifres cortados, algodão enfiado nas narinas, agulhas espetadas no órgão genital, vaselina a turvar-lhe a visão, afora outros expedientes imorais usados para enfraquecer os animais. O que se vê, depois, é uma sequência de estocadas que levam o touro, lentamente, à morte, sob os aplausos da multidão ensandecida que confunde heroísmo com atos de covardia (LEVAI, 2004, p. 55).

A farra do boi é a versão brasileira das touradas ibéricas. A prática é proibida por lei, mas continua sendo exercida, sobretudo, em alguns espaços do litoral de Santa Catarina, e pode ser assim descrita:

> Munidos de paus, pedras, açoites e facas, participam da farra homens, mulheres, velhos e crianças. Assim que o boi é solto, a multidão o persegue e o agride incessantemente. O primeiro alvo são os chifres, quebrados a pauladas. Em seguida os olhos são perfurados. A tortura só termina quando o animal, horas depois, já com vários ossos quebrados, não tem mais força para correr às cegas, sendo definitivamente carneado para churrasco (DIAS, 2000, p. 206).

Jogos

Rodeios. Os rodeios são considerados "esporte", pois ativam um duelo entre a suposta coragem e habilidade dos homens (quase nunca mulheres, já que a condição de proprietário é, tradicionalmente, masculina) e a força e a velocidade dos animais. Não haveria nada a objetar contra o uso de animais para o jogo se entre o homem e o animal a relação fosse apenas para expor as habilidades de um e de outro. Mas isso é apenas sombra. A realidade, nua e crua, é que as acrobacias apresentadas nos rodeios expõem os animais aos mais variados sofrimentos e, às vezes, à morte. Tomemos como exemplo a "laçada de bezerro", "laço em dupla" e "bulldog".

A laçada de bezerro expõe um bezerro de aproximadamente cinquenta dias a uma rápida, mas não menos cruel, tortura. Dá-se a largada do bezerro, que, desesperadamente, procura a fuga, e o cavaleiro laça-lhe o pescoço, derrubando-o violentamente, e em seguida o imobiliza atando-lhe as pernas. Muito divertido! Mas não para o bezerro, que pode sofrer ruptura da medula espinhal, ruptura de diversos órgãos internos, tornando-o paralítico ou levando-o à morte.

A modalidade "laço em dupla" é mais cruel. Dois cavaleiros ladeiam o animal em disparada: enquanto um laça o pescoço, o outro laça as pernas traseiras, esticando o animal bruscamente. Muito divertido, porém não para o animal!

Quanto ao "bulldog", dois cavaleiros ladeiam o animal em alta velocidade e um dos cavaleiros lança-se sobre o animal, agarra-lhe os chifres e torce violentamente o pescoço, jogando o animal no chão.

As três modalidades são muito rápidas e isso é um atenuante para o sofrimento do animal. Mas o que se passa fora do rodeio para que essas modalidades possam ser executadas com "perfeição"? Quantos animais são expostos para o treinamento e sobre que condições e consequências? Muito divertido, porém não para o animal!

Afora os exemplos citados, os rodeios se destacam, ainda, pelas provas de montaria. Nas provas de montaria os animais, cavalos ou touros, também são submetidos à crueldade. Nessa modalidade, a regra é fazer o animal pular e escoicear ao máximo, e ao homem cabe resistir sobre o animal pelo maior tempo possível e na maior dificuldade para alcançar o máximo de pontuação na prova. Ocorre que o animal pula e escoiceia não por índole, por ser selvagem, xucro, indomável (REGAN, 2006, p. 187). Não. O comportamento do animal é provocado por dois instrumentos, o sedém (cinta de couro que aperta o abdômen e a virilha) e a espora (instrumento metálico, pontiagudo ou não, preso na bota dos peões), que lhes causa inegável sofrimento físico e mental. Os animais "são mansos e domesticados e só corcoveiam, em desespero, na tentativa de livrar-se daquilo que os oprime" (LEVAI, 2004, p. 56). E o que os oprime não é o peão que está sobre ele, mas os instrumentos do qual o peão se serve para fazer o animal entrar em desespero e querer energicamente se livrar. Tanto o sedém quanto as esporas provocam dor e sofrimento. As esporas são utilizadas para estocar os animais em golpes seguidos, atingindo o baixo ventre, o pescoço e até a cabeça. E isso sem falar nos "métodos clandestinos que ocasionam dor intensa, como o choque elétrico e pauladas, às vezes, utilizados nos bretes, momentos antes de o animal ingressar na arena" (LEVAI, 2004, p. 56). E tudo para que o jogo possa continuar! E alguém ganhar dinheiro com o sofrimento alheio!

Ainda, para finalizar as formas de jogos ou esporte com animais, mesmo que só para constar, enumeremos três modalidades: as rinhas, as caças esportivas e a corrida de galgos.[5]

Terceiro campo de concentração:
instrumentos na educação e pesquisa

Nas ciências, a utilização de animais como instrumentos pode ser dividida em duas categorias: *educação* e *testes ou pesquisa*. A justificativa, alegada pelas empresas, universidades e pesquisadores em geral, é de que o avanço da ciência depende do uso do modelo animal. Só quem estaria contra o progresso poderia estar contra o uso dos animais nas duas categorias. E os defensores do uso do modelo animal são sempre muito "humanos" e defendem o bem-estar dos animais, afirmando, em seus estatutos, o uso responsável, isto é, sem proporcionar sofrimentos adicionais e desnecessários. Nisso também há sombras! Se

---

[5] As rinhas, proibidas no Brasil, expõem galos (nas Filipinas, onde a prática é liberada, o número de galos mortos por ano chega a oito milhões), cachorros e canários ao estado de crueldade em nome do jogo e do divertimento. Sobre as caças esportivas e as corridas de galgos, remetemos para a minuciosa descrição feita por Tom Regan no seu livro *Jaulas vazias* (2006, p. 176-185; 191-194).

alguém se interessar em ver para além das sombras, sugerimos a leitura de dois capítulos dos livros de Peter Singer[6] e de Tom Regan.[7] O levantamento das práticas de uso de animais nesse campo é estarrecedor. Para efeito ilustrativo, restringimo-nos aos casos mais representativos das duas categorias referidas.

Educação. Já foi comum e amplamente aceito o uso de animais para dissecção e vivissecção, nas práticas de ensino, para transmitir conhecimentos, previamente sabidos, já que nesse campo a experimentação animal não resulta em inovação de conhecimento, como é o caso da pesquisa. A justificativa é recorrente: trata-se do melhor e, às vezes, do único método para o ensino nos campos que implicam conhecimento de anatomia e fisiologia. Essa justificativa seria de difícil contestação caso fosse verdadeira. Afinal, estaríamos diante do consagrado princípio do mal menor, previsto em quase todas as éticas. Mas, hoje, já é possível a substituição do animal por *softwares* que a tecnologia põe à disposição sem prejuízo da aprendizagem. Se isso for verdadeiro, então as práticas da dissecção e da vivissecção,

---

[6] O segundo capítulo, intitulado "Instrumentos de pesquisa", do livro *Libertação animal*, de Peter Singer, é um detalhado relato, com farto material de análise de relatórios de universidades e departamentos de pesquisa, sobre o uso de animais nas pesquisas científicas. SINGER, Peter. *Libertação animal*. Porto Alegre/São Paulo: Lugano, 2004.

[7] REGAN, Tom. *Jaulas vazias*. Porto Alegre: Lugano, 2006. O capítulo do livro que trata dos experimentos com animais intitula-se "Transformando animais em instrumentos".

onde não forem de extrema necessidade, têm de ser abolidas, definitivamente, por um dever ético.[8]

Testes ou pesquisa. Nos testes ou pesquisa, o animal é utilizado como instrumento com o objetivo de alcançar algum conhecimento que ainda não se tem e se supõe que só possa ser alcançado mediante o seu uso. Os testes com animais cobrem uma variada gama de modalidades com o objetivo de obter resultados nas áreas do comportamento, reações a medicamentos, cosméticos e substâncias químicas em geral, pesquisa contra o câncer, uso de novas drogas e vacinas e pesquisa de toxicidade. As várias modalidades de testes são aplicadas em uma variedade de animais e engana-se quem pensa que o camundongo seja a única vítima. Laerte Fernando Levai (2004, p. 64) enumera algumas vítimas da nossa fauna:

> [...] ratos (utilizados geralmente para se investigar o sistema imunológico), coelhos (submetidos a testes cutâneos e oculares), gatos (que servem sobretudo às experiências cerebrais), cães (normalmente destinados ao treinamento de cirurgias), rãs (usadas para testes de reação muscular...), macacos (para análise de comportamento...), porcos (cuja pele frequentemente serve de modelo para o estudo da cicatrização), cavalos (muito utilizados no campo da sorologia), pombos e peixes (que se destinam, em regra, aos estudos toxicológicos).

---

[8] Especificamente sobre o uso dos animais nas práticas de Ensino Superior, sugerimos: TRÉZ, Thales de A. (org.). *Instrumento animal*; o uso prejudicial de animais no ensino superior. São Paulo: Canal 6, 2008. O livro é composto por oito artigos em torno do tema principal, qual seja, o uso dos animais como metodologia de aprendizagem.

Peter Singer, em seu livro *Libertação animal* (2004), mapeia o campo dos testes com animais,[9] detalhando e analisando relatórios de experimentos em diversas áreas, que vão da utilização de macacos e cachorros pelo Exército e Força Aérea americana para testes de radiação, passando pelo uso de animais para teste na área da psicologia submetidos a atrozes experimentos com choques elétricos, às vezes por razões triviais, seguindo com testes com drogas e variedades de substâncias químicas para auferir o nível de toxidade de produtos comercializáveis da área médica ou não. Para efeito de ilustração, concentremo-nos nos testes de toxidade mais conhecidos, o LD50 e o teste *Draize*.

O mais conhecido teste de toxicidade é o LD50. A abreviatura LD50 provém do termo inglês *Lethal Dose 50 Percent* ("dose letal 50%"). É o teste para detectar qual a quantidade de substância que matará a metade do grupo de animais testados num tempo pré-determinado. Todos os anos milhões de animais são mortos por serem simplesmente obrigados a ingerir ou inalar doses letais de cremes dentais, xampus, tinturas para cabelos, amaciantes de roupas, loções para o corpo, detergentes, óleo para freio automotivo, *sprays*, produtos de limpeza de forno, tintas, bronzeadores, esmaltes para unhas... A lista é longa! Metade dos animais testados morre para comprovar a dose e a outra

---

[9] É bom ter presente que quando se fala em animais nunca se sabe precisamente qual é o número de submetidos aos testes. O que os autores especializados na área dizem é que, anualmente, *centenas ou milhares de milhões* de animais são objeto de testes que lhes imputam dor, sofrimento e, muito frequentemente, a morte. Os números são sempre assustadores!

metade, depois de muito sofrimento (diarreia, vômitos, hemorragias, convulsões...), é sacrificada. É um dos mais deprimentes testes feitos em animais. O teste LD50 é duramente criticado por duas razões básicas: a quantidade dos produtos utilizada nos testes com animais não encontra equivalente em possível uso nos humanos e, o que é mais grave, o modelo animal não garante a eficácia quando transposto para o humano. O caso da *talidomida* é exemplar. Nos animais a *talidomida* foi testada inúmeras vezes e nunca apresentou qualquer reação nociva. Na transposição para os humanos apresentou graves deformações, a ponto de ter sido proibida (SINGER, 2004, p. 62ss).

O teste *Draize* não é menos cruel. Realizado desde 1944, consiste em avaliar alterações oculares e perioculares provocadas pelos mais variados produtos químicos. Para a realização do teste utilizam-se, geralmente, coelhos albinos, por serem dóceis e portadores de olhos grandes, o que facilita o teste. Nos olhos do coelho, com as pálpebras presas com grampos para que os olhos fiquem permanentemente abertos, sem anestesia, são adicionadas doses de substâncias químicas, por dias e dias sem parar, até que os olhos se transformem em uma massa irritadiça e dolorida. Outra modalidade do teste *Draize* consiste em raspar a pele do animal até o sangramento, aplicando, então, a substância a ser estudada para observar a sensibilidade e irritabilidade cutânea. Será possível avaliar a dor e o sofrimento com testes de tal natureza?

Se não existissem outros meios para obter conhecimentos na área da medicina, na indústria de medicamentos e de produtos químicos em geral, não teríamos motivo para nos indignar perante o sofrimento e a morte de animais. Mas o fato é que já há alternativas, e com resultados tanto ou mais satisfatórios do que o uso do modelo animal.[10] Não há desculpas, e o argumento "é preferível salvar uma pessoa a se preocupar com ratos e coelhos" parece não ser, atualmente, consistente e válido.

Quarto campo de concentração: animal como utensílio

Neste campo o animal vira sapato, chinelo, casaco, bolsa, boné, cinto, almofada, sofá etc. Que preço o animal paga para nos "doar" a pele, o couro, a lã de seu corpo? No próximo item falaremos sobre o *animal como comida* e toda a indústria da morte para nosso consumo. É claro que se alguém for favorável a comer o animal nem de longe sentirá qualquer sentimento de culpa ou vergonha por se servir de sua pele, seu couro e sua lã, pois se supõe que esses componentes são apenas a sobra da carne e seria estultice não aproveitá-los a nosso favor. Mesmo que esse argumento seja um sofisma, ainda assim não diz tudo o que é a indústria da pele, do couro e da lã. Tal indústria tem uma mecânica própria, pois muitas espécies de animais de que se usa sua pele, seu couro e sua lã não são comestíveis ou não são mortos para tal fim, mas para a retirada da pele, do couro e

---

[10] Sobre os modelos alternativos ao modelo animal, ver: LAERTE, F. Levai. *Direito dos animais*. Campos do Jordão: Mantiqueira, 2004. p. 67ss. Ver também: SINGER, P. *Libertação animal*. São Paulo: Lugano, 2004. p. 65ss.

da lã. E já foi o tempo em que a origem da pele, do couro e da lã advinha da caça de animais, o que, por si só, já seria cruel, pelo menos para o animal. Iniciemos pela indústria da pele.

Indústria da pele. Há uma verdadeira indústria da pele. E o que acontece com os animais nessas indústrias? Os industriais chamam, eufemisticamente, de "fazendas de pele" os lugares onde se criam animais, como os minks, as chinchilas, o guaxinim, o lince e a raposa. Apropriadamente, devem ser chamadas de "fábricas de peles", pois é isso que são: fábricas. A arquitetura das fábricas de peles não permite que sejam chamadas de fazendas. E todas as fábricas têm a mesma arquitetura básica, que "consiste de longas fileiras de jaulas de malha de arame erguida a 60 cm ou mais do chão. Todas ficam sob um teto e a estrutura interna é cercada. A cerca garante que qualquer animal que caia ou fuja de sua jaula não consiga escapar. Uma fábrica de pele contém um mínimo de cem a um máximo de cem mil animais" (REGAN, 2006, p. 133).

Animais como os minks, por exemplo, em liberdade no seu ambiente natural, vivem em territórios de até quatro quilômetros de extensão, e raramente são vistos, pois passam o maior tempo na água e só se movimentam à noite. Mas, presos em jaulas, eles são obrigados a conviver com até oito animais num ambiente de pleno estresse, andando de lá para cá sem parar, "sintoma clássico de desajuste psicológico" (REGAN, 2006, p. 133). Mas quem se importa com o estresse dos minks? O industrial não se importa com o estado mental do animal, só se interessa por sua pele. Para isso ele cuida, durante o processo de criação, para que o animal não danifique a pele e, na hora de matá-lo, cuida da integridade da pele quebrando-lhe o pescoço, ou asfixiando-o com dióxido ou monóxido de carbono, ou eletrocussão anal, fritando-o de dentro para fora. Pior ainda é o que acontece com os animais peludos capturados nas florestas por caçadores de animais em vista da sua pele. Muitos deles ficam presos nas armadilhas dentadas por longo tempo, o tempo suficiente de arrancarem a própria perna com os dentes no intuito de se livrarem. Mas quem se importa com o sofrimento do animal quando o resultado da sua captura reverte em grandes somas de dinheiro para os caçadores? Essa prática é cruel também por outro motivo: os animais visados na captura não são os únicos que caem nas armadilhas, assim, muitos animais "não alvos" acabam encontrando a dor e a morte sem razão alguma, sendo descartados junto com os animais que estragam sua pele debatendo-se na luta de sobrevivência contra o metal que os prende.

Contudo, nada se compara em repulsa à caça de focas para a indústria da pele. As focas são animais dóceis, mansos, sem resistência alguma, portanto não há, verdadeiramente, caça às focas, mas simplesmente matança massiva e impiedosa de milhões delas no Canadá e na Groenlândia. Como a carne da foca não é apreciada, pelo gosto ruim que tem, a matança indiscriminada e de forma cruel (a porretadas) só tem um objetivo: sua pele. Ou o seu pênis, pois se acredita que o pênis da foca macho tenha poder afrodisíaco, e o seu comércio já foi altamente lucrativo – antes do viagra, claro (REGAN, 2006, p. 140). A matança e a retirada da pele enquanto o animal está agonizando é algo deprimente e mais deprimente ainda quando se trata de focas bebês totalmente à mercê de seus algozes.[11]

Para completar o quadro da indústria da pele, resta mencionar ainda dois exemplos: cordeiros persas e gatos e cachorros. A prática da morte de cordeiros persas recém-nascidos, ou mesmo antes de nascer, tendo de matar, assim, a mãe grávida para a fabricação de casacos, que nos mercados europeu e americano podem chegar a 20 mil dólares, explica bem o que é a indústria da pele, cuja lógica parece ser apenas uma: o dinheiro. Milhões de cordeiros persas são mortos anualmente, pois para a fabricação de um casaco tamanho médio se necessita de sessenta cordeiros filhotes (REGAN, 2006, p. 144). Quanto à matança de gatos e de cachorros para o uso de sua pele na indústria, sobretudo na China, a nossa sensibilidade se indigna com maior facilidade por considerarmos gatos e cachorros animais domésticos, mais próximos de nosso dever moral. Mas que diferença faz um gato e um mink vistos desde o ponto de vista do animal? Nenhuma: são todos animais que sofrem em nossas mãos.

Indústria do couro. A consciência média repudia vestimentas feitas de pele de gato e cachorro, mas quem se sente mal ao vestir um casaco ou calçar sapato de couro? O uso do couro da

---

[11] Para conferir a forma impiedosa da morte das focas: <http://www.youtube.com/watch?v=uzeV_P5jr9Q>. Acesso em: 28 dez. 2011.

vaca é de longe o mais propagado, mas a lista dos animais de que se extrai o couro é longa: porcos, cabras, carneiros, cavalos, cobras, porcos-do-mato, rãs, tubarões, bisões, zebras, cangurus, lagartos, veados, enguias. A pergunta é: como é feito o couro para a comercialização, qual seu processo? Duas observações merecem destaque. Primeira observação: o couro extraído dos animais não provém da sobra do animal morto para o consumo da carne, o que não deixaria de ser um problema, pois a morte do animal para o consumo não deixa de ser um problema ético. Muitos morrem pela simples razão da extração do seu precioso couro. Mesmo na Índia, onde a vaca é sagrada, o seu couro parece não ser, e muitas vacas encontram a morte para a retirada de seu couro. Segunda observação: o uso de produtos químicos para o processo de tratamento e conservação do couro é, por si só, um problema, nem precisa ser defensor dos direitos dos animais para perceber que há algo errado do ponto de vista moral. A indústria do couro é responsável por produtos nocivos aos trabalhadores e ao meio ambiente, e comumente acaba poluindo córregos e rios através dos resíduos químicos despejados na natureza.

Indústria da lã. Aqui o animal vira luvas, cachecóis, mantôs, suéteres, casacos. Os carneiros merinos são os mais adaptados pela indústria para que esta obtenha o seu interesse único e último, que é o dinheiro. Carneiros merinos possuem pele enrugada que possibilita maximizar a quantidade de lã, aumentando, assim, o lucro da indústria. A técnica que envolve a criação e a obtenção da lã do carneiro não é inocente para o animal, que, o mais das vezes, passa por sofrimentos variados, como bem mostrou Tom Regan (2006, 147ss).

Quinto campo de concentração: animais para o prato

Finalmente, chegamos ao ponto culminante e crucial da relação do homem com o animal. Culminante e crucial por sua ancestralidade e extensão. A partir dessa relação carnívora, as outras relações apresentadas, sem perder a sua importância, parecem inocentes. Para não nos estendermos em demasia, obrigamo-nos a ser esquemáticos e objetivos, sem perder de vista a complexidade da questão. Por duas razões a questão animal como comida é culminante e crucial:

1) *A razão matemática*. Os números não são desprezíveis quando quisermos avaliar, sob todos os aspectos, o valor de um ato que consideremos imoral. Não é a mesma coisa a morte de um inocente e de um milhão de inocentes. Há um peso ético nos números. E, quando falamos da quantidade de animais mortos para o nosso consumo, os números deveriam impressionar. É claro que ninguém sabe o número exato, mas estima-se que, por ano, "50 bilhões de animais são abatidos para usarmos a carne de seus corpos (dentre eles, 44,5 bilhões de frangos, 1,1 bilhão de porcos, 280 milhões de cabeças de gado e 500 milhões de ovelhas)" (NACONECY, 2006, p. 207).[12]

---

[12] No Brasil, segundo o IBGE, no ano de 2010 o efetivo nacional de *bovinos* chegou a 209,5 milhões de cabeças; o efetivo de *bubalinos* (búfalos) apurado naquele mesmo ano foi de 1,2 milhão de cabeças; o efetivo de *suínos* foi de 38,9

Cinquenta bilhões por ano significam 140 milhões de animais mortos a cada dia, mais de 5 milhões de animais mortos a cada hora, 90 mil a cada minuto e 1.500 a cada segundo. O número de animais sacrificados em experimentos e em outras formas de uso não chega a impressionar na comparação com a morte de animais para o nosso consumo. É por isso que a *questão* animal recebe, neste ponto, o seu lugar *paradigmático*. De nada adianta a defesa de todas as outras causas, se essa não for a mais evidenciada. E, apesar dos números, é a que menos mobiliza a nossa consciência moral. Qual seria a razão? Não seria a força do hábito o antídoto da consciência moral? Indignamo-nos com a morte de baleias e golfinhos, com maus-tratos a animais de rua e a animais de tração, e com razão. Mas por que ninguém protesta pela morte de bilhões de frangos e milhões de vacas e bois? Indignamo-nos com o sacrifício de animais em cultos religiosos ou com a caça esportiva, mas não mostramos qualquer objeção moral com a morte, em número infinitamente superior, programada pela indústria para servir à mesa. A nossa moral, nesse caso, cinde-se em duas. Uma de repulsa, outra de aceitação e, até, de justificação. Será que podemos continuar com

---

milhões de cabeças; o efetivo de *caprinos* foi de 9,3 milhões de cabeças; o efetivo de *ovinos*, 17,4 milhões de cabeças; o total de *galos, frangas, frangos* e *pintos*, sempre em 2010, foi de 1 bilhão de unidades; o efetivo de *codornas* teve crescimento de 13,1% (13 milhões); o efetivo de *coelhos* foi de 226,4 mil animais. Naquele ano a produção de *leite* de vaca chegou a 30,7 bilhões de litros; na produção de *ovos de galinha* o aumento foi de 1,9% (3,3 bilhões de dúzias). Dados disponíveis em: <http://www.ibge.gov.br>. Acesso em: 22 dez. 2012.

essa esquizofrenia, ou deveríamos repensar a nossa estranha ambivalência na valoração moral?

2) *A razão do sofrimento nas condições de criação intensiva*.[13] Quando passamos no supermercado e compramos carne moída, ou picanha, ou "coxa e sobrecoxa", em bandejas brancas e higiênicas, relegamos à sombra de nossa consciência o fato de que se trata de um animal que foi criado e morto especialmente para ser nossa comida, "animal de corte". Não queremos e não nos esforçamos para associar a parte, a peça que estamos comprando a um ser vivo que matamos e esquartejamos para ser fatiado em partes e peças. É mais fácil ver na peça uma mercadoria qualquer. A nossa consciência fica assim justificada e sem peso e culpa. E mais, nem sequer cogitamos sob que condições foram criados os animais que matamos e retalhamos para comer. Os animais, criados soltos nas fazendas ou em pequenas propriedades do mundo inteiro, representam um número insignificante, mesmo que importante, na comparação com a indústria da carne de criação intensiva. É desta que se trata, especialmente, neste contexto e é esta que representa a razão matemática antes referida. Talvez seja oportuno desfazer a ilusão de que a carne que servimos em nossos pratos seja de animais livres e

---

[13] Carlos M. Naconecy, no seu livro *Ética & animais: um guia de argumentação filosófica* [Porto Alegre: Edipucrs, 2006], trata da criação intensiva de animais para o consumo humano e traça um paralelo interessante de como os animais vivem na natureza e como vivem na criação por confinamento. Sugerimos a leitura da obra toda, mas especialmente do apêndice, onde, de uma forma muito direta e clara, aborda essa questão e aponta para a necessária tomada de posição ética.

idilicamente harmonizados com a natureza, como acontecia nas antigas fazendas ou em pequenas propriedades em que o animal podia viver, enquanto vivia, uma vida relativamente "boa", sob condições favoráveis. Não é a realidade da grande multidão, dos bilhões de animais na indústria da carne. A produção de carne em escala mundial é, predominantemente, de criação intensiva, e as condições dessa criação passam longe dos animais de "pastoreio". O que predomina no mercado atual de carne é a produção industrial, e o animal solto nas pastagens é uma cena cada vez mais rara. Na produção industrial, o que ocorre, como lógica intrínseca, é o tratamento do animal como um "produto-mercadoria" e não como um ser vivo que tenha interesses a serem defendidos. E como acontece com qualquer mercadoria, o mercador industrial apresenta, sutilmente, o produto final cercado de cuidados higiênicos e estéticos, escondendo, assim, os horrores e crueldades que permanecem ocultos aos olhos do consumidor.[14] É o que acontecia nos campos de concentração nazista, que não poderiam estar à vista do público porque seria difícil justificar o injustificável. É exatamente o que ocorre nas fazendas industriais de produção intensiva de carne por várias razões: confinamento, superpopulação, mutilações, ambiente

---

[14] Outra tática para escamotear a crueldade é se valer da linguagem com seus diversionismos e enganos. Diz-se comer um bife ou uma picanha e não um boi; costelas e pernis e não porco; vitela – que não sugere ser um bezerro – etc. O próprio conceito de "fazenda industrial" é um eufemismo para esconder o real, que é a "indústria de produção de animais para a morte".

impróprio, dieta imprópria, transporte e, finalmente, abate. Vejamos por partes.

A indústria do frango e ovos. A criação de aves não é restrita à galinha, incluem-se aí patos, gansos, faisões, pombos, codornizes e perus, mas, de longe, a primeira é a mais numerosa para duas finalidades: para usufruirmos de sua carne (frango de corte) e para usufruirmos de seus ovos (poedeiras). Nas duas modalidades, por todos os lados que se olhe, só se enxerga sofrimento e morte prematura. As galinhas, ou frangos de corte, como também são conhecidas, produzidas sob a lógica industrial, isto é, em unidades automatizadas de criação intensiva, vivem uma curta vida de no máximo quarenta dias, quando a expectativa de vida natural seria de cerca de sete anos. Elas sobrevivem espremidas – cada galinha tem o espaço máximo do tamanho de uma folha de papel ofício – e ameaçadas por todos os lados, sem hierarquia, sem reconhecimento, sem ordem social estável, que lhes seria natural. Não conhecem a mãe, não podem escolher o que e quando comer, selecionar a comida, se divertir e interagir com o meio ambiente natural que nem sequer conhecem, mas que lhes seria próprio, e não têm como expressar qualquer instinto de afeto, pois todos ao seu redor são estranhos. A agressão e o medo constantes só podem redundar em estresse crônico. Estresse que se manifesta na bicagem de penas e no canibalismo (em estado natural, nem uma nem outra prática é observável) que a indústria só ameniza com a técnica de redução da luz e a "debicagem" para acalmar os frangos enlouquecidos (SINGER, 2004, p. 113ss). Se isso não bastasse, a superpopulação ocasiona ainda doenças pelo ambiente, acumulado de esterco, e pelo excesso de amoníaco, poeira e microorganismos. São comuns as úlceras nos pés, feridas no peito e doenças respiratórias a que os próprios trabalhadores estão submetidos. Mas não há esperança de o método de produção intensiva vir a mudar, afinal, maximiza o lucro, e isso é o que importa para o industrial, claro. O processo cruel chega ao fim com a abertura dos aviários, quando, então, as aves veem, finalmente, o sol pela primeira e última vez. Depois de uma breve vida no sofrimento, chegou a hora de serem agarradas pelas pernas, levadas para fora do aviário de cabeça para baixo e, sumariamente, metidas em gaiolas empilhadas numa carroceria de caminhão para serem levadas ao frigorífico, onde uma faca as espera para pôr fim à sua triste vida.

Se acharmos que esse processo de produção industrial de frango para o consumo é cruel, mais cruel ainda é o das galinhas poedeiras. O processo é completamente mecanizado. Milhões de galinhas poedeiras podem ser cuidadas por poucos trabalhadores, o que maximiza os lucros na reta proporção da maximização do sofrimento. As poedeiras ficam amontoadas em gaiolas de metal empilhadas, umas sobre as outras, formando uma enorme bateria. As gaiolas são formadas por piso de arame inclinado, dificultando, assim, que as galinhas fiquem de pé confortavelmente, causando-lhes anormalidades nas pernas e nas unhas. O piso inclinado facilita o recolhimento dos ovos, fundamental para a eficiência da produção, mas não se importando com o sofrimento das poedeiras. Além disso, há o problema da superlotação. Num espaço equivalente a uma gaveta de escritório, espremem-se até dez galinhas, o que ocasiona estresse, feridas e contusões causadas pela fricção contra a gaiola (REGAN, 2006, p. 115-116; SINGER, 2004, p. 124ss).

Para o industrial, a poedeira é uma máquina de fazer ovo. Uma máquina! Uma máquina que dura dois anos de vida útil, depois é desmontada. Em vida natural, essa máquina que não é máquina viveria aproximadamente sete anos, exercendo o instinto natural de construir ninhos para pôr os ovos e interagindo livremente com o meio ambiente, com seus pares e com outros animais. Então, comer um ovo ou uma coxa de frango não deveria ser só preocupação fisiológica, ou de saúde física, mas de saúde mental, moral e espiritual. O produto final, a carne e o ovo, apresentado em forma de mercadoria, ao lado de outras mercadorias, esconde tanto o fato de que se trata de um ser vivo morto contra sua vontade quanto o fato de que o transcurso da sua produção é envolto em sofrimento que, se visível aos olhos, repugnaria o estômago e a alma.

O que acontece com os pintinhos machos nascidos nas granjas produtoras de ovos? Os pintinhos machos – milhões todos os anos – que nascem nas granjas produtoras de ovos, por não botarem ovos, têm um destino desafortunado. Todos são mortos no mesmo dia em que nascem e de uma forma repugnante. Frequentemente os recém-nascidos são jogados vivos em enormes latas de lixo, e os que ficam no fundo vão morrendo sufocados ou esmagados pelos de cima. Outra forma de morte é a trituração do pintinho vivo, para servir de alimento para suas mães ou irmãos desconhecidos. Outra modalidade consiste em colocar os pintinhos num grande saco plástico e depois esmagá-los com um trator. Para o industrial, esse fato não choca, não sensibiliza, não envergonha e não causa sentimento de culpa, é um fato banal e um efeito colateral.

Gado de corte e leiteiro. Quem imagina que a vida do gado tem melhor sorte que o tratamento dispensado às galinhas está enganado. Tanto a indústria da carne de gado quanto a indústria do leite e, como subproduto desta, a indústria da carne de vitela, operam dentro da lógica da criação intensiva.

A vida do gado de corte produzido em criação intensiva se inscreve sob o signo do sofrimento. Do nascimento ao abate o gado bovino tem vida penosa. Prematuramente, os bovinos são isolados da mãe e enfrentam o descorne, marcação e castração, comumente sem qualquer procedimento anestésico. O ambiente e a alimentação em nada lembram o que seria a vida natural desse animal. Tom Regan resume muito bem o processo de criação intensiva de gado para corte:

> Gado vendido como carne é marcado a ferro quente, tem os chifres mutilados e, se for macho, é castrado – tudo sem anestesia [...]. A maioria do gado de corte passa grande parte da sua vida em currais de engorda. Alguns dos maiores se estendem por centenas de acres e abrigam mais de cem mil

animais. O gado vive permanentemente exposto, sem proteção nem nada sobre o que se deitar, exceto terra seca, lama e esterco. Por natureza, esses animais são ruminantes, preferindo grama, capim e outras fibras. Nos currais de engorda, sua dieta consiste, quase exclusivamente, de grãos, que (junto com fortes doses de estimulantes de crescimento) aceleram a engorda (REGAN, 2006, p. 117).

Assim, se alguém quiser encontrar gado em manadas, pastando, livremente, em fazendas de pasto abundante, bebendo em pequenos riachos, descansando em ilhas de mato e convivendo mãe e filhos, felizes e em harmonia com a natureza, sobretudo em países desenvolvidos, será preciso resgatar algum filme antigo ou álbum de fotografia, pois essa não é mais a forma predominante de criação de gado de corte. Na atual indústria de gado de corte, o alimento não é o pasto, mas o grão. E seu *habitat* não é mais a fazenda de pasto, mas o árido ambiente de confinamento. A dieta com grão é muito mais rica do que a dieta com pasto, e isso acelera o processo de engorda e as exigências do mercado. Contudo, a ausência de pasto significa ausência de fibras, e por conta disso é comum o gado lamber-se e lamber o pelo do companheiro para suprir através do pelo a ausência de fibras na dieta. Mas o pior é a exposição, permanente, em situação desfavorável nos currais de engorda. Os currais de engorda são instalações a céu aberto, quando muito semiabertas, com superlotação, reduzindo assim, propositadamente, a possibilidade de mobilidade do animal, e a exposição permanente ao sol ou às intempéries. Não é incomum a morte do animal devido ao ambiente desfavorável. O ambiente é tão contrastante com o natural e de tal grau de aridez que a única possível manifestação sensitiva do gado é o tédio (SINGER, 2004, p. 158).

E o gado leiteiro? Sob que condições o gado leiteiro é criado e mantido para o tão apreciável leite e seus derivados? Se a galinha poedeira é tratada como uma máquina de fazer ovos, a vaca leiteira é concebida como uma máquina de produzir leite. Vacas leiteiras não têm descanso, ou estão grávidas ou em lactação e amamentação sobrepostas. Vivem em instalações de piso de concreto, ou em cercados sólidos e áridos, sem qualquer atrativo, sem capim, sem palha para deitar-se, o que é altamente desconfortável para esse animal. Sobrevivem, em média, cinco anos, quando em vida natural a duração seria de vinte anos. Durante os cinco anos de vida a vaca leiteira é tratada como um tubo processador de leite em constante funcionamento. Vacas comem e bebem sem parar e, na medida em que o ubre está cheio, se dirigem, quase que automaticamente, devido à dor, para a ordenha mecanizada rodeada de metais, cabos, sob o piso de concreto, o que contrasta com tudo o que seria seu *habitat* natural. Se isso não bastasse, os filhotes que nascem no ciclo de cinco anos não são uma graça, mas uma desgraça, tanto para a mãe quanto para os filhotes. Ao nascerem, os bezerros têm um triplo destino, sempre infelizes. Algumas bezerras continuam o processo das mães e se tornam também vacas leiteiras. Os bezerros, sem exceção, ou são vendidos já na primeira semana de vida, a fim de serem criados para o abate nos currais de engorda, ou são vendidos para os produtores de vitela. Dá para imaginar o sofrimento, não só dos bezerros, mas da mãe que se vê privada dos filhos logo que eles nascem, quando seu instinto materno é o de cuidado até furioso de suas crias? Ela fica dias e dias mugindo, inconsolada, pela ausência do filhote que lhe foi subtraído.

Como acenamos antes, um dos destinos dos bezerros nascidos das vacas leiteiras é a indústria da carne de vitela, um subproduto da indústria do leite. Neste caso, o sofrimento e o sacrifício da vida animal chegam ao seu grau máximo. Talvez não haja nada mais imoral, na relação do humano com os animais não humanos, do que a forma como são tratados os bezerros cujo destino é a produção da carne de vitela. A carne de vitela é a carne "rosada", "carne clara" de bezerros alimentados de maneira especial, sem grama, sem leite materno, somente com leite em pó sem gordura, vitaminas minerais, antibióticos e drogas para promover o crescimento rápido. A "carne clara" é obtida pela quase total ausência de ferro na dieta animal. A maciez da carne, que pode ser cortada com o garfo, é um atrativo nos mais caros restaurantes do mundo. A ausência, quase total, de movimento dos bezerros em sua restrita baia faz com que a carne seja desprovida de músculos e cartilagem, tornando-a quase surreal. O sofrimento do animal? Não importa. Não importa se os bezerros têm que viver em baias individuais com 61 cm de largura e 1,65 m de comprimento, sem poder se mexer nem se deitar, sem poder "conviver", sem poder ter contato com a natureza, o sol, o vento, sem conhecer a mãe e sem ter, dela, a proteção e o afeto. Isso não conta, o que conta é o que se pode obter de lucro maximizado. Um bezerro pode chegar, com a atual técnica de produção industrial de vitela, a pesar 150 quilos de tenra carne em menos de seis meses de vida. Isso tem um custo muito alto, não para o industrial, mas para o animal, que não vive uma vida, mas sofre uma vida do primeiro ao último dia (SINGER, 2004, p. 146ss; REGAN, 2006, p. 108ss). Se os animais tivessem a prerrogativa, própria do ser humano, de escolher o suicídio e praticá-lo, certamente o fariam. Não há nada mais absurdo do que uma vida vivida sem as potências do agir que a vida oferece. E tudo em nome do prazer do paladar e do deus lucro do predador, o também animal que se define racional.

Criação de porcos. Porcos não são, apenas, animais mansos e dóceis. São, sobretudo, animais inteligentes, e não sem razão George Orwell os transformou em comandantes da fazenda no livro *A revolução dos bichos*. A inteligência dos porcos se manifesta de várias formas, mas especialmente pelo seu comportamento gregário coerente: formam grupos sociais estáveis, constroem ninhos comunitários, defecam em áreas longe dos ninhos, são permanentemente ativos, fuçando nas proximidades das matas e beiras de lagos e riachos. As porcas, quando estão para parir, deixam os ninhos comunitários e constroem ninho próprio e apropriado com grama e galhos. Após o parto, mãe e filhotes permanecem por mais de uma semana no ninho e só depois se juntam aos demais do grupo (SINGER, 2004, p. 136).

Tal é o estado natural desses animais. Mas esse estado é completamente desnaturalizado na moderna técnica de criação de regime intensivo. Na moderna indústria de produção intensiva, os porcos são confinados em instalações que em nada lembram seu *habitat* natural. "Os porcos, nas modernas granjas industriais, nada mais têm a fazer senão comer, dormir, levantar-se e deitar-se!" (SINGER, 2004, p. 136). Do nascimento ao abate os porcos são criados em instalações que são verdadeiras prisões, em celas individuais desconfortáveis ou em excesso de habitação. Piso de concreto, parede de concreto e cercado de ferro é o que o industrial oferece a esse animal que mais necessita de terra e água para brincar e se banhar. Resultado: vida infeliz e estresse. O estresse pode ser medido através de um "vício" não encontrado em estado natural. Em ambiente superlotado e adverso, a manifestação de estresse ocorre pelas constantes mordidas no rabo um dos outros. A solução do industrial é clássica: permanece a causa, mas elimina-se o sintoma – *corte-se o rabo!* Quanto a mais espaço, o que resolveria o problema pela causa, nem pensar. Diminuiria o lucro. Mais fácil e econômico é remover a cauda a solucionar, paulatinamente, a causa.

As porcas reprodutoras são as que mais sofrem. Chegando a pesar até 180 quilos, são mantidas confinadas em pequenas baias, mal podendo se movimentar num espaço apenas um pouco maior do que o próprio corpo durante a maior parte de sua vida, que se pode estender até quatro anos. Passam a maior parte do tempo em pé, em piso de concreto ou ripado, às vezes presas com coleiras à parte frontal de suas baias, por meio de barras de contenção, o que diminui ainda mais os movimentos, causando-lhes estresse e todo tipo de infortúnios, tais como feridas, úlceras, lesões, orelhas rasgadas, pernas inchadas, mordeduras frenéticas nas barras e correntes etc. A esse sofrimento é acrescido o desconforto de ter de conviver rodeada da própria urina e excrementos, expondo o animal a níveis aversivamente elevados de amônia, causando doenças respiratórias e infecções. Esse animal sensível, dócil, sociável, com comportamento gregário, se vê privado de seu comportamento natural, vivendo uma vida miserável que nada lembra o mínimo de bem-estar que se poderia exigir de qualquer ser vivo.

Se tudo isso não bastasse, a atual indústria suína aprimorou a crueldade para com as porcas reprodutoras obrigando-as a mais de duas crias por ano, possibilitadas pelo desmame precoce. Os leitões mamariam, naturalmente, em média, três meses, mas, com a técnica de criação de leitões em gaiolas, o desmame é feito já na primeira semana. Depois disso, mães e filhos são separados definitivamente. O mamífero tem instinto natural de proteção e de afeto, mas quem se importa com isso quando se trata de animais? Nós, o mamífero homem, somos mais fortes e, a partir dessa lei do mais forte, e somente dessa lei, determinamos o que é bom para nós, não importando o que seria para a vítima, no caso, as porcas e seus filhotes.

Então, sem possibilidade de fazer ninhos, como fariam em estado natural, sem possibilidade de urinar e defecar longe do lugar de habitação, como fariam em estado natural, sem possibilidade de compartilhar a vida com os filhotes pelo tempo necessário da amamentação e sem o mínimo de condições de bem-estar, esses inocentes animais tornam-se uma máquina de fazer filhotes para a indústria que nós mesmos alimentamos todas as vezes que compramos suas carnes frias e seus derivados. Se em algum lugar os anéis das correias não se quebrarem, o ciclo do sofrimento e morte continuará a rodar. A indústria conhece uma lógica, a lógica da produtividade, eficiência e lucratividade. Mas haverá somente essa lógica? Se há, então por onde começar a fazer rodar essa outra lógica?

Manejo e abate. Por fim, uma consideração geral sobre duas questões pertinentes quando se trata de sofrimento e morte de animais. É a questão do manejo e abate. Tanto com os bovinos e suínos quanto com as aves, para ficar com as mais representativas, o manejo pré-abate, ou seja, o transporte do lugar de criação ao lugar derradeiro da morte se configura como ponto culminante de estresse e sofrimento. É certo que há preocupação por parte do industrial e do comerciante no sentido de que se tenham cuidados para que o animal não sofra, não se estresse, não se fira, não se agite em demasia durante o transporte. Afinal, essa é uma exigência que os beneficia na medida em que preserva a integridade física do seu produto. Contudo, na prática não há como negar a situação torturante do animal, obrigado a permanecer horas, e às vezes dias, sem comer nem beber, sob sol causticante ou sob forte frio, em gaiolas minúsculas na carroceria de um caminhão, embarcado em navios ou em trens. É só ter olhos para ver e narinas para cheirar, em qualquer das nossas rodovias. Caminhões carregados de gado, suínos e frangos não chegam a ser surpresa para ninguém. Não há nada de ficção ou de uma realidade distante nessa descrição.

Como resultado, são comuns as contusões, enjoos, fraturas, hemorragias e até a morte devido às condições do transporte. Comuns são também a perda de peso e a "febre do transporte", provocados pelo desgaste físico, pela falta de comida e bebida até o abatedouro e, sobretudo, no caso da febre, pelo alto grau de estresse. Para o industrial, é apenas um efeito colateral contabilizado como baixa e perda geral do seu lucro. E para o animal? Bem, o animal é apenas animal, e o industrial não se importa com o animal em si.

Morre-se sempre ou quase sempre contra a própria vontade. "Todo ser esforça-se, à medida que existe em si, por perseverar em seu ser", diz sabiamente Spinoza. A natureza incita, no âmago do ser *vivente*, o instinto do *viver* e do *permanecer vivo*, e raros são os casos em que se morre de livre vontade e com desejo de morrer. Comumente, morre-se definitivamente contra o querer. Isso vale para os animais humanos e vale para os animais não humanos. A vida quer a vida e rejeita a morte.

Morrer, contudo, é tão natural quanto viver. Das mortes, a melhor, sempre é aquela que acontece naturalmente, sem recorrer à eutanásia ou à distanásia. Quem não gostaria de viver uma longa vida e morrer após serena velhice? Exceções à parte, claro. Supõe-se que os animais – seres vivos – também sigam a mesma lógica da natureza do ser humano e persigam, mesmo que inconscientemente, a meta de continuar vivos o máximo que a natureza lhes possibilita.

Contudo, essa aspiração não é a mesma do empresário que vê no animal não uma vida com direito de ser gozada até o seu final, mas um produto a ser esquartejado, fatiado e vendido, um produto-mercadoria com tempo de vida determinado pelo mercado. O animal não sabe quando vai morrer, mas, ao nascer, o seu dia está marcado pelo empresário. Na atual indústria da carne, o animal não humano é um ser vivo transformado em uma máquina programada para ser desligada, desmontada e vendida para ser consumida.

Se já não bastasse a crueldade de ser programado para morrer, o drama para o animal aumenta com a forma mesma da sua morte. Apesar da atual sensibilidade e exigência moral e legal do "abate humanitário", a morte programada ainda está envolta em sofrimentos desnecessários. Sofrimentos que vão do pré-abate, no transporte, ao abate propriamente dito. Sofrimentos desnecessários aumentados nas mortes, quando em rituais religiosos. No caso de judeus ortodoxos e mulçumanos, proíbe-se "o consumo de carne de animais que não estejam 'saudáveis e se mexendo', quando mortos" (SINGER, 2004, p. 173). Essa exigência da morte ritual pode ter tido, historicamente, alguma razão, como a de não comer animais encontrados mortos, mas, hoje, tal regra é contra o espírito do tempo, pois os mecanismos de atordoamento ou insensibilização,[15] favorecidos pelos avanços tecnológicos e científicos, em nada se contrapõem à regra de não comer animais encontrados mortos, apenas garantem que o mal-estar e o sofrimento do animal não seja prolongado desnecessariamente, o que qualquer religião deveria considerar positivamente e levar a sério. Mas as tradições religiosas são, por sua própria inércia, muito resistentes, não se rendem, facilmente, à razão e, em alguns casos, não permitem tornar o animal inconsciente poucos segundos antes de ser morto. A morte, segundo a maioria dos rituais religiosos, deve ser feita por um especialista reconhecido, com um único corte de uma faca afiada na veia jugular e nas artérias carótidas e com o animal consciente, não importando quanto tempo dure a agonia até a morte. Hoje, é um sofrimento desnecessário, que poderia ser evitado ou, ao menos, amenizado pelo simples uso de uma pistola pneumática ou outros métodos[16] que deixam o animal insensível.

---

[15] O atordoamento (ou a insensibilização), realizado através de variados instrumentos, consiste em colocar o animal em um estado de inconsciência que perdure até o fim da sangria, evitando sofrimento desnecessário.

[16] Vários são os métodos e instrumentos utilizados para o processo de insensibilização, dependendo, mesmo, do tipo de animal e seu porte. Os mais comuns são: marreta, martelo pneumático não penetrante, armas de fogo, pistola pneumática de penetração, pistola pneumática de penetração com injeção de ar, pistola de dardo cativo acionada por cartucho de explosão, corte da medula ou choupeamento e processos químicos. Para uma descrição completa e os efeitos de cada um dos procedimentos em bovinos, cf.: ROÇA, Roberto de Oliveira. *Abate humanitário de bovinos*. Disponível em: <http://www.cpap.embrapa.br/agencia/congressovirtual/pdf/portugues/02pt03.pdf>. Acesso em: 27 dez. 2011.

Concluindo, a vida dos animais criados para o abate é uma vida miserável que termina miseravelmente. Exigir uma morte mais digna é quase um contrassenso diante da indigna vida vivida para um fim que não é o próprio ato de viver, mas meio para um fim que todos achamos inferior, a saber, o mercado, o lucro, o PIB, o nosso prazer gastronômico, mas que continua se impondo como superior por força dos nossos hábitos e tradições e, sobretudo, pelo lucro da grande indústria da carne. Um dia, quem sabe, nos curemos da miopia profunda que nos impede de enxergar que por trás de um bife morava uma alma sensitiva, um ser vivente cuja vida lhe pertencia, e a sua apropriação e morte não podem ser banalizadas, sem peso da responsabilidade. Mas para isso não basta que a lei nos oriente e nos obrigue, mesmo que isso seja fundamental. Será preciso antes, ou concomitantemente, uma mudança de postura ética que, por sua vez, comportará uma nova sensibilidade e uma nova percepção, enfim, uma nova consciência, condição básica de toda postura ética. E, certamente, também uma nova postura religiosa e uma nova fundamentação teológica. Uma mudança paradigmática, como a que está sendo requerida urgentemente em nosso tempo pela ecologia, terá seu ponto mais sensível e seu teste de aprovação ou reprovação na mudança de nossos comportamentos em relação aos animais. Isso requer esforços conjugados, tanto práticos quanto teóricos. Da parte teórica, tanto em nível ético quanto em nível teológico. É o que faremos a seguir.

O problema não consiste em saber se os animais
podem raciocinar; tampouco interessa
se falam ou não; o verdadeiro problema é este:
podem eles sofrer?
(Jeremy Bentham)

O grande erro de toda a ética tem sido,
até agora, o de crer que deve se ocupar somente
com a relação do homem com o homem.
(Albert Schweitzer)

PARTE II

PRINCÍPIO LIBERTAÇÃO

Os animais têm direitos?
Pensar e discernir

A parte anterior pretendeu ser uma aproximação descritiva da dramática relação que o animal humano estabelece com o animal não humano. Mesmo que o teor da descrição não tenha sido neutro, mas, indiretamente, também avaliativo e prescritivo, cabe, agora, enfrentar a avaliação e a prescrição de ordem ético-filosófica de forma, deliberadamente, direta. Isso preparará o terreno para, numa terceira parte, abordarmos a temática desde a perspectiva estritamente teológica.

A pergunta que se impõe, então, é: o que há de errado em tratar os animais da forma como os temos tratado? Por acaso a eles devemos algo que lhes é devido e lhes temos negado? Caberia a pergunta de Caim numa perífrase: somos nós, por acaso, os guardas de nossos "irmãos" animais? Podem, realmente, ser chamados de "irmãos" ou teria sido São Francisco de Assis um irremediável romântico? Não estarão eles fora da comunidade moral, ao lado de tantos objetos, instrumentos, propriedades, coisas enfim, mesmo que coisas animadas? Não estarão eles além da fronteira da moralidade e do direito? Pode-se falar, com rigor, de direitos dos animais ou cabe a eles ser objeto de disposição e de direitos alheios?

Essas perguntas, que não podem ser respondidas simplesmente com um lacônico sim ou não, apresentam-se de forma incontornável a quem, em nosso tempo, se aventura a pensar desde o âmbito da razão prática, ou seja, da ética, bem como do direito e da política. A problemática não é nova, ela acompanha a história do pensamento. Porém, em nosso tempo, ela se apresenta com maior urgência e pertinência.[1] Não é possível fazer de conta que está tudo bem na relação entre humanos e animais não humanos. Não é possível pensar que o problema é de ordem técnica e econômica e que não incide na ordem moral. O que se faz com os animais não pode ser reduzido a estatísticas que dão conta da contribuição do agronegócio, da indústria do laticínio, ou mesmo da indústria da pele e do couro, para o PIB nacional e para o equilíbrio da balança comercial. Está mais do que na hora de situar a problemática para além do âmbito técnico e do cálculo frio da economia, ou mesmo dos resultados da ciência.

---

[1] A urgência e a pertinência do debate moral sobre a relação homem e animal têm a ver tanto com a dimensão do impacto da indústria da carne, laticínios e derivados de ambos quanto com o processo histórico evolutivo da consciência, que não mais pode voltar a uma forma pré-darwinista de compreender a natureza e o lugar que ocupamos nela. Sobre esse processo inevitável da formação da consciência, cf.: RACHELS, James. Darwin, espécie e moralidade. In: GALVÃO, Pedro (org.). *Os animais têm direitos? Perspectivas e argumentos*. Lisboa: Dinalivros, 2010. p. 177- 200.

Esse "para além" da técnica e da ciência aponta para a esfera do direito. Tal direito deve ser entendido, primeiramente, não no âmbito da lei, ou seja, dos direitos legais, mas no sentido de *direitos morais*,[2] que podem resultar ou não em direitos legais. Abordar direitos morais é abordar valores intrínsecos ou inerentes a um ser e o consequente respeito devido a esses valores. Nesse sentido todo direito implica um dever de respeito para com o portador do direito. Voltamos à pergunta: Os animais têm direitos morais que nos fazem ter deveres para com eles? E se tiverem, o que há neles de relevante que mereça *"status moral"*? Não haveria um abismo moral entre animais humanos e animais não humanos devido à autonomia, à consciência, à racionalidade e à liberdade nos humanos, e à ausência dessas qualidades nos animais não humanos? Por isso a pergunta "Os animais têm *direitos*?" aponta não propriamente para o ser, mas para o *dever ser*, não para o descritivo, mas para o prescritivo.

---

[2] Em sentido amplo, dizer que um ser tem "direitos morais" significa que suas pretensões são válidas e devem ser, obrigatoriamente, respeitadas independentemente do interesse de um pretendente externo. Tradicionalmente, só o ser humano tem direitos morais, pois só ele tem valor em si, não sendo meio ou instrumento para interesses alheios. Kant formulou paradigmaticamente essa posição afirmando que o "homem tem dignidade, as coisas têm preço". Não temos deveres ou obrigações para com um livro, por exemplo, por isso queimá-lo ou rasgá-lo não infringe um direito que o próprio livro possa ter, mas apenas infringe o direito do seu proprietário. Toda a problemática referente aos direitos dos animais está em saber se eles têm "estatuto moral" ou não, portanto, em saber se têm dignidade própria, valor inerente ou somente indireto. Se tiverem valor inerente, então, consequentemente, têm estatuto moral; se não tiverem valor inerente, então não têm estatuto moral.

A pergunta é ambivalente, pois a resposta positiva é apenas uma possibilidade, assim como a resposta negativa.

Cabe, então, perseguir o caminho dessa dupla possibilidade, na formulação teórica dos seus representantes mais ilustres, que a seguir veremos, situando as razões de inclusão ou exclusão dos animais na esfera da moralidade, de ambas as partes. A nossa posição é de que as razões da exclusão dos animais da esfera da moralidade são, atualmente, numa perspectiva histórica, injustificadas, e os argumentos dos defensores da inclusão ainda estão à espera de uma refutação que seja consistente por parte dos que pretendem continuar com o *status quo* moral arcaico. Mas esta já é uma avaliação conclusiva, antes mesmo de terem sido postas as premissas. E as premissas só são possíveis se analisarmos bem a evolução do debate do ponto de vista histórico.

E a história da relação homem-animal, com a consequente reflexão moral, é a história de um duplo movimento. De um lado, os que demarcam um abismo entre homens e animais e não veem nenhum problema moral no domínio, submissão, uso como propriedade e morte dos animais. De outro lado, ouvem-se vozes discordantes em relação à postura antropocêntrica e especista, denunciando a pretensa superioridade e a licença dada ao humano para dispor da vida dos animais não humanos como bem lhe apraz.

Reconstituir esse duplo movimento, localizando os pensadores mais representativos que nele se inscrevem em diferentes períodos da história, constitui nosso intento daqui em diante.

Essa incursão pela história nos possibilitará tanto situar a evolução da problemática quanto situar o atual estágio do debate ético-filosófico da relação homem-animal. Estágio esse de alta produção teórica em torno da problemática do *status* moral dos animais, cujo debate ainda está por findar.

Ambiguidades na herança grega e na herança bíblica judaico-cristã

A raiz mais remota da nossa herança cultural ocidental pode ser localizada na cultura grega e na cultura judaico-cristã. É da herança grega e bíblica judaico-cristã, e do diálogo entre essas duas tradições que o ocidente se compreende como tal, e no nosso caso, compreende-se o destino, em boa medida, das posições ambíguas da reflexão ética e religiosa em relação aos animais não humanos. As vozes fortes em defesa dos animais ou às vezes relutantes e oscilantes, que encontramos ao largo da história, estão presentes já na raiz remota da nossa cultura, a iniciar pela herança grega como veremos.

Herança grega

Os gregos foram geniais na passagem da narrativa mítica para o pensamento abstrato, filosófico. Mas esta passagem não se fez sem trazer para dentro da filosofia as crenças e tensões narradas no mito. Uma delas é a nossa relação com o mundo animal. No mito grego era recorrente a mistura de homens, deuses e animais em seres híbridos, como as ninfas, os centauros, os faunos, os sátiros. Como em outras culturas, também para os gregos a configuração de certos animais com o ser humano passava propriedades desses animais ao ser humano, assim como a mistura com espíritos ou deuses, para bem e para mal. Diante dessa mistura, como se pode estabelecer a distinção do humano tanto em relação aos deuses como em relação aos animais? Esta é uma questão bastante central na preocupação grega, no seu processo de "secularização". Com o tempo, os homens das cidades gregas circunscreveram os deuses ao mais alto dos montes gregos, o monte Olimpo, e os animais foram submetidos a uma dessacralização soberana do ser humano, afastando-se da caça mágica para uma caça apenas técnica. O homem livre, cidadão, governa, finalmente, o seu ambiente.

Esse processo cultural é pensado pela filosofia de uma forma diferente através de dois ilustres representantes, Pitágoras e Aristóteles.

Pitágoras, místico, filósofo e matemático grego do século VI a.C., é uma voz crítica e discordante dos que pretendem a soberania humana sobre os animais, e pode ser considerado o "pai", dentro da cultura grega, da defesa dos animais. De fato, Pitágoras surpreende com a sua concepção de que os humanos e os outros animais compartilham do "privilégio da alma" e, por conta disso, ele proibia não somente matar, mas também alimentar-se com a carne de animais, prescrevendo uma dieta vegetariana (LAÊRTIOS, 2008, p. 230). O "privilégio da alma" une de tal forma os humanos e os animais não humanos que estes não são, de forma alguma, ontologicamente, diferentes daqueles, mas são uma forma de *encarnação* sua. Essa crença é coerente com a crença na transmigração das almas – ou *metempsicose* –, que em nada diminuía o humano, mas elevava o animal não humano, fazendo-o merecedor de justiça e compaixão por causa do parentesco com o humano. Pelo menos no plano espiritual há uma condição de igualdade em que o que mais importa é o contínuo e não o descontínuo entre um e outro.

A crença na transmigração das almas, com a consequente afirmação de defesa dos animais, é bem ilustrada numa cena que, segundo o filósofo Xenófanes, crítico impiedoso dos deuses dos mitos, se teria passado com Pitágoras: "Dizem que ele, passando perto de um cãozinho que estava sendo espancado, apiedou-se dele e falou a quem o maltratava: 'Pare, não o espanque, pois a alma que reconheci, ouvindo-lhe a voz, é a de um homem amigo'" (XENÓFANES apud LAÊRTIOS, 2008, p. 236).

A perspectiva de Pitágoras é dissonante dentro da tradição moral ocidental. Sua estratégia argumentativa, fundamentada na transmigração das almas, é perdedora e, modernamente, postular a igualdade dos animais pela via de argumentação de Pitágoras, qual seja, a da alma comum, soaria como prova de que os defensores dos animais apelam mais para um mito indemonstrável e insustentável do que para a razão. Mas não só modernamente. Já para Aristóteles,[1] um dos clássicos gregos, soava como algo fora de propósito e inconsistente.

---

[1] Antes mesmo de Aristóteles, Alcmeon, filósofo da *Escola Italiana* à qual pertencia Pitágoras, já havia postulado a tese de que entre o homem e o animal o

A argumentação de Aristóteles, que se tornará dominante na tradição moral antropocêntrica ocidental, fundamenta-se na diferença entre humanos e animais não humanos exatamente no que tange à alma. Os homens são animais, isso Aristóteles não contesta, mas só os homens têm *alma racional* e, por conta disso, estão numa posição superior na escala dos seres. Os homens compartilham de uma natureza comum com os animais, mas isso não é razão para Aristóteles conceder aos animais igual consideração: os homens são animais racionais, os animais não são racionais. A argumentação é parecida com aquela de que Aristóteles se vale para desqualificar os escravos em relação ao homem livre, reduzindo o escravo a um *órganon* – um instrumento. É evidente, também para Aristóteles, que o escravo é humano e pode sofrer e sentir prazer como qualquer humano, mas dessa evidência não decorrem direitos iguais. Para Aristóteles, o que interessa é que o escravo é inferior ao homem livre pela sua natural dependência por conta de sua deficiência no poder de *raciocínio e comando,* ao ponto de ser considerado um instrumento de produção nas mãos dos homens livres, mesmo que um "instrumento vivo". O escravo é um ser humano que não se pertence, mas pertence a outro, na mesma proporção que um instrumento de trabalho não se

---

que importa é assinalar a diferença, mais do que a continuidade. Alcmeon antecipa, de alguma forma, a posição que se irá consolidar em Aristóteles, de que só o homem possui *inteligência* e *razão*, e o animal somente possui *percepção*.

pertence, mas pertence a seu proprietário (ARISTÓTELES, 1985, §1254A, p. 18-19).

Aristóteles segue sua argumentação dizendo ser natural e bom que a alma domine o corpo, a inteligência domine os desejos, o macho domine a fêmea, e seria nocivo se as duas partes estivessem em condições de igualdade. Desse pressuposto deduz que, na relação dos homens com os animais, os primeiros devem dominar os segundos e essa condição beneficia tanto o homem quanto o animal, que se sentirá seguro sob o domínio do homem. Essa condição é natural e não há motivo para se opor ao que a natureza, cuidadosamente, nos legou. A hierarquia, fundada num antropocentrismo teleológico, faz com que aqueles que têm menos raciocínio existam para servir aos que têm mais raciocínio, numa escada em que o degrau inferior serve o degrau superior. Nesse particular Aristóteles assim se expressa, no que parece ser a sua posição definitiva:

> As plantas existem para o bem dos animais e os outros animais para o bem do homem, e as espécies domésticas existem tanto para seu serviço quanto para o seu alimento, e se não todos, pelo menos a maior parte das espécies selvagens para seu alimento ou para satisfazer-lhe outras necessidades, proporcionando-lhe roupas ou vários instrumentos. Se, portanto, a natureza nada faz sem uma finalidade ou em vão, necessariamente a natureza fez todos os animais por causa do homem (ARISTÓTELES, 1985, §1256B, p. 24).

Essa hierarquia natural dos seres coloca o homem no degrau mais alto, e se há algo superior a ele esse algo só poderia ser um deus. Poucas vezes na história do pensamento o homem foi colocado em posição tão elevada com o fim de subordinar toda a natureza a seu dispor e serviço. Na escalada dos seres, temos, então, no primeiro degrau, o mundo mineral, que por não ser vivo não tem alma; no segundo degrau, o mundo vegetal, que por ser vivo tem *alma vegetativa* com função de nutrição e reprodução; no terceiro degrau, encontra-se o mundo animal, que, além da alma vegetativa, tem também *alma sensitiva*, isto é, além da capacidade de reprodução e alimentação, tal como a árvore, tem também a capacidade de movimentação e de sentir dor e prazer; e, finalmente, no último degrau da escalada do ser, encontra-se o ser humano, que é a culminância dos seres, pois, além da alma vegetativa e sensitiva, ele, e somente ele, é portador da *alma racional*. Daí a famosa frase síntese da antropologia aristotélica: "O homem é um animal racional".

Depois de Aristóteles, ainda no horizonte grego, duas vozes se inscrevem como referências dissonantes na defesa dos animais. Trata-se, em ordem cronológica, de Plutarco (46-120 d.C.) e de Porfírio (234-305 d.C.). Segundo Tom Regan, a Plutarco, que escreveu *Do consumo da carne*, pode-se creditar a frase mais eloquente na defesa da dieta vegetariana: "Mas, em prol de um bocadinho de carne, privamos uma criatura inocente do sol e da luz, e daquela porção de vida e tempo que ela veio ao mundo para desfrutar" (PLUTARCO apud REGAN, 2014).

Porfírio, por sua vez, escreveu um texto em defesa dos animais intitulado "Da abstinência" no intuito de convencer um amigo, que se tinha convertido ao Cristianismo, a voltar ao costume de não comer carne. Os cristãos o tinham pervertido, na interpretação de Porfírio. A argumentação de Porfírio não apela para aquilo que os animais não são, isto é, seres humanos aprisionados a um corpo de animal, tal como fizera Pitágoras, mas para um valor inerente ao animal que é a capacidade de sofrer. Porfírio, segundo Regan, ficava desesperado diante da impossibilidade de converter seus contemporâneos ao vegetarianismo. Afirmava que tentar convencer um comedor de carne a parar de comer é como "falar com barrigas que não têm ouvidos". O que deveria espantar é o gosto e o prazer de comer o corpo putrescente de alguém, e não o hábito do vegetariano de não comer carne, mas na realidade o que ocorre é o contrário (PORFÍRIO apud REGAN, 2014). Mas como convencer um carnívoro disso? Talvez não seja impossível, mas fácil não é.

Herança bíblica judaico-cristã

Se passarmos do mundo grego para o mundo judaico-cristão, a ambiguidade na relação homem animal permanece. Por um lado, a Bíblia, cuja variedade de textos e estilos se apresenta com o realismo histórico de milênios, portando as ambiguidades humanas, parece fundamentar e legitimar a superioridade e o domínio do homem em relação ao restante da natureza. Por outro lado, ouvem-se ecos de vozes discordantes que se tornam um fio dourado a ser seguido em nosso trabalho na terceira parte. Essa mesma ambiguidade interpretativa se dá ao longo da tradição religiosa e teológica, culminando com Santo Tomás de Aquino e São Francisco de Assis.

Na prática, porém, parece não haver dúvida de que a voz dominante e vencedora é a voz que sustenta a cisão e separação do humano em relação aos outros seres da natureza. Será necessário buscar, na terceira parte, qual o sentido positivo desta separação. Pois, numa justa interpretação, não há antropocentrismo na Bíblia, já que Deus é o centro, mas como escapar de interpretar alguns textos bíblicos como fundadores do antropocentrismo especista que seria justificado pelo próprio Deus? Vejamos, por ora, dois textos do Gênesis, geralmente evocados quando se quer fundamentar a prática especista e antropocêntrica:

> E Deus disse: "Façamos o homem à nossa imagem, como nossa semelhança, e que ele domine sobre os peixes do mar, as aves do céu, os animais domésticos, todas as feras e todos os répteis que rastejam sobre a terra" (Gn 1,26).

> Deus os abençoou e lhes disse: "Sede fecundos, multiplicai--vos, enchei a terra e submetei-a; dominai sobre os peixes do mar, as aves do céu e todos os animais que rastejam sobre a terra". Deus disse: "Eu vos dou todas as ervas que dão semente, que estão sobre toda a superfície da terra, e todas as árvores que dão frutos que dão semente: isso será vosso alimento. A todas as feras, a todas as aves do céu, a tudo que rasteja sobre a terra e que é animado de vida eu dou como

alimento toda a verdura das plantas" e assim se fez. Deus viu o que tinha feito: e era muito bom (Gn 1,28-31).

O que temos nesse texto? Uma *distinção*, um *mandato* e uma *prescrição* dietética. A distinção fica por conta de que só o ser humano é criado à imagem e semelhança de Deus, o que constituiria, segundo a exegese comum – que vamos contestar na terceira parte –, notória superioridade em relação ao restante da natureza. O mandato é para que exerça *domínio* sobre os animais, seja do mar, do ar ou da terra. Também aqui, na ambiguidade histórica do Cristianismo não se prestou atenção suficiente ao sentido desse "domínio", que precisamos retomar na terceira parte. Mas, curiosamente, para desconforto dos carnívoros, o texto prescreve uma dieta vegetariana e não autoriza a morte dos animais para alimento. A interpretação desses textos não é isenta de conflitos e de ambiguidades. Por um lado, o mandato de domínio pode autorizar a subjugação e a morte, como fomos acostumados historicamente. Por outro lado, a prescrição vegetariana parece proteger a vida dos animais como obra da criação de valor em si e não como meros meios à disposição do ser humano, sobretudo para ser servido no prato.

O problema, contudo, reaparece em outro texto paradigmático na relação de humanos e animais não humanos. Trata-se de um texto, pelo menos à primeira vista, justificador da atitude antropocêntrica e especista, historicamente dominante e, aparentemente, sem margem à dupla interpretação e cruel para com os animais. Localiza-se, também, no Gênesis, mas num segundo Gênesis, o Gênesis depois do pecado e do endurecimento contagioso do coração humano que provocou o dilúvio, numa nova aliança em que Deus parece cúmplice com o homem caçador e não mais o Gênesis do paraíso, onde, numa aliança originária, os animais eram protegidos:

> Deus abençoou Noé e seus filhos e lhes disse: "Sede fecundos, multiplicai-vos, enchei a terra. Sede o medo e o pavor de todos os animais da terra e de todas as aves do céu, como de tudo o que se move na terra e de todos os peixes do mar: eles são entregues nas vossas mãos. Tudo o que se move e possui a vida vos servirá de alimento, tudo isso eu vos dou, como vos dei a verdura das plantas. Mas não comereis a carne com sua alma, isto é, o sangue" (Gn 9,1-4).

Como bem interpretar esse texto sem cairmos no lugar comum da leitura especista? Parece tudo muito claro, límpido, sem margem interpretativa, cruel e impiedoso para com a sorte dos animais. Causar *medo* e *pavor* substituiria o *dominai*, que ainda poderia ser interpretado como cuidado e zelo para com os mais fracos, mas que, agora, nesse texto, a letra parece impossibilitar o espírito. Mas será que seria fazer justiça ao texto deixá-lo sem uma hermenêutica da suspeita, situando-o no conjunto da escritura e da centralidade de Deus na defesa da comunidade de vida? Remetemos essas interrogações para a parte final do nosso trabalho. Por enquanto apenas acenamos para a ambiguidade, sempre presente, quando se discute o lugar do ser humano na Bíblia.

Um outro texto, agora no Novo Testamento, apresenta a mesma ambiguidade interpretativa. Trata-se de um texto de São Paulo, que, aparentemente, sedimenta a leitura literal, de cunho especista. Se não, vejamos:

> Com efeito, na lei de Moisés está escrito: Não amordaçarás o boi que tritura o grão. Acaso Deus se preocupa com os bois? Não é, sem dúvida, por causa de nós que ele assim fala? Sim; por causa de nós é que isso foi escrito, pois aquele que trabalha deve trabalhar com esperança e aquele que pisa o grão deve ter a esperança de receber a sua parte (1Cor 9,8-10).

À primeira vista, poderíamos dizer que Deus não se preocupa com os bois. Ora, por que então haveria o homem de se preocupar com eles e com outros animais? Mas será que seria fazer justiça ao texto se o deixássemos sem a luz da interpretação? Na terceira parte nos debruçaremos, com cuidado, sobre essas questões e defenderemos a tese de que o que é dominante na prática especista com pretensa fundamentação bíblica na verdade não passa de uma leitura ideológica do texto bíblico. Não se pode, por isso, desconhecer que a ambiguidade faz parte da recepção desses textos fundadores da cultura judaico-cristã. Assim como é possível ver no texto uma confirmação da atitude especista, encontra-se, também nele, um fio dourado de interpretação que descentraliza o homem e o coloca num círculo de comunidade de vida.

Ambiguidades na teologia cristã

Os dois exemplos maiores da ambiguidade presente na história do pensamento cristão são, justamente, os dois maiores nomes da teologia cristã: Santo Agostinho, no final do século IV e começo do século V, e Santo Tomás, no século XIII. O primeiro não abandonou a forma dominante em seu tempo de pensar todas as coisas de modo hierárquico, como tinha ensinado Plotino, com grande sucesso. Por um lado, Agostinho tornou-se um crítico do neoplatonismo de seu tempo, como ele demonstra em suas *Confissões*, mas, por outro lado, interpretou a narrativa do Gênesis na ordem hierárquica neoplatônica, que coloca a essência acima do topo de uma pirâmide de seres, e dela desce por emanação, degradando-se nos graus inferiores, múltiplos e cada vez mais caóticos, portanto uma hierarquia entre mais ser e menos ser. Pode-se prever como ficaria, nessa hierarquização, a relação entre os humanos e os animais, como com todas as demais criaturas. Da mesma forma, Santo Tomás, aceitando o desafio do aristotelismo que tomava conta da Universidade de Paris, raciocina com as famosas categorias e suas distinções, buscando situar a forma aristotélica dentro do horizonte de conteúdo bíblico, como veremos.

Santo Agostinho: "à nossa disposição"

Uma reflexão de Agostinho sobre a hierarquização das criaturas ilustra o quanto ele adota a forma neoplatônica de pensar a realidade na qual se estabelece a diferença e a superioridade do ser humano em relação aos animais não humanos. Nesse sentido, em Santo Agostinho sintetizam-se as posições da filosofia grega e a concepção judaica, tradicionalmente dominante, da relação entre humanos e animais não humanos. O argumento parece seguir a mesma estratégia presente tanto em Aristóteles quanto numa das possíveis leituras da Escritura, que se tornou historicamente dominante e que justificaria o especismo. Não se pensa a partir do mínimo comum, ou de algum grau de igualdade que leva a alguma consideração comum, mas pensa-se a partir da diferença hierárquica instaurando uma inferioridade e uma superioridade entre os seres. O texto a seguir mostra bem essa estratégia em Agostinho:

> Entre os seres que têm algo de ser, e não são o que é Deus, seu autor, os viventes são superiores aos não viventes, como os que têm força generativa ou apetitiva aos que carecem da faculdade. E entre os viventes, os sencientes são superiores aos não sencientes, como às arvores os animais. Entre os sencientes, os que têm inteligência são superiores aos que não a têm, como aos animais os homens. E, ainda, entre os que têm inteligência, os imortais são superiores aos mortais,

como aos homens os anjos. Tal gradação parte da ordem da natureza (AGOSTINHO, 1990, p. 35-36, v. 1).

Ainda em *A cidade de Deus*, no contexto em que Agostinho proíbe o direito que alguém possa ter de dispor da própria vida, suicidando-se, interpretando que o mandamento *Não matarás* não vale só para o próximo, mas também para si mesmo, Agostinho pergunta-se se o *Não matarás* pode ser estendido aos animais e responde negativamente:

> Não aplicamos o preceito às plantas desprovidas de sensibilidade, nem aos animais faltos de inteligência, aos quais a carência da razão interdiz qualquer sociedade conosco (donde se segue que justo desígnio da Providência pôs a vida e a morte deles à disposição de nossas necessidades), já não teremos de entender senão do homem a palavra da lei: Não matarás pessoa alguma nem mesmo a ti. Com efeito, quem se mata não é matador de homem? (AGOSTINHO, 1990, p. 51, v. 1).

O que instaura a diferença natural, para Agostinho, entre humanos e animais não humanos é a racionalidade, e a ausência desta nos animais não humanos os torna dependentes, inferiores e ao dispor dos humanos, fora da comunidade moral, podendo estes valerem-se das suas vidas sem nenhum sentimento de culpa do ponto de vista moral, até o extremo da morte. Os animais não têm outra razão de ser senão estar "à disposição de nossas necessidades". Ora, afirmar que um ser, no caso os animais, está à disposição de nossas necessidades significa que é meio para um fim que só nós humanos somos. Mas são muitas as nossas necessidades (proteção, agasalho, diversão, alimentação, saúde...) e para isso o Criador colocou à nossa disposição os animais e, sobre eles, temos direito de vida e de morte. Agostinho não é, portanto, voz dissonante, mas voz recorrente na afirmação antropocêntrica da cultura ocidental cristã, ainda que em sua hierarquia coloque os anjos acima dos seres humanos. Na prática, os anjos não diminuem o poder de domínio dos humanos sobre a terra.

Como harmonizar essa concepção com a ideia, hoje aceita, de que milhares de milhões de anos antes de os homens entrarem no universo os animais aí já estavam? Foram milhões de anos de inutilidade ou de preparação para o aparecimento do ser humano? Pode-se, hoje, com as novas condições de compreensão que temos à disposição, seguir tal lógica? Sinceramente, soa estranho pensar nesse finalismo que faz pouco caso da vida de seres tão complexos e inteligentes que nunca precisaram de nós para sobreviver.

Tomás de Aquino: "o menos perfeito para o mais perfeito"

Tomás de Aquino segue a mesma lógica de argumentação típica da postura antropocêntrica na relação entre os seres criados, levando o argumento ao grau máximo. Para ele tudo está a serviço, como instrumento, como meio, para o único fim em si mesmo que é o humano. Na ordem da natureza o imperfeito existe para servir o perfeito, o irracional para servir o racional.

Nesse sentido, utilizando a fórmula aristotélica, o homem, como *animal racional*, está no topo da pirâmide do ser, e tudo o mais está para ele, podendo dispor de tudo, sem constituir problema moral algum. Na linguagem de Tomás, não há como pecar contra um animal. Peca-se contra Deus ou outros homens, porém não contra os animais. O mandamento *Não matarás* não vale para os animais, e, contra esses, a sua morte executada pelos humanos está mais do que legitimada moralmente, pois há uma ordem natural na qual a apropriação do mais baixo pelo mais alto pertence ao destino do ser.

> Ninguém peca por usar de uma coisa para o fim ao qual ela é destinada. Ora, na ordem das coisas, as menos perfeitas são para as mais perfeitas; assim como também, no seu processo de geração, a natureza vai do imperfeito para o perfeito. Donde vem que, como na geração do homem, forma-se em primeiro lugar o ser vivo, depois o animal e depois o homem, assim também os seres que só têm a vida, como as plantas, são destinadas a servir, geralmente, a todos os animais; e os animais, ao homem. Por isso, não é ilícito usarmos das plantas para a utilidade dos animais e dos animais para a nossa como está claro no Filósofo (Aristóteles). Ora, entre outros usos, o mais necessário é que os animais se utilizem das plantas como alimento e os homens, dos animais; o que não é possível fazer sem matá-los. Logo, é lícito matar as plantas para uso dos animais e a estes para o do homem, em virtude da ordenação divina mesmo (AQUINO, 1980, Q 64, art. 1, p. 2540).[1]

---

[1] A questão é debatida em outros lugares na *Suma contra os gentios*, mas o teor é o mesmo: não há pecado na morte de animais. "Ora, as plantas são para os

A morte de um boi ou outro animal, sobretudo quando esse é de outros, constitui pecado, diz Tomás, não por matar o animal, ou porque ele tenha um valor em si mesmo, mas por "danificar o dono, no seu bem. Por onde, esse ato não implica pecado de homicídio, mas, de furto ou roubo" (AQUINO, 1980, Q 64, art. 1, p. 2540). O proprietário é sujeito moral, mas o boi, que se constitui como uma coisa, é apenas, e tão somente, propriedade. Disso se infere que Deus não se preocupa com o boi, mas somente com o seu dono, o humano.

Por conta disso o homem pode maltratar os animais? Melhor não maltratar, mas não porque haja algum interdito direto, apenas indireto.[2] Nas Escrituras, quando lemos alguma proibição de crueldade para com os animais, diz o Aquinate, como a de não matar a ave com filhotes, isso não é feito pelo bem do animal, mas é feito para "afastar do homem o espírito de crueldade, para que

animais; uns animais para outros, e todas as coisas para o homem... logo, usar das plantas ou das carnes dos animais para alimento, ou para qualquer outra utilidade do homem, não é em si pecado" (TOMÁS DE AQUINO. *Suma contra os gentios*. Porto Alegre: Edipucrs-EST, 1996. v. II, p. 617). "Por esses argumentos, refuta-se o erro dos que afirmam ser pecado ao homem matar os animais irracionais, pois eles, pela providência, foram ordenados, na ordem natural, para o homem. Por isso o homem se serve deles sem injúria, quer matando-os, quer utilizando-os de outro modo" (AQUINO, 1996, v. II, p. 595).

[2] Sobre a formulação dos deveres indiretos para com os animais, que posteriormente Kant vai desenvolver, pode-se dizer que formalmente inicia com Santo Tomás de Aquino, como muito bem observou Reginaldo José Horta num bem articulado texto intitulado "Acaso Deus se preocupa com os bois? (1Cor 9,9): os animais na teologia de Santo Tomás de Aquino". In: *Anais do 27º Congresso Internacional da Soter. Espiritualidades e dinâmicas sociais: memória – prospectivas*, p. 1437-1449. Disponível em: <http://www.soter.org.br/documentos/documento-Dum08FpW7qWJbpsf.pdf>. Acesso em: 20 jul. 2015.

alguém, ao ser cruel com o animal, não estenda esta crueldade aos homens" (AQUINO, 1996, v. II, p. 595). Ancorar o argumento de que não devemos ser cruéis para com os animais somente pelo fato de que essa atitude pode nos levar a sermos cruéis para com os outros homens não deixa de ser uma indireta confissão de especismo, típica da postura dominante que estamos reconstruindo e que em Tomás de Aquino, dentro do Cristianismo, recebe uma sedimentação filosófica e teológica em alto grau.

São Francisco de Assis: "criaturas de Deus"

Essa posição de Aquino, quase unânime na tradição católica, tem sua inflexão em São Francisco de Assis.[3] Reconhecido como o santo protetor dos animais e padroeiro da ecologia, Francisco não apresenta uma tese teológica ou filosófica na defesa dos animais. Mas da sua mística do amor universal que a todos e a tudo trata como irmãos e irmãs, muito bem expresso no *Cântico das criaturas* e em vários episódios da vida do santo, retratados pelos biógrafos,[4] depreende-se que Francisco mantinha uma

---

[3] São Francisco não foi o primeiro a defender os animais dentro da tradição cristã. Antes dele são Basílio, santo Isaac, o Sírio, e são Crisóstomo já mostraram real sensibilidade à causa animal. Cf. LOURENÇO, Daniel B. *Direitos dos animais*. Fundamentação e novas perspectivas. Porto Alegre: Sergio Antonio Fabris Ed., 2008. p. 137-138. Mas não parece pairar dúvidas quanto à importância e exemplaridade de Francisco no amor a toda criatura e à sua relação ímpar com os animais.

[4] Tomás de Celano é tão farto na descrição de episódios em que transparece o amor e a empatia de Francisco para com os animais que, às vezes, chega a dar a impressão de que Francisco podia se comunicar com eles e eles o entendiam e, na sua presença, se sentiam protegidos. Isso seria bastante normal se os ani-

relação de fraternidade diante da natureza e, sobretudo, dos animais, e que, por conta de sua mística religiosa teocêntrica, estabelece uma relação de horizontalidade não hierárquica, de amor e respeito para com as criaturas não humanas.

A falta de uma elaboração teórica crítica da cosmologia e da moral dominante, que, evidentemente não o impossibilitou de viver a compaixão e a bondade universal, o impediu, contudo, de coerência, ou, pelo menos, de radicalidade, na medida em que, ao mesmo tempo que mantinha uma relação de compaixão e amor com os animais, não deixava de comê-los e não

> mais fossem os domésticos, como os cães e os gatos, mas Celano nos fala, sempre, de animais silvestres: andorinhas, pombos, corvos, répteis, lebres, ovelhas, cordeirinhos, abelhas e, até, vermes. Ver: CELANO, T. Vida I. In: *São Francisco de Assis*; escritos e biografia de São Francisco de Assis. 2. ed. Petrópolis: Vozes, 1982. p. 220-221; 234-236; 406-407. São Boaventura (*Legenda Maior*, cap. 8, p. 524) também narra episódios de afeto, de amor e de comunicação envolvendo as mais diversas "criaturas irracionais" (cordeiros, peixes, pássaros, cigarras, faisão, falcão...) a que Francisco chamava de irmãs, e essas se comportavam com ele com escuta e submissão, como se fossem discípulas suas. Mas o episódio de mais alto valor simbólico da relação entre Francisco e os animais encontra-se nos *I Fioretti* (cap. 21, p. 1123-1124), onde se narra como Francisco converte o ferocíssimo lobo de Gúbio, que atormentava tanto os humanos quanto os outros animais, em um animal dócil ao convívio humano, e converte os cidadãos de Gúbio a uma nova relação com o lobo. Nesse episódio sintetiza-se o desejo de paz e reconciliação sonhada por Francisco e estendido a todos os seres. De todos os animais, Francisco nutria um afeto especial pelas cotovias, e sobre elas teria dito: "'Se eu puder falar com o imperador, suplicar-lhe-ei que, por amor de Deus, atenda o meu pedido para que publique um edito em que seja proibido apanhar as irmãs cotovias, ou fazer-lhes qualquer mal. Do mesmo modo, quero que todos os governadores das cidades, os senhores dos castelos e vilas ordenem a seus súditos que, a cada ano, pelo Natal, mandem pessoas espalhar trigo ou outros cereais pelos caminhos, para que as aves, sobretudo as nossas irmãs cotovias, tenham o que comer nessa grande solenidade'" (*Legenda Perusina*, p. 841).

instruiu os seus frades a abster-se de carne, a não ser em dias de jejum. A única explicação que se pode tirar desse fato é que, para Francisco, a diferença entre a terra, o ar, a lua, o sol, a água, o fogo, a árvore e o conjunto dos animais, para efeito de sua mística e amor, era insignificante. Aos olhos de Francisco todas as coisas eram criaturas de Deus, e o que importava era o Criador, do qual as criaturas eram sacramento. Então, já que não se pode morrer de fome, comer vegetais ou animais não faz diferença, ambos são vivos e estão a nosso dispor. Foi esse o limite de Francisco e continua nos seus frades seguidores. O limite assim posto, contudo, não impossibilita localizar nele a figura histórica que, mesmo sem uma ideologia e militância na defesa dos animais, mais amor lhes devotou e por isso permanece como uma inflexão que precisa ser melhor elaborada, e assim faremos, na parte propriamente teológica, a terceira parte deste trabalho.

As ambiguidades da Modernidade

Saindo da cultura antiga e cristã medieval e entrando na cultura do humanismo renascentista e do iluminismo moderno, o cenário não se torna mais favorável aos animais. A voz antropocêntrica continua dominante e vencedora, mesmo que vozes dissonantes se façam ouvir, cada vez com mais nitidez, como em Montaigne, Voltaire, Rousseau e Bentham. Mas no meio do caminho há Kant, e é ele que representa a tradição antropocêntrica elevada à forma de filosofia iluminista. E será Kant o paradigma vencedor nos tempos da Modernidade, tornando-se a pedra no caminho dos defensores dos animais. Ou se transpõe essa pedra ou o caminho ficará obstruído interminavelmente.

A transposição já está em curso. No final desta parte, localizaremos dois pensadores contemporâneos, Peter Singer e Tom Regan, que mais se esforçam para fazer tais transposição e superação do antropocentrismo especista. Mas, antes, seguiremos os passos de alguns filósofos que preparam, a seu modo, o caminho da defesa direta dos animais, seus interesses e seus direitos. Não só perseguiremos os passos dos filósofos que preparam o caminho para uma ética que inclui os animais no nosso universo moral, mas também faremos uma parada em Descartes, o insensível da causa animal. Iniciemos por Montaigne.

Montaigne: "justiça não, benevolência sim"

Apesar de considerar equivocada a postura de Pitágoras, que atribui parentesco entre os animais humanos e os animais não humanos, por compartilharem o "privilégio da alma", e apesar de também não aceitar a ideia de que entre os homens e os animais possa haver uma sociedade de iguais e que, portanto, lhes deveríamos justiça, Montaigne (1533-1592) considera, contudo, que entre os homens e os animais há semelhanças que mais aproximam do que distanciam e que, por conta disso, a crueldade para com eles é injustificada e é dever do humano tratá-los *com humanidade*. Assim se manifesta Montaigne: "Aos homens devemos justiça; às demais criaturas capazes de lhes sentir os efeitos, solicitude e benevolência" (MONTAIGNE, 1972, p. 208). Aos animais não devemos justiça, mas benevolência. Tratá-los com benevolência lhes é devido, e a crueldade é errada em si mesma. É certo que a crueldade para com os animais pode levar o homem a progredir na crueldade para com o próprio homem. Montaigne está consciente disso quando diz: "[...] os que são sanguinários com os bichos, revelam uma natureza propensa à crueldade. Quando se acostumaram em Roma com os espetáculos de matanças de animais, passaram aos homens e aos gladiadores" (MONTAIGNE, 1972, p. 207). Contudo, não é por via indireta, isto é, por causa do próprio homem, que não se deve ser cruel para com os animais, mas porque lhes é devido serem tratados com benevolência. Até aqui chega Montaigne na defesa dos animais e não além disso. Não é um defensor dos direitos dos animais, certamente, mas sua reflexão é um avanço em relação ao interesse sempre presente na tradição de demarcar a diferença entre os humanos e os animais, mais do que buscar pontos que têm em comum.

Montaigne chega a reconhecer a capacidade de inteligência, linguagem, sociabilidade nos animais, e até, diz ele, são superiores em relação ao homem do ponto de vista físico. Mas, apesar de tudo – dada a concepção de direito e de justiça que Montaigne possui em consonância com a tradição ocidental desde os gregos, para quem a fonte de direito e justiça é o homem –, não lhes devemos justiça. Isto é, os animais não têm valor intrínseco, o que lhes conferiria direitos inalienáveis, mas, diz Montaigne, a eles devemos benevolência, sendo injustificáveis quaisquer tipos de maus-tratos e crueldade. Montaigne contribui, assim, não tanto para demonstrar as diferenças entre os humanos e os animais e a justificação porque deles possamos nos valer a bel-prazer, mas, justamente, esforça-se por mostrar que só por presunção[1] podemos nos considerar superiores e me-

---

[1] "A presunção é doença natural e inata em nós. De todas as criaturas, a mais frágil e miserável é o homem, mas ao mesmo tempo, a mais orgulhosa [...] iguala-se a Deus, atribuindo-se qualidades divinas que ele mesmo escolhe. Separa-se das outras criaturas; distribui as faculdades físicas e intelectuais que bem entende aos animais, seus companheiros" (MONTAIGNE, 1972, p. 214-215).

lhores do que os animais, contribuindo, assim, para pensar em direção à defesa dos animais.

Descartes: "animal máquina"

Descartes (1596-1650) segue, decididamente, outra direção. Interessa-se mais em mostrar o que nos distingue dos animais, retornando, assim, à estratégia tradicional e, portanto, processa uma justificativa moral que nos isenta de envergonhamento, sentimento de culpa e indignação diante das crueldades para com os animais, liberando o humano para o agir pragmático em relação a eles, completamente à margem da moralidade. E o que distingue, ontologicamente, os humanos e os animais, diz Descartes, é que os humanos possuem alma e são capazes de pensamento e linguagem,[2] e os animais são máquinas, autômatos, tal como um relógio, isto é, agem automaticamente, operando funções mecânicas até com mais eficiência do que o homem, mas só o homem possui alma, e seria um erro perigoso, que não favoreceria uma vida virtuosa, "imaginar que a alma dos animais seja da mesma natureza que a nossa, e que, por conseguinte, nada temos a temer nem esperar depois dessa vida, não mais que as moscas e as formigas" (DESCARTES, 1962, p. 89).

---

[2] "Pois é uma coisa bem notável que não haja homens tão embrutecidos e tão estúpidos, sem excetuar mesmo os insanos, que não sejam capazes de arranjar em conjunto diversas palavras e de compô-las num discurso pelo qual façam entender seus pensamentos; e que, ao contrário, não exista outro animal, por mais perfeito e felizmente engendrado que possa ser, que faça o mesmo" (DESCARTES, 1972, p. 88).

A alma humana, engendrada diretamente por Deus, é destinada à imortalidade, pois ela é "inteiramente independente do corpo e, por consequência, não está, de modo algum, sujeita a morrer com ele" (DESCARTES, 1962, p. 89). Ora, os animais não humanos, por não possuírem alma, não têm, também, consciência e, por faltar-lhes a consciência, falta-lhes a sensação de dor e prazer. Para Descartes, portanto, os animais nem ao menos são sencientes, isto é, são incapazes de sentimentos e conhecimento. Afinal, máquina não sente e não pensa!

Com Descartes está aberta a justificação para toda sorte de crueldade para com os animais, sobretudo através da dissecação, que o próprio Descartes praticava em vista do conhecimento de anatomia. A teoria do "animal máquina", por mais insensata que pareça, sedimenta a moral de corte decisivamente antropocentrista e especista. Para a defesa dos animais, Descartes só foi importante num único ponto, a saber, depois dele o *status* moral dos animais só poderia melhorar, pois com ele chegou ao posto mais baixo possível.

Voltaire: "não são máquinas"

De fato, depois de Descartes a sensibilidade e o interesse pela sorte dos animais começam a mudar. E a mudança passa, exatamente, pela contestação da concepção de "animal máquina". A mais contundente contestação vem do filósofo iluminista francês Voltaire (1694-1778), que ataca a teoria de Descartes de frente, dizendo que só por ignorância alguém pode dizer que os animais são privados de conhecimento e sensibilidade. Diz Voltaire: "Que néscio é afirmar que os animais são máquinas privadas de conhecimento e de sentimentos, agindo sempre de igual modo, e que não aprendem nada, não se aperfeiçoam etc.!" (VOLTAIRE, 1978, p. 96). Segundo Voltaire, qualquer observação aleatória refutará a ideia de que os animais são máquinas e repetem mecanicamente os conhecimentos e sensações. Um cão aprende, avança na aprendizagem, seleciona pela memória, tem sentimentos, sofre a perda do dono, alegra-se por reencontrá-lo, despede-se triste na saída, acolhe-o alegre na chegada. Ora, fará isso mecanicamente? Que estultice!

Mas a estupidez parece não ter limites, continua Voltaire. E a maior estupidez nem é tanto teórica, mas prática. Nesse particular Voltaire repele exatamente a prática da dissecação, da qual Descartes é o fundamentador teórico. A concepção do "animal máquina" e a prática de dissecação, sem qualquer sentimento de vergonha e culpa, é uma flagrante contradição, pois exatamente da dissecação resulta o conhecimento da semelhança do corpo dos animais com o corpo do humano e não é possível que a natureza tenha munido, inutilmente, o animal de órgãos de sensibilidade. Se há órgãos de conhecimento e sensibilidade, então o animal conhece e sente, pois a natureza não é dada a fazer nada inutilmente. Sentencia Voltaire:

> Algumas criaturas bárbaras agarram esse cão, que excede o homem em sentimento de amizade; pregam-no numa mesa, dissecam-no vivo ainda, para te mostrarem as veias

mesentéricas. Encontras nele todos os órgãos das sensações que também existem em ti. Atreve-te agora a argumentar, se és capaz, que a natureza colocou todos estes instrumentos dos sentimentos no animal para que ele não possa sentir? Dispõe de nervos para manter-se impassível? Que nem te ocorra tão impertinente contradição da natureza (VOLTAIRE, 1978, p. 97).

Ainda bem que à altura de um Descartes haja um Voltaire para contrabalançar e mostrar o quão insensato é pensar que o animal seja uma coisa, um artefato, uma máquina.

Jean-Jacques Rousseau: "natureza e antinatureza"

Jean-Jacques Rousseau (1712-1778), filósofo iluminista francês, por sua vez, não pode ser posto entre os entusiastas defensores dos animais. Antes, ele é, como bom iluminista, um fervoroso defensor do humano. E como tal, procurou encontrar uma substancial diferença metafísica e moral do homem em relação ao animal. Diferença definitiva e irreconciliável entre um e outro, segundo ele. O homem, diz Rousseau, é um agente livre capaz de autotranscendência, ao passo que o animal é um ser programado. Este escolhe ou rejeita por instinto, por prescrição prévia da natureza. Aquele, o homem, escolhe e rejeita por autodeterminação, por liberdade. O animal jamais se desvia da regra que a natureza lhe prescreve, mesmo que o desvio lhe fosse favorável e vantajoso. Um pombo morreria de fome junto a um pedaço de carne, assim como um gato junto a um pote de alpiste, por exemplo. Aquele, o homem, não age por determinação da regra, a tal ponto de se afastar dela, mesmo em seu prejuízo. Por isso, afirma Rousseau, no homem a vontade e os desejos ainda falam quando a natureza se cala (ROUSSEAU, 1978, p. 243).

Parece, assegura Rousseau, que não há como negar que entre o homem e o animal o que faz a diferença é a condição de liberdade daquele e de determinação deste. O animal é natureza, o homem é *antinatureza*. O animal é colado à natureza. O homem transcende a natureza. Mas se isso não bastasse, há outra forma de estabelecer a diferença, ainda mais indiscutível. O animal é perfeito por natureza, o homem aperfeiçoa-se ou degrada-se. O homem não é, torna-se.[3] Conclui Rousseau:

> Mas, mesmo que as dificuldades que cercam todas essas questões deixem pouco espaço para a discussão da diferença entre o homem e o animal, há outra qualidade muito

---

[3] O *tornar-se*, ou a perfectibilidade, dá-se em um duplo plano, o que, aliás, constitui os dois campos fundamentais da investigação de Rousseau: a *educação* e a *política*. Ou, como diz Luc Ferry: "A 'perfectibilidade' de que fala Rousseau se desenvolverá, portanto, sobre um duplo plano: *a educação entendida como história do indivíduo e a política como história da espécie*. A paixão de Rousseau pela infância, cujo continente já se disse que ele descobriu, só se equipara ao seu interesse pela política. *Emílio* ou *Da educação* e *O contrato social*" (FERRY, Luc. *A nova ordem ecológica*. A árvore, o animal e o homem. Rio de Janeiro: Difel, 2009. p. 49). Luc Ferry é um entusiasta defensor da diferença entre humanos e animais exatamente por conta dessa tese de Rousseau: a *liberdade* e a *perfectibilidade*. A partir dessa diferença Ferry processa uma crítica bastante ácida aos defensores da ética da terra e da ética animal, ou seja, dos direitos da terra, dos elementos da ecologia e dos direitos animais, que ele considera um folclore medieval.

específica que os distingue, e sobre a qual não pode haver contestação: é a faculdade de se aperfeiçoar, faculdade que, com a ajuda das circunstâncias, desenvolve sucessivamente todas as outras e reside em nós tanto na espécie quanto no indivíduo; pois um animal é, ao final de alguns meses, o que ele será durante toda a sua vida, e sua espécie ao final de mil anos o que ela era no primeiro ano desses mil anos. Por que o homem está sujeito a se tornar imbecil? Não é por retornar assim ao seu estado primitivo e o animal, que nada adquiriu e também nada tem a perder, ficar sempre com seu instinto, que o homem, ao perder com a velhice ou outros acidentes tudo que sua perfectibilidade o havia feito adquirir, cai, pois, mais baixo do que o próprio homem? (ROUSSEAU, 1978, p. 243).

Essa busca da diferenciação não o impossibilitou, porém, de reconhecer o real parentesco e condições similares do animal humano e do animal não humano em estado de natureza. Do ponto de vista do conhecimento e dos sentimentos, por exemplo, além das condições físicas similares, somos muito próximos dos animais, e a distinção nesses níveis é tão somente de intensidade e não de qualidade. Diz Rousseau: "Todo animal tem ideias, posto que tem sentidos; chega mesmo a combinar suas ideias até certo ponto e o homem, a esse respeito, só se diferencia da besta pela intensidade!" (ROUSSEAU, 1978, p. 243). Então, contra boa parte da tradição, Rousseau reconhece que não é a razão, a alma e a sociabilidade que distinguem o homem do animal, mas tão somente a liberdade e a perfectibilidade. A diferença é, pois, essencialmente de âmbito moral. Só o homem é moral, e no círculo da moralidade o animal não entra, exatamente por se encontrar refém da natureza.

Tudo isso parece claro e límpido em Rousseau e, assim posto, parece que ele não tem muito a dizer em defesa dos animais a não ser, indiretamente, na medida em que afirma que com eles partilhamos a razão e a sensibilidade, daí que não podemos tratá-los como máquinas e nos valer dos seus corpos para experimentos de toda sorte, nos moldes de Descartes. É o que nos afirma numa passagem paradigmática de seu livro *Devaneios de um caminhante solitário*, onde se lê:

> Como observar, dissecar, estudar, conhecer os pássaros no ar, os peixes na água, os quadrúpedes mais leves do que o vento, mais fortes do que o homem e que não estão mais dispostos a se oferecer às minhas pesquisas do que eu a correr atrás deles para submetê-los pela força? [...]. O estudo dos animais não é nada sem a anatomia [...]. Não possuo nem o gosto nem os meios de mantê-los cativos, nem a agilidade necessária para segui-los em seu andar, quando em liberdade. Será, portanto, necessário estudá-los mortos, resgatá-los, desossá-los, escavar à vontade suas entranhas palpitantes! Que horrível conjunto é um anfiteatro de anatomia, cadáveres fétidos, pastosas e lívidas carnes, sangue, intestinos repugnantes, esqueletos medonhos, vapores pestilentos. Não será ali, dou minha palavra, que Jean-Jacques buscará seus passatempos (ROUSSEAU, 2011, p. 95-96).

Immanuel Kant: "dignidade humana e preço animal"

Kant (1724-1804), considerado referência fundante do iluminismo alemão e de todo o movimento iluminista moderno, é o filósofo que melhor sintetiza a posição clássica oficial que situa os animais fora da esfera da moralidade, isto é, fora da nossa esfera de obrigações, justamente porque ele, o animal, não tem direitos que nos imponham deveres. Com Kant, o argumento de que só os homens racionais e livres, que agem em virtude de leis da própria razão autônoma, podem almejar direitos morais, por serem portadores de valores intrínsecos, e que com os outros animais temos apenas deveres indiretos, é levado às últimas consequências. O argumento kantiano será definitivo para quem não considera que os animais tenham direitos diretos, e será definitivo também, como contraponto, para os que pretendem sustentar o contrário, isto é, que os animais, pelos menos alguns deles, devem ser elevados a *status* de direito moral, pois são portadores de valores intrínsecos e não apenas indiretos.

Numa passagem de suas *Lições de ética*, Kant expressa, de forma simples, concisa e absurdamente direta, a sua fórmula em relação aos animais: "Não temos deveres diretos com relação aos animais. Eles não possuem autoconsciência e existem meramente como meios para um fim. Esse fim é o homem" (KANT apud SINGER, 2004, p. 231). Os animais não são por si mesmos, são para o homem. A longa história da vida animal não tem valor a não ser como preparatória para a entrada do homem na história. Impressionante afirmativa vinda de um dos maiores filósofos de todos os tempos! Em outras palavras, só o homem é fim em si mesmo, só o homem tem "dignidade", porque é um ser racional, autônomo, autoconsciente e livre. Só em relação ao homem temos deveres diretos, pois somente os homens têm *status* moral. Os animais, por sua vez, são meios, coisas que servem e estão aí para alguma razão que não eles próprios. Essa razão é o homem.

A justificação de Kant, ao dizer que o animal é meio e não fim em si mesmo, reside no seu princípio moral basilar que tem a forma de um *imperativo categórico* ou lei fundamental da própria moralidade e reza: *"Age de tal maneira que uses a humanidade, tanto na tua pessoa como na pessoa de qualquer outro, sempre e simultaneamente como fim e nunca, simplesmente, como meio"* (KANT, 2005, p. 69). Esse princípio da moral kantiana não deixa dúvidas, a humanidade é do "reino dos fins", tudo o mais é do reino dos meios. O argumento de Kant é potente e definitivo na defesa dos direitos humanos, mas não deixa dúvidas de que se trata somente de direitos humanos. O princípio não diz *"Age de tal forma que uses todo ser vivente senciente como fim e nunca simplesmente como meio"*. Se dissesse isso os animais não estariam no reino dos meios, mas é assim que Kant os deixou, no reino dos meios, e como tal eles têm preço – podem ser trocados por valor equivalente –, porém não têm dignidade, pois não têm valor em si. Os humanos têm dignidade e valor em si, valor intrínseco, e os animais têm preço, isto é, podem sem comprados e vendidos, mortos e sacrificados para o bem do homem – e nisso, para Kant, não há nenhum problema moral. Matar, utilizar como meio de pesquisa, capturar para usar sua pele, pelo e couro, divertir-se à sua custa, nada disso representa, para Kant, um problema moral. O mercado deve agradecer, todos os dias, a Kant, que, pelo seu raciocínio, justifica a indústria do sofrimento e da morte e livra qualquer sujeito racional de ter sentimentos de culpa e vergonha.

Mas estaria Kant justificando os maus-tratos e a crueldade para com os animais? Claro que não. Ele afirma que não podemos maltratar, gratuitamente, os animais, mas não porque lhes devamos respeito e tenhamos algum dever para com eles, correspondente a um direito intrínseco que possam ter, mas tão somente por causa do homem. Se formos cruéis com os animais, seremos cruéis com os homens, e nisso consiste o mal. O mal em maltratar os animais é o perigo de se maltratar a humanidade, e só por causa da humanidade lhes devemos benevolência. O argumento é, portanto, antropocêntrico.[4] Essa posição teóri-

---

[4] Fábio Konder Comparato, importante jurista brasileiro, fazendo eco à teoria de Kant, considera que a linguagem dos direitos dos animais só pode ser uma imprecisão técnica, pois só o homem é portador de direitos, reafirmando, contemporaneamente, o antropocentrismo tradicional. "Insista-se no fato de que o ser humano é, sempre, o foco central das ações de preservação do meio ambiente. Só ele representa, como mostrou Kant, um fim em si mesmo, não podendo ser utilizado como meio ou instrumento para a consecução de outros fins. Algumas vezes, no entanto, a preocupação em preservar a biodiversidade tende a nos fazer esquecer o princípio de que o homem é o ponto culminante da evolução biológica e que, embora dependente do equilíbrio ecológico para sobreviver, sua posição ética não se iguala à de nenhum outro ser vivo. A Unesco cometeu,

ca não é, propriamente, novidade, mas tem o poder de sintetizar a posição tradicional, conservadora, que deixa os animais do lado de fora do círculo da moralidade. Por seu poder sintético e representativo de um paradigma, transcrevemos o texto em que Kant expressa o seu ponto de vista antropocêntrico, defendendo, no máximo, deveres indiretos para com os animais, síntese da sua posição teórica diante dos animais:

> [...] não possuímos deveres diretos com relação aos animais. Animais não são autoconscientes, constituindo apenas meios para um fim. Esse fim é o homem [...] Nossos deveres para com os animais consistem, tão somente, em deveres indiretos para com a própria humanidade. A natureza animal possui semelhança com a natureza humana e, cumprindo nosso dever perante os animais, estaremos indiretamente cumprindo nossos deveres junto à humanidade. Dessa forma, se um cão serviu ao seu dono durante um longo período de tempo e foi sempre leal, por analogia com os serviços humanos, merecerá recompensa por isso e, quando o mesmo cão envelhecer a ponto de não mais conseguir ser útil, seu dono deverá mantê-lo ao seu lado até o fim de seus dias. Tal modo de proceder colabora para que respeitemos nossos deveres para com nossos semelhantes. Assim sendo, se os atos dos animais são análogos aos humanos e derivam dos

---

assim, uma impropriedade técnica ao aprovar em 1978 uma assim chamada 'Declaração dos Direitos dos Animais'. A expressão 'direito dos animais', em vez de ser tomada ao pé da letra, deveria servir como uma indicação dos deveres da humanidade para consigo mesma, na preservação da biodiversidade" (COMPARATO, Fábio K. *A afirmação histórica dos direitos humanos*. São Paulo: Saraiva, 2003). Essa posição de Comparato demonstra que nem de longe o antropocentrismo está banido das discussões teóricas, nem mesmo suavizado.

mesmos princípios, temos deveres com relação aos animais porque cultivamos os mesmos deveres com relação aos seres humanos. Se um homem abate seu cão somente porque este tornou-se imprestável, não infringe deveres com o cão, já que este não possui a capacidade de julgar, mas seu ato é desumano e atinge a humanidade que deve trazer consigo. Se não quiser acabar com seus sentimentos humanitários, deve praticar a compaixão com os animais, já que aquele que é cruel com eles torna-se insensível no seu trato com os homens [...] nutrir sentimentos nobres para com os animais proporciona um alargamento dos sentimentos humanitários com a própria humanidade (KANT apud LOURENÇO, 2008, p. 316).

Jeremy Bentham: "podem eles sofrer?"

Enquanto Kant sintetizava, brilhantemente, a posição da moral oficial que discrimina os animais do âmbito dos direitos morais, por lhe faltar uma característica essencial, no caso de Kant a autoconsciência autônoma e livre, um novo autor e um novo argumento surgem no cenário da cultura com o poder de ser divisor de águas. Trata-se do utilitarista Jeremy Bentham (1748-1832), e o argumento é de que o que importa do ponto de vista moral não é se os animais pensam, se comunicam ou se são autoconscientes, mas o que importa é se eles *sofrem* ou não. O sofrimento é relevante, moralmente, tudo o mais não o é. O relevante não é a consciência, a racionalidade, a linguagem, mas a senciência, isto é, a capacidade de experimentar sensações de prazer e desprazer, bem-estar ou sofrimento. Uma pessoa, por ser inteligente, matemática ou filósofa, por exemplo, não é merecedora de maior respeito do que uma pessoa analfabeta, débil mental ou louca. Se há algo de comum do ponto de vista moral entre um filósofo e um débil mental é que ambos podem sofrer, e isso é relevante. Nenhum dos dois tem interesse em sofrer, a não ser que seja doente masoquista pretendendo algum ganho secundário com o sofrimento.

Com os animais acontece o mesmo que com o humano. Não importa se lhe faltam as qualidades do saber, da religião, da arte. O que importa é que, assim como qualquer dos humanos, sofrem. Não se trata, para Bentham, de se encontrar diferenças substanciais para justificar a exclusão moral dos animais. Não se trata de encontrar uma linha divisória de distinção, pois isso não é relevante do ponto de vista moral. Trata-se, antes, de encontrar o denominador comum, e esse denominador comum com os humanos é, precisamente, o sofrimento. O animal sofre, e o sofrimento é um mal a ser evitado. Vejamos o argumento de Bentham:

> Pode vir o dia em que o resto da criação animal adquira aqueles direitos que nunca lhes deveriam ter sido tirados, se não fosse por tirania. Os franceses já descobriram que a cor preta da pele não constitui motivo algum pelo qual um ser humano possa ser entregue, sem recuperação, ao capricho do verdugo. Pode chegar o dia em que se reconhecerá que o número de pernas, a pele peluda, ou a extremidade do *os sacrum* constituem razões igualmente insuficientes para abandonar um ser sensível à mesma sorte. Que outro fator poderia demarcar a linha divisória que distingue os homens dos outros animais? Seria a faculdade de raciocinar, ou, talvez, a de falar? Todavia, um cavalo ou um cão adulto é incomparavelmente mais

racional e mais social e educado que um bebê de um dia, ou mesmo de um mês. Entretanto, suponhamos que o caso fosse outro: mesmo nessa hipótese, que se demonstraria com isso? O problema não consiste em saber se os animais podem raciocinar; tampouco interessa se falam ou não; o verdadeiro problema é este: podem eles sofrer? (BENTHAM, 1979, p. 63).

Bentham se apresenta como uma linha divisória na trajetória histórica da reflexão moral em relação aos animais. A partir dele se pode pensar um progresso verdadeiramente substancial em relação ao debate clássico que vai de Aristóteles a Kant. Com Bentham entra em cena um raciocínio moral novo, que não mais pode ser desconsiderado no debate. A partir dele há um argumento em favor dos animais como portadores de característica intrínseca que merece consideração moral: eles podem sofrer. Não há como negar que sofrem. E não há como afirmar que isso não faz diferença do ponto de vista moral. Assim, pela primeira vez na história da reflexão moral, o ponto de vista do interesse dos animais encontra uma base moral sólida e alternativa à posição oficial discriminatória e antropocêntrica. Não considerar essa base moral, doravante, será por comodidade, teimosia e pura "tirania", porém não por alguma razão consistente e justificada.[5]

---

[5] É fato, contudo, que o argumento de Bentham tem limites precisos. Ele justifica, sem reservas, a propriedade dos animais e sua morte para servir de alimento ao homem e não vê nisso um problema moral, pois, segundo Bentham, os animais não têm interesse em viver, apenas têm interesse em não sofrer. Bentham rechaça, muito apropriadamente, a escravidão porque homem algum pode ser

Então, agora, a partir de Kant e Bentham, a discussão moral em relação aos animais seguirá três vias. A primeira via, que podemos chamar de conservadora ou antropocêntrica, é a que a tradição nos legou, de Aristóteles a Kant, e que não cessa de fazer discípulos, se bem que nenhum maior do que os próprios mestres. Da primeira via não é preciso dizer mais do que foi dito: é a clássica posição de exclusão dos animais da esfera da moralidade por serem carentes de alguma característica particular considerada fundamental para a inclusão: não são racionais e autoconscientes, não são livres, não possuem linguagem, não firmam contratos, não têm alma etc. A primeira via é antropocêntrica, só os humanos têm direitos e tudo o mais gira a seu redor. Kant sintetiza a concepção antropocêntrica dizendo que o homem tem dignidade, tudo o mais tem preço.

A segunda via foi aberta por Bentham e rechaça a posição antropocêntrica que reduz o animal ao estado de coisa. Os animais não são coisas, não são máquinas, eles são seres vivos que podem sofrer e não estão interessados em sofrer. A capacidade de sofrer, eis a dimensão necessária que faz os animais possuírem

---

submetido ao jugo de outro, homem algum é propriedade e coisa, mas o animal não se importa em ser propriedade, desde que não lhe cause sofrimento. Por essa posição ele foi duramente criticado por Gary L. Francione, que desmascara a ideia de que não é possível defender os animais somente com o critério do bem-estar. Se não se alterar a concepção de que os animais são coisas, propriedade nossa, não há como pensá-los como portadores de algum direito moral que lhes faça justiça. Cf. FRANCIONE, Gary L. *El error de Bentham (y el de Singer)*. Disponível em: <http://www.igualdadanimal.org/articulos/gary-francione/el-error-de-bentham-y-el-de-singer>. Acesso em: 30 nov. 2012.

uma significação moral. Hoje, o representante maior dessa via é o filósofo utilitarista Peter Singer. É ele quem leva adiante a tese crítica de Bentham e desafia os seus concorrentes a um duelo argumentativo de alto poder de alargamento da esfera da moralidade com a consequente inclusão dos animais no "princípio da igual consideração de interesses" que veremos logo a seguir.

A terceira via é aberta e percorrida pelo filósofo deontológico Tom Regan. Tom Regan, kantiano contra Kant, segue Kant na ideia de que a moral é do âmbito do dever imperativo para sujeitos com valor inerente. Porém é contra Kant no seu reducionismo antropocêntrico. Não só os humanos, mas também os animais não humanos, pelo menos alguns, são portadores de direitos morais inerentes e não apenas indiretos. O critério, ou a base comum que tanto os humanos quanto os animais partilham, defende Regan, não é a capacidade de sofrer, como em Bentham e Singer, mas o fato de que ambos são "sujeitos-de-uma-vida". O alcance, os limites e as controvérsias em torno da tese utilitarista de Peter Singer e da tese deontológica de Tom Regan é o que há de mais atual no debate da filosofia moral aplicada ao âmbito dos animais não humanos. De alguma forma, a tradição moral estará, toda ela, presente no entorno das duas posições de defesa direta, e não apenas indireta, dos interesses e dos direitos dos animais. Reconstruir tanto as teses principais desses dois autores quanto o debate decorrente das teses é o que nos vai ocupar a seguir.

Peter Singer: "Princípio da igual consideração de interesses"

Peter Singer é, incontestavelmente, um dos grandes nomes da filosofia moral do século XX, tanto no âmbito da ética normativa quanto da ética aplicada e, sobretudo, na causa da defesa da inclusão dos animais na esfera da moralidade. O seu esforço argumentativo em favor da igualdade na defesa dos interesses humanos e na igualdade na defesa dos interesses dos animais, apesar das possíveis e necessárias críticas a ele dirigidas no sentido da insuficiência da argumentação utilitarista para a radical superação do especismo,[1] merece louvor pelo pioneirismo e pela relevância que o tema da inclusão moral dos animais acaba conquistando a partir dos seus trabalhos.[2] Com Peter Sin-

---

[1] Para a crítica à insuficiência do argumento utilitarista de Peter Singer, cf.: FRANCIONE, Gary L. *El error de Bentham (y el de Singer)*. Disponível em <http://www.igualdadanimal.org/articulos/gary-francione/el-error-de-bentham-y-el-de-singer>. Acesso em: 30 nov. 2012. Cf. também: LOURENÇO, Daniel Braga. *Direito dos animais*. Fundamentação e novas perspectivas. Porto Alegre: Sergio Antonio Fabris Ed., 2008. p. 381-386.

[2] São inúmeros os trabalhos publicados por Peter Singer durante os quase quarenta anos de pensador da causa de defesa dos animais. A maior contribuição,

ger o debate em torno da inclusão dos animais na esfera da moralidade deixa de estar relegado à nota de rodapé, como é o caso da proposição de Bentham, ou como é o caso da posição antropocêntrica clássica, que só tangencialmente debate a questão e passa a receber um foco, decisivamente, central. Após Peter Singer, será possível ir além, mas não será possível ficar aquém no debate em torno dos altos interesses dos animais, por ele elevado ao grau de teoria moral.

Peter Singer se inscreve na corrente do utilitarismo moral, na esteira de Jeremy Bentham e John Stuart Mill (1806-1873), seus fundadores. O utilitarismo se caracteriza, *grosso modo*, por ser uma ética normativa consequencialista nas suas três modalidades: *utilitarismo de preferência* (quando o que importa são as consequências mais favoráveis às preferências ou interesses dos envolvidos); *utilitarismo de ação* (quando o que importa é que a ação traga felicidade ao maior número possível dos implicados); e *utilitarismo de regra* (ações corretas são aquelas que atendem regras gerais que conduzem ao maior bem).

---

contudo, está condensada em um livro que se tornou uma espécie de Bíblia da causa animal e que tem inspirado a resistência de ativistas da causa no mundo inteiro. O livro é de 1975, com tradução brasileira somente em 2004. Cf. SINGER, Peter. *Libertação animal*. Porto Alegre/São Paulo: Lugano, 2004. Outro trabalho que merece destaque é *Ética prática*. Nesse livro de 1979 o autor explicita seus pressupostos teóricos e os aplica ao âmbito da ética da vida, tratando questões como aborto, eutanásia, meio ambiente, pobreza etc. O autor retoma e explicita, nesse livro, o "princípio da igual consideração de interesses", que ficou como sua marca registrada na defesa dos animais. A tradução no Brasil em sua primeira edição remonta a 1994. SINGER, P. *Ética prática*. São Paulo: Martins Fontes, 2002.

Depreende-se da postura teórica utilitarista que o valor moral de uma ação não é determinado pela intenção do sujeito da ação na adequação a uma norma moral, como é o caso da ética deontológica kantiana, mas pelas consequências da ação na defesa dos interesses e preferências dos envolvidos ou em vista do bem ou felicidade, que é sinônimo de prazer e bem-estar, e no afastamento do mal, que é sinônimo de dor e sofrimento. O princípio de utilidade ou princípio de maior felicidade, ou de diminuição do sofrimento, muda de acentos de autor para autor, mas o que não muda é o conceito de ética. Ético é o que resulta em bem para os sujeitos e para os pacientes da ação e não somente para um dos lados.

Peter Singer, que é o que nos interessa aqui, é explícito nesse particular. O seu ponto de partida é precisamente o estabelecimento de um conceito de ética para, a partir daí, seguir adiante tanto na formulação teórica quanto na aplicação prática.

Ética: a inclusão do outro

O que entende Peter Singer por ética? No livro *Ética prática* ele formula uma definição mínima que será base para a defesa do *princípio da igual consideração de interesses*, princípio esse estendido, também, aos animais, como veremos. Em linhas gerais, ética é uma ação justificada, racionalmente, com pretensão de universalidade. Uma ação, deliberadamente, egoística ou em defesa do interesse estritamente pessoal não pode ser aceita como justificada eticamente. *Ética implica inclusão do outro.*

Lá onde o outro é maltratado, silenciado, recalcado, banido e morto, a ética está ausente. A inclusão do outro como elemento necessário para o âmbito da ética significa, deliberadamente, fazer defesa do "Preceito Áureo" ou "Lei de Ouro": *faze aos outros o que queres que te façam*. Ou, na formulação negativa, mais antiga: *não faças aos outros o que não queres que te façam*. Kant formulou a mesma regra moral, mas em outras palavras: *"Aja somente segundo a máxima através da qual você possa, ao mesmo tempo, desejar que ela se transforme em lei universal"*. A defesa da regra de ouro e da inclusão do outro, ou de um "espectador imparcial" imaginário, constitui a tradição ética desde os filósofos ingleses do século XVIII (Hume e Adam Smith), passando por Kant, R. M. Hare e os utilitaristas. Não só eles. A mesma defesa está presente, também, nos atuais teóricos mais renomados, como é o caso de John Rawls e Jünger Habermas.

Singer reconhece e defende a tradição que afirma que o âmbito da ética é o da universalidade. Egoísmo ético é *contradictio in terminis* por não respeitar o princípio lógico da universalidade na formulação da ética. Altruísmo ético, seguindo rigorosamente este raciocínio, também seria uma *contradictio in terminis*, pois não levaria em conta o interesse próprio. A universalidade implica, exatamente, a superação tanto do egoísmo quanto do altruísmo. Lá onde o meu interesse leva em conta o interesse do outro, passa-se de um estágio pré-ético para um estágio propriamente ético. Singer assim se expressa:

Imagine-se, agora, que começo a pensar eticamente, a ponto de admitir que os meus próprios interesses não podem contar mais que os interesses alheios pelo simples fato de serem os meus interesses. No lugar deles, agora tenho de levar em conta os interesses de todos os que serão afetados pela minha decisão (SINGER, 2002, p. 21).

Como se vê, Singer se situa, pela sua concepção de ética, no centro da ética utilitarista na medida em que postula, por um lado, a universalidade de interesses e, por outro, a melhor consequência aos afetados pela ação e decisão. Essa noção de utilitarismo difere da noção utilitarista clássica de Bentham e Mill, os quais identificavam a "melhor consequência" com o aumento do prazer e a diminuição do sofrimento. Singer postula o critério do favorecimento dos "interesses dos que são afetados" como a "melhor consequência", e não simplesmente o aumento do prazer e a diminuição do sofrimento. Sobre isso Singer mesmo faz a avaliação da diferença entre a sua concepção de ética e a de Bentham e Mill:

> O modo de pensar que esbocei é uma forma de utilitarismo. Difere do utilitarismo clássico pelo fato de "melhor consequência" ser compreendido como o significado de algo que, examinadas todas as alternativas, favorece os interesses dos que são afetados, e não como algo que, simplesmente, aumenta o prazer e diminui o sofrimento (SINGER, 2002, p. 22).

De posse desse conceito de ética, Singer aplica o mesmo conceito no âmbito da ética prática. E, no que tange à questão animal, vai às últimas consequências na defesa da igualdade de interesses e suas implicações. Defender a igual consideração dos interesses significa, no âmbito dos interesses humanos, ter igual consideração moral, independente das diferenças de raça e sexo. *Racismo* e *machismo* são inaceitáveis moralmente, mesmo que, empiricamente, sejam bastante comuns. Do ponto de vista dos interesses dos animais as implicações da defesa da igualdade resultam em uma suspeita de que o especismo, isto é, a pretensa superioridade de uma espécie sobre a outra, não se fundamenta nem se legitima moralmente, portanto, há de se mudar a relação que o homem estabelece com os animais, que, tradicionalmente, têm sido desconsiderados em seus interesses simplesmente por não fazerem parte da sua espécie.

Em defesa da igualdade ideal

Muitas questões morais, apesar das mudanças ocorridas nas últimas décadas, ainda permanecem em debate na busca de consensos de difícil construção. É o caso do aborto, da pornografia, da homossexualidade, da eutanásia etc. Contudo, diz Singer, em torno do valor moral da igualdade parece não haver dissenso. "O princípio de que todos os seres humanos são iguais, hoje, faz parte da ortodoxia ético-política predominante" (SINGER, 2002, p. 25). Mas o que, exatamente, significa a afirmação de igualdade e por que ela conta com nossa aceitação? Quando dizemos que todos os seres humanos são iguais, a despeito de raça e sexo, estamos afirmando exatamente o quê? Não estamos fazendo uma afirmação de fato, mas de valor. A igualdade não é factual, mas um *dever ser*. Racistas e sexistas, classistas e outros adversários da igualdade, como os fóbicos em geral, desafiam os defensores da igualdade dizendo que, na verdade, não somos iguais, mas naturalmente desiguais e, frequentemente, com a afirmação implícita de que uns são mais e outros menos, numa hierarquização impenitente. É difícil aceitar, para a nossa cultura, que diferenças podem ser compreendidas com igualdade de consideração. A lista das desigualdades é extensa e Peter Singer mesmo se encarrega de ilustrá-la.

> Alguns são altos, outros são baixos; alguns são bons em matemática, outros são incapazes da aprendê-la; alguns conseguem correr cem metros em dez segundos, outros levam quinze ou vinte segundos para fazer o mesmo percurso; alguns jamais feririam, intencionalmente, um seu semelhante, ao passo que outros matariam um estranho por cem dólares se conseguissem fazê-lo impunemente; alguns têm vidas emocionais que chegam às raias do êxtase e às profundidades do desespero, enquanto outros vivem num plano mais equilibrado, relativamente imunes ao que se passa ao seu redor (SINGER, 2002, p. 26-27).

O que isso sugere e depõe contra o princípio da igual consideração? Se a realidade é de desigualdade, como fundamentar o princípio da igual consideração? A batalha é inglória e perdida se o filósofo moral buscar uma base factual para o princípio da igualdade. O real, o factual, o *ser aí* é, sim, diferente e desigual, mas isso não depõe contra o princípio de igualdade pelo simples fato de a igualdade ser um *imperativo moral* e não um dado da experiência. Ou, como diz Singer, "a igualdade é um princípio ético básico, não uma assertiva factual" (SINGER, 2002, p. 30). A igualdade é um valor e não um fato. Por ser um valor, um princípio ético, e não um fato, então não há nenhuma "razão logicamente imperiosa que nos force a pressupor que uma diferença de capacidade entre duas pessoas justifique uma diferença na consideração que atribuímos aos seus interesses" (SINGER, 2002, p. 30). E muito menos a diferença de sexo, ou de etnia, ou de classe, obviamente.

Quando levarmos em conta o interesse pelo fato de ser um interesse e não por ser *meu interesse*, ou interesse do *meu grupo*, então isso nos proporcionará um princípio básico de igualdade: *o princípio da igual consideração dos interesses*. Nesse particular Singer arremata: "[...] a essência do princípio da igual consideração significa que, em nossas deliberações morais, atribuímos o mesmo peso aos interesses semelhantes de todos os que são atingidos por nossos atos" (SINGER, 2002, p. 30).

Em resumo, *o princípio de igual consideração de interesses* é um princípio de universalização, desqualificando, como não justificada, toda ação moral baseada estritamente nos interesses particulares ou de grupos específicos. *Racismo, sexismo, classismo* ficam, assim, moralmente injustificados por serem teorias "não igualitárias", baseadas em diferenças factuais, irrelevantes moralmente, exatamente porque a moral não se fundamenta em dados da experiência factual, mas em princípios de *dever ser*. E o princípio da igual consideração de interesses é um princípio moral, mesmo que factualmente a desigualdade seja a regra.

Quando o outro é o animal

A questão que se impõe agora é: o princípio de *igual consideração de interesses* como base adequada para a igualdade humana, apesar das diferenças que precisam ser mantidas mesmo no interior da humanidade, pode ser estendido aos animais não humanos? Ou postular a igualdade na consideração dos interesses dos animais seria uma bizarrice típica dos amantes de cachorros e gatos? Será pertinente perder tempo e tinta na defesa da igualdade dos animais quando a verdadeira igualdade é negada aos humanos? Eis a questão.

Singer responde que sim. O princípio de igual consideração deve ser estendido aos animais. E não faz essa concessão por arbítrio, ou por capricho. Pelo contrário, simplesmente segue a conclusão coerente com o pressuposto da igual consideração de interesses. Não estender o princípio para além da nossa espécie, aí sim seria capricho e preconceito. E por quê? Porque o que nos faz ter interesses é o mesmo que faz um animal não humano ter interesses. O denominador comum entre humanos e não humanos, que os iguala no interesse, é a condição igual *no sofrer*. "A capacidade de sofrer e de sentir prazer é um pré-requisito para se ter algum interesse, uma condição que precisa ser satisfeita antes que possamos falar de interesses de maneira compreensível" (SINGER, 2004, p. 9). Um ser que não sofre não tem interesse. Uma pedra, por exemplo, não tem interesse em não ser chutada ou em não ser esmagada. Pedra não sofre, por isso não tem interesses. Não tendo interesses, não entra no círculo da moralidade. Mas alguém duvida que animal sinta prazer e dor? Alguma dúvida que animal tenha interesse?

Todavia, sofrimento não é uma capacidade, uma potência ou característica ao lado de outras características humanas, tais como raciocinar e falar, que nos *distinguem* dos outros seres. *O sofrimento nos iguala, não nos distingue.* Nisso Singer está de acordo com Bentham quando este afirma que o que importa, do ponto de vista moral, é se os animais são ou não *passíveis de sofrimento* e não se eles são capazes de raciocinar ou falar. Isto quer significar que o sofrimento – e não o raciocínio ou a linguagem – é o único limite defensável de preocupação com os interesses alheios. A capacidade de falar e raciocinar está no mesmo nível da cor da pele e órgãos sexuais. Nem uma nem outra é relevante do ponto de vista moral. Não se pode erigir como critério de respeitabilidade de interesses a cor da pele ou os órgãos sexuais. Seria arbitrário. Assim como não é possível, pois irrelevante moralmente, postular que os mais dotados intelectualmente sejam superiores moralmente dos intelectualmente modestos. Assim, como sugere Bentham, e Singer acolhe para si, o limite de sensibilidade [...] é o único limite defensável da preocupação com os interesses alheios. Demarcar esse limite através de uma característica como a inteligência ou racionalidade equivaleria a demarcá-la de modo arbitrário (SINGER, 2006, p. 68).

Até porque, se o limite demarcatório for a consciência autônoma ou a racionalidade reflexa, muitos humanos estariam fora do limite, como é o caso dos recém-nascidos, dos retardos mentais, situações de estado de coma etc.

Então, lá onde um ser sofre "não pode haver nenhuma justificativa de ordem moral para nos recusarmos a levar esse sofrimento em consideração (SINGER, 2006, p. 67). A não ser por uma postura especista, isto é, se considerarmos que, por participarmos da espécie humana, somos superiores e devemos nos comportar com indiferença diante da dor e do sofrimento de seres de outras espécies. Mas o *especista*, tal como o *racista* e o *sexista*, que na prática são muitos, carecem de uma justificativa moral, racionalmente, consistente.

Erigir o *poder sofrer* como critério moral muda tudo. Isso jamais foi posto dessa forma. De Aristóteles, passando por Descartes, Kant, Heidegger ou Lacan – seguindo, neste contexto, uma linha de argumentação de Derrida –, sempre se destacou o *poder* de pensamento e de fala como relevantes para determinar direitos morais ou não. O *poder sofrer*, diferentemente do poder de pensamento e fala, não é uma faculdade, uma capacidade, um poder ter ou um poder que se tem, uma potência, mas uma certa *passividade*, um não poder, uma vulnerabilidade. Nisso somos iguais, finitos, mortais, dispostos ao sofrimento. Ou, como diz Derrida:

> Aí reside, como a maneira mais radical de pensar a finitude que compartilhamos com os animais, a mortalidade que pertence à finitude propriamente dita da vida, à experiência da compaixão, à possibilidade de compartilhar a possibilidade desse não poder, a possibilidade dessa impossibilidade, a angústia dessa vulnerabilidade e a vulnerabilidade dessa angústia (DERRIDA, 2002, p. 55).

O *poder sofrer* é, então, esse círculo maior que traz para dentro do campo da moralidade tanto o homem quanto o animal. O *penso, logo sou* da tradição moral da filosofia do Ocidente é discriminatório, deixa os animais de fora. O sofrimento não é discriminatório, é inclusivo. Melhor seria, então, dizer: *sofro, logo sou*: logo sou um animal, seguimos o animal e o animal nos segue. Ser animal é ser vulnerável ao sofrimento, apossado, empoderado, pelo sofrimento, onde o poder é uma passividade, uma paixão, um não poder. Nisso somos iguais.[3] O sofrer inclui e é inevitável. "Ninguém pode negar o sofrimento, o medo ou o pânico, o terror ou o pavor que se podem apossar de certos

---

[3] Dizer que somos iguais no sofrimento não implica dissolver a *ruptura abissal* que há entre o homem e o animal. Derrida não desconhece a ruptura, todo mundo está de acordo nisso e seria tolice duvidar da descontinuidade, pois "até os animais sabem disso" (DERRIDA, 2002, p. 59). Contudo, a descontinuidade não representa uma licença para exclusão do âmbito da moralidade, até pelo contrário, o outro de que a moral tanto fala responde também por outro nome: animal.

animais e que nós, os homens, podemos testemunhar" (DERRIDA, 2002, p. 56).

Não se pode negar, portanto, o sofrimento dos animais. Afirmar que os animais não sentem dor não se apoia em nenhuma evidência. Ao passo que afirmar que sentem dor é, praticamente, uma obviedade. Mas se tivermos que dizer como sabemos que os animais sentem dor, diz Singer, então apelamos para a analogia. Eu sinto dor e disso eu sei. Uma criança sente dor e isso é possível saber, pois ela se comporta – chora, diz que o joelho está doendo quando o esfola, esfrega o lugar machucado – como eu me comporto na mesma situação. Não podemos sentir a dor de outro ser, mas sabemos que ele a sente. Com os animais acontece o mesmo. "O fundamento da minha convicção de que os animais podem sentir dor é semelhante ao fundamento de minha convicção de que minha filha pode sentir dor", conclui Singer. E por quê? Porque os animais vertebrados, sobretudo as aves e mamíferos, têm um sistema nervoso basicamente parecido:

> Ao contrário do córtex cerebral, que só se desenvolveu plenamente depois que nossos ancestrais se diferenciaram dos outros mamíferos, o sistema nervoso básico evoluiu em ancestrais mais distantes, comuns a nós e nos outros animais "superiores". Essa semelhança anatômica torna provável que a capacidade de sentir dos animais seja similar à nossa (SINGER, 2006, p. 80).

O sofrimento animal é inevitável e do sofrimento advém a igualdade na consideração de interesses. Mas acontece, diz Singer, que pode haver dúvidas a respeito do que isso significa na prática moral. Homem e animal sofrem de modo igual? A dor e o sofrimento sentidos por um porco ou por um rato podem ser igualados à dor e ao sofrimento sentidos pelo homem? É claro que homem e animal sofrem diferentemente, mas isso "não constitui um obstáculo à extensão da igual consideração de interesses aos não humanos", sentencia Singer (SINGER, 2006, p. 68). Sofrer diferentemente constitui um chamado ao cuidado para não igualar diferenças fundamentais entre espécies. Haverá casos em que o homem sofrerá mais, quando portador de um câncer, por exemplo, devido à consciência que o acompanha, diferentemente de um rato nas mesmas condições. Normalmente, os seres humanos sofrem mais devido à consciência, previsão, memória mais detalhada. Mas há casos em que isso se inverte, o animal sofre mais e o ser humano menos devido à capacidade que tem o humano de compreender situações em que está envolvido. A ausência de linguagem e de compreensão através da comunicação de situações de perigo expõe os animais a um excesso de sofrimento comparado com os seres humanos nas mesmas condições. Por exemplo, se um humano é preso em tempo de guerra e lhe for explicado que tão logo cessar a onda de hostilidades ele vai ser liberado, seu sofrimento não será maior do que o de animais selvagens capturados, pois "não teremos como explicar-lhes que não estamos ameaçando suas vidas. Um animal selvagem não é capaz de distinguir uma tentativa de subjugar e prender de uma tentativa de matar; ambos irão provocar-lhe o mesmo terror" (SINGER, 2006, p. 70).

Isso implica que a consciência autônoma ou reflexa, organizada na forma de linguagem e linguisticamente organizada, distingue os humanos dos animais, mas o que essa distinção diz em relação ao *status* moral? Nada. Em nada a consciência e a autoconsciência determinam quem merece ou não ser considerado nos seus interesses. Apenas diferencia interesses segundo essa mesma diferença, todavia não anula interesses de quem não tem autoconsciência. A capacidade de autoconsciência não pode ser o limite da consideração ética de um ser vivo. Se fosse, então teríamos, diz Singer, um grande problema nas mãos, a saber, como manter o *status* moral dos humanos que não possuem autoconsciência, como é o caso de bebês, deficientes mentais, doentes em estado de coma etc. Esses humanos estariam mais para animais do que para humanos se o limite da consciência e autoconsciência fosse importante para se levar em consideração do ponto de vista moral. Se a consciência fosse uma linha divisória suficiente para determinar o âmbito da moralidade, então muitos humanos ficariam de fora e muitos animais seriam incluídos.

Peter Singer estaria propondo, assim, que devêssemos considerar alguns humanos iguais aos animais, permitindo que os usássemos como meios para fins que não eles mesmos? De forma alguma. Sua orientação é o oposto, o seu critério de que o sofrimento seja o denominador comum não diminui o humano, mas eleva o *status* dos animais. Diz Singer:

> É importante lembrar que o objetivo do meu argumento é elevar o *status* dos animais, e não diminuir o dos seres humanos. Não desejo sugerir que os deficientes mentais devam ser forçados a ingerir alimentos com corantes até que a metade deles morra – ainda que, sem dúvida, no que diz respeito a saber se a substância é ou não segura para os seres humanos, este procedimento certamente nos daria indicações mais precisas do que o teste feito com coelhos ou cachorros. Gostaria de que a nossa convicção de que seria errado tratar os deficientes mentais dessa maneira fosse transferida para os animais não humanos em níveis semelhantes de autoconsciência e com uma capacidade semelhante de sofrimentos (SINGER, 2006, p. 89).

O princípio de igual consideração de interesses, estendido aos animais não humanos, quando afirmado, reconhecido, aceito e defendido trará notáveis consequências para o comportamento humano em relação aos animais. Não será mais possível, pelo menos moralmente, continuar com práticas especistas, tais como o uso alimentar dos animais quando a carne animal for um luxo e não uma necessidade. Conclui Singer: "[...] os cidadãos das sociedades industrializadas podem, facilmente, conseguir uma alimentação adequada sem que seja preciso recorrer à carne animal" (SINGER, 2006, p. 72).[4] Os esquimós, que

---

[4] Singer não reduz o especismo prático ao âmbito da alimentação. Interessa-se, particularmente, pelo uso dos animais nas experiências, nas pesquisas científi-

vivem num ambiente sem opções, são justificados, moralmente, ao se alimentar de carne animal, segundo nosso autor. Para eles não é luxo, é necessidade. O consumo de carne, enfatiza Singer, é triplamente errado: a) sacrifica uma vida em favor do prazer e do gosto; b) é temerário do ponto de vista da saúde; e c) além disso, a produção industrial da carne é ineficaz na produção de alimento na medida em que os animais para consumo se alimentam de grãos e outros alimentos que poderíamos comer diretamente. Sobre esse último ponto Singer é taxativo:

> Quando alimentamos esses animais com grãos, somente cerca de dez por cento do valor nutritivo permanecem em forma de carne para o consumo humano. Portanto, com exceção dos animais criados inteiramente em terras impróprias para o cultivo de legumes, frutas ou grãos, não se pode afirmar que sejam consumidos para melhorar a nossa saúde ou para aumentar a nossa provisão de alimentos. A sua carne é um luxo, e só é consumida porque as pessoas apreciam-lhe o sabor (SINGER, 2006, p. 73).

cas, opondo-se às experiências sempre que essas causarem danos aos animais sem resultado positivo qualificado e necessário para os humanos, o que acontece na maioria das vezes. Para uma descrição minuciosa dos testes a que os animais são submetidos, muitas vezes sem razões que os justifiquem, pode-se conferir o segundo capítulo do livro *Libertação animal*, onde Singer passa em revista uma série de experimentos feitos em animais com uma severa crítica contra os mesmos. Contudo, em tese, não vê problema moral desde que no cômputo de sofrimento e benefício a balança penda para o benefício. O uso de animais para alimentação e para experimentação, contudo, não é a única forma de especismo prático, e Singer é bem consciente disso (SINGER, 2006, p. 78). Mas essas são as duas áreas de maior impacto, onde o uso com sofrimento e morte é praticado em grande escala.

O mais grave, porém, é mesmo o primeiro ponto, o consumo de carne sacrifica uma vida em favor do prazer e do gosto. Ora, diz Singer, *no jogo de interesses o interesse humano, prazer e gosto, é menos valioso em relação à vida e bem-estar do animal*. E segundo o princípio de igual consideração de interesses, não é permitido "que interesses maiores sejam sacrificados em função dos interesses menores" (SINGER, 2006, p. 73).

Nisto se situa, em nosso entendimento, um ponto de debate em relação à tese de Singer e até mesmo mostra a sua insuficiência para os altos interesses dos animais. Singer insiste na ideia de que o sofrimento é o critério moral a ser levado em conta, mas e a vida? Se o sofrimento é o limite, então o bem-estar, isto é, o não sofrimento, será também o limite, e com isso fica aberta a possibilidade de se pensar que, para o animal, o mais importante na vida é não sofrer. O argumento de Singer é poderoso contra toda forma de crueldade operada na criação industrial dos animais para o abate, onde os animais são tratados como "objetos a serem usados por nós", confinando "animais sensíveis em condições impróprias e espaços exíguos durante toda a duração de suas vidas... onde animais são tratados como máquinas que transformam forragem em carne" (SINGER, 2006, p. 73). Mas será o argumento de Singer poderoso na *defesa da vida* dos animais? Não há, neste caso, no mínimo, uma ambiguidade, e até uma insuficiência na argumentação de Singer?

Singer mesmo parece vacilar no seu argumento. Afirma que para evitar o especismo devemos pôr um fim às práticas de crueldade, e a forma de fazer isso é não colaborar, dizendo *não* ao hábito de consumo de carne e seus derivados. Decisão difícil, contudo, não mais difícil do que os brancos deixarem de escravizar os negros: "Se não mudarmos nossos hábitos alimentares, como poderemos censurar os proprietários de escravos que se recusavam a mudar o seu modo de vida?" (SINGER, 2006, p. 73). Mas estará Singer propondo a defesa dos direitos dos animais à vida? A resposta é "não". Singer afirma que o argumento só vale para os animais criados em confinamentos e que passam por condições de sofrimento nas mãos de empresários. Mas nada há a objetar contra o consumo de carne e seus derivados, se as condições de produção não implicarem sofrimento. Singer não crê que haja obrigação moral para deixar de comer carne de carneiro ou de gado se eles forem criados livres. Só pondera que deveríamos evitar comer carne cuja produção implica sofrimento e, para isso, é preciso se informar. Mas fica liberado, por um raciocínio utilitarista, alimentar-se de animais criados livres. Não induz ninguém a se tornar vegetariano, apenas apela para o mal menor, recurso tipicamente utilitarista, pragmático. A metáfora que se poderia aplicar, então, ao pensamento de Singer é, nesse particular, não a de abrir as gaiolas e jaulas, mas ampliá-las.

Contudo – e aqui entra a ambiguidade típica do argumento utilitarista com o qual se move –, Singer se pergunta se o seu raciocínio é o máximo que se pode conceder ou se pode exigir mais segundo o critério da igualdade de consideração por ele formulado. Sua pergunta traz, em consequência, a dúvida: "Ainda assim, permanece a dúvida sobre se é compatível com a igual consideração de interesses usá-los como alimento" (SINGER, 2006, p. 74). Essa dúvida se impõe, logicamente. Qual o maior interesse de um animal, um ser vivo, do que continuar vivo? Alimentar-se dele implica tirar-lhe a vida. Se aceitarmos que em caso de não sofrimento é possível valer-se de sua vida, então a igual consideração de interesses parece em nada valer para a defesa dos altos interesses dos animais, pelo menos no interesse pela vida. E então, diz Singer, será preciso pensar qual o valor da vida. Uma questão final da sua argumentação e que merece ser tratada cuidadosamente, pois é através dela que Singer pretende dirimir as dúvidas em relação ao princípio de igual consideração e suas possíveis ambiguidades.

A questão do valor da vida é debatida por Singer através de preciosas distinções que lhe possibilitam ser conclusivo na sua defesa dos animais, dentro do limite de uma ética utilitarista.

Seres humanos e pessoas

Peter Singer faz uma distinção importante entre "ser humano" e "pessoa". Geralmente, seguindo a tradição ocidental, amadurecida com a teologia cristã e a jurisprudência romana, usamos o conceito "ser humano" como sinônimo de "pessoa" e, vice-versa, quando dizemos "pessoa" estamos nos referindo à pessoa humana. Contudo, esses conceitos, para Singer, não são sinônimos. E isso porque o "ser humano" pode ser entendido de duas formas.

A primeira forma é como sinônimo de "membro da espécie *Homo sapiens*". Nesse aspecto não há confusão, ou se é da espécie ou não se é da espécie, e desde o primeiro momento da sua existência, independentemente da sua condição de consciência, autoconsciência ou não. O que dá a identidade, nesse aspecto, é o fato de um indivíduo pertencer a um grupo que herda características biológicas de reprodução, passando adiante a herança genética. Essa identidade é possível de ser comprovada "mediante um exame da natureza dos cromossomos das células dos organismos vivos" (SINGER, 2006, p. 96).

Mas há um segundo sentido para o termo "ser humano". Já não mais em sentido lato, como *Homo sapiens*, mas em sentido estrito, "ser humano" equivale a outro conceito, o de *humanidade*. Nesse caso "ser humano" significa ser possuidor de determinadas qualidades bem precisas que Singer encontra no teólogo protestante Joseph Fletcher quando este faz uma relação daquilo que chama de "indicadores de humanidade", a saber, "consciência de si, autocontrole, senso de futuro e passado, capacidade de relacionar-se com os outros, preocupação com os outros, comunicação e curiosidade" (SINGER, 2006, p. 96). Esse segundo sentido de ser humano é o que Singer chama de "pessoa", que, na esteira de Hobbes e John Locke, significa um ser dotado de racionalidade e autoconsciência, com senso de passado e futuro, autocontrole, e capaz de interagir e de representar perante outros seus próprios interesses. O ser "pessoa" significa não só ser um ser biológico, mas ser um ser biográfico. Não só viver, mas saber-se vivo.

A conclusão que essa distinção sugere é de que há membros da espécie *Homo sapiens* que não são pessoas (tais como o embrião, o feto, crianças com deficiências mentais profundas...) e há pessoas que não se filiam à espécie *Homo sapiens*, e Singer sugere que o conceito seja extensivo a eles. Animais não humanos (tais como macacos, gorilas, orangotangos...), por serem conscientes e autoconscientes, deveriam ser considerados, apropriadamente, pessoas. Essa conclusão sugere uma segunda, a de que o erro de infligir sofrimento e morte a um ser não pode depender da espécie desse ser, sob pena de não conseguirmos ultrapassar o especismo. Afirma Singer:

> Os fatos biológicos que determinam a linha divisória da nossa espécie não têm um significado moral. Dar preferência à vida de um ser simplesmente porque ele é membro de nossa espécie é algo que nos colocaria na mesma posição dos racistas, que dão preferência aos que são membros de sua raça (SINGER, 2006, p. 98).

Isso tudo leva ao ponto mais complexo da teoria de Singer, que é o valor da vida. Qual o valor da vida do ser pertencente à espécie *Homo sapiens*, qual o valor da vida da "pessoa", qual o valor da vida dos seres sencientes e qual o valor da vida dos seres não sencientes? Imaginar que o princípio de *igual consideração de interesses* e a exigência para que os interesses dos animais sejam considerados do ponto de vista moral assentam-se sobre uma concepção do *igual valor da vida* de todos os seres, seria uma leitura equivocada e apressada da filosofia moral de Peter Singer. Para lhe fazer justiça, será preciso, finalmente, enfrentar as devidas distinções do valor da vida.

O valor da vida de seres sencientes, humanos e de pessoas

Quando refletimos sobre o valor da vida, observa Singer, "não podemos dizer, tão confiantemente assim, que uma vida é uma vida, e igualmente valiosa, seja ela humana ou animal" (SINGER, 2006, p. 71). O valor da vida não é, e não pode ser, igualmente avaliado. Mas não seria especismo afirmar que a vida de um ser autoconsciente, capaz de pensamento abstrato, de planejar o futuro, de realizar complexos atos de comunicação, é mais valiosa do que a vida de um ser que não possua essas aptidões? Talvez seja especismo para um defensor do direito à vida, mas não para um filósofo utilitarista preferencial, como é o caso de Singer.

Singer distingue, com muita clareza, o valor da vida de seres dotados de consciência, isto é, capazes de sentir dor e prazer (sencientes), do de seres que, além de conscientes, são autoconscientes. Do ponto de vista moral, a distinção implica avaliação segundo os interesses preferenciais de cada um dos seres. Um ser autoconsciente, que tem consciência de si enquanto entidade distinta, com um passado e com perspectiva de futuro, é diferente de um ser que não tem consciência de passado e futuro. Nesse aspecto, tirar a vida de um ser autoconsciente, isto é, um ser que é *pessoa*, sem o seu consentimento, significa frustrar os seus desejos para o futuro. Agora, "matar uma lesma ou um bebê de um dia não frustra nenhum desejo desse tipo, pois as lesmas e os recém-nascidos são incapazes de tê-los" (SINGER, 2006, p. 100). E mais: "Se um ser é incapaz de conceber-se existindo ao longo do tempo, não precisamos levar em conta a possibilidade de ele preocupar-se com a perspectiva de ver a sua existência abruptamente interrompida" (SINGER, 2006, p. 101).

Para o utilitarismo preferencial, que Singer representa, uma ação não é boa ou má por maximizar o prazer ou minimizar o sofrimento, como é o caso de Bentham. O julgamento das ações, segundo ele, está sujeito ao critério de "verificação de até que ponto elas correspondem às preferências de quaisquer seres afetados pela ação ou por suas consequências" (SINGER, 2006, p. 104). Ora, segundo esse princípio, uma ação contrária à preferência de qualquer ser é errada, a menos que preferências de maior valor se contraponham e prevaleçam.

Disso se conclui que tirar a vida de uma pessoa é, normalmente, pior do que tirar a vida de um ser que não seja pessoa, mesmo que este seja um ser senciente. Tirar a vida de uma pessoa frustra-lhe várias preferências, ao passo que seres sem autoconsciência "não podem ter quaisquer preferências a respeito de sua existência futura" (SINGER, 2006, p. 105). Dito de outra forma e bem diretamente: um ser senciente, mas que não tenha autoconsciência, em caso de perigo e dor se debaterá contra o perigo e a dor, e a sua preferência é a fuga do que, circunstancialmente, lhe desfavorece, mas não há nenhuma luta em favor da preferência da vida futura. Isso significa que os animais sencientes, sem autoconsciência, não têm interesse e desejo de permanecer vivos, mas somente de não sofrer.

Os animais não se importam de morrer? Só se importam com não sofrer? Que tese, aparentemente, estranha para um defensor dos interesses dos animais! Qual a lógica desse raciocínio de Singer? Ou haveria simplesmente uma recaída no especismo, somente que mais sofisticado? Esse ponto da teoria de Singer é seu calcanhar de aquiles, e mostra o limite do utilitarismo na defesa dos animais. É preciso fazer justiça a Singer pelos seus inegáveis avanços, mas não há como não admitir que sua teoria se enquadra no que os críticos qualificam de postura "bem-estarista".[5]

---

[5] Sobre a crítica feita a Peter Singer, sobretudo por Gary Francione, de que sua teoria utilitarista preferencial, em última instância, não consegue alcançar o *status* de defensor dos direitos dos animais, mas apenas minimiza os efeitos do especismo, cf.: LOURENÇO, Daniel B. *Direitos dos animais*. Fundamentação e novas perspectivas. Porto Alegre: Sergio Antonio Fabris Ed., 2008, p. 383-386. Outro crítico da insuficiência da teoria utilitarista de Peter Singer é o filósofo americano Tom Regan. A crítica de Regan foi muito bem sintetizada por Sônia T. Felipe no livro *Por uma questão de princípios. Alcance e limites da ética de Peter Singer em defesa dos animais* (Florianópolis: Fundação Boiteux, 2003. p. 179-206).

No capítulo 5 do livro *Ética prática*, depois de discutir o valor hierárquico da vida, concluindo que não há sacralidade na vida, mas, se houver uma vida que está no alto da hierarquia de valoração, essa vida é a vida de um ser que é "pessoa", e que não se é *pessoa* por pertencer a uma espécie, mas por algumas características intrínsecas ao ser, tais como autonomia, manifestação de desejos e preferências, consciência de se conceber existindo no tempo e de que sua vida ou morte afeta a vida dos outros (SINGER, 2006, p. 110), finalmente Singer discute diretamente o que há de errado, se é que há, em matar animais não humanos, mas que podem ser pessoas, e o que há de errado, se é que há, em matar animais que não sejam pessoas.

Tirar a vida: os animais que são pessoas e os outros animais

A posição definitiva de Singer quanto à questão da vida dos animais e o que há de errado na sua morte passa pelas distinções entre *pessoas* e *não pessoas*. E a pergunta que se impõe, nessa distinção, é se há animais não humanos que são pessoas. E se os há, pelo menos esses devem ser considerados, moralmente, no mesmo nível dos humanos que são pessoas? E os outros animais, os animais que não são pessoas, qual o seu valor? Será o mesmo matar um orangotango ou um peixe ou uma galinha? Aqui se encontram a complexidade da resposta de Singer e a possível insuficiência de sua filosofia moral em relação aos animais, pelo menos em relação aos que *não são pessoas*. É necessário alertar, antes, que Singer não se satisfaz com uma possível generalização do que seja um animal não humano, e que a variedade dos animais não humanos não lhe permite que tenha uma única solução para a delicada questão: é errado tirar a vida de um animal?

Agora vejamos: Um animal não humano pode ser uma pessoa? Essa pergunta é decisiva para Singer. E a resposta é: sim, há animais não humanos que são pessoas. E se tirar a vida de uma pessoa constitui um grave erro moral, então assassinar um animal não humano que seja pessoa também constitui um grave erro moral. Quando se afirma que alguns animais não humanos são pessoas, está-se dizendo que alguns animais não humanos são "seres racionais e autoconscientes, dotados de consciência de si enquanto entidades distintas que têm um passado e um futuro" (SINGER, 2006, p. 120). Singer não tem dúvida de que os grandes macacos, como os orangotangos, os chimpanzés e gorilas, são animais não humanos que se enquadram na categoria de pessoas. Nesse caso, quando dispomos de conhecimento que nos assegura que alguns animais não humanos são pessoas, então há fortes razões para considerarmos a sua eliminação como um grave erro moral. A conclusão de Singer é óbvia, segundo a lógica do seu argumento. Se há fortes argumentos para pensar que tirar a vida das pessoas é mais sério do que tirar a vida de uma não pessoa, então "parece que o fato de, digamos, matarmos um chimpanzé é pior do que matarmos um ser humano que, devido a uma deficiência mental congênita, não é e jamais será uma pessoa" (SINGER, 2006, p. 127). Mas, em nossa sociedade, no momento presente, isso não é considerado em relação aos chimpanzés. Matar ou submeter um chimpanzé à tortura nas pesquisas científicas não é visto como um problema moral sério. É bom lembrar que Singer não pretende rebaixar o humano, mas elevar o *status* moral dos animais.

Existem outros animais não humanos que podem ser enquadrados como pessoas? Pelo conhecimento de que dispomos atualmente, parece que, concedendo retamente o "benefício da dúvida", devemos, no mínimo, incluir as baleias, os golfinhos, os macacos menores, como também cães, gatos, porcos, focas, ursos, bois, vacas, carneiros etc. Singer conclui: "[...] talvez até mesmo chegando ao ponto de incluir todos os mamíferos nessa relação" (SINGER, 2006, p. 141). Se isso for verdade, então não temos licença moral para dispor de seus corpos e vidas como se fossem objetos. Além disso, somos obrigados, como agentes morais, a considerá-los como sendo nossos protegidos, assim como protegemos e cuidamos das crianças ou pessoas com deficiência, minimizando o sofrimento e proporcionando-lhes o máximo de bem-estar.

E os animais não racionais ou não autoconscientes? Aqui, continua Singer, a argumentação contra o assassinato torna-se mais fraca, mas não totalmente indiferente. Para o animal não autoconsciente, a morte não representa um mal em si, pois não tem em relação ao futuro nem o desejo de bem-estar nem o desejo de continuar vivo, e isso não lhe estraga o prazer presente de estar vivo. Mas mesmo assim, se a morte lhe for imposta, por ser um ser senciente, esta não pode ser dolorosa, porque "a condição de senciente basta para que um ser seja colocado dentro da esfera da igual consideração de interesses" (SINGER, 2006, p. 140), mesmo que esse ser não tenha um interesse pessoal de continuar vivo.

A questão, agora, finalmente, se coloca nos seguintes termos: há problema moral se um animal, tendo tido uma vida agradável, for morto sem dor e sem provocar sofrimento em outros animais e for substituído por outro, que também possa ter vida agradável, para o mercado de carne? Os animais com consciência de si não podem ser permutáveis, mas os animais sem consciência que não se importam com a morte não poderiam ser permutáveis e substituídos por outros, caso seja para viver uma vida agradável? Afinal, é porque gostamos de comer carne que tantos animais podem ter vida, caso contrário jamais viriam à vida. O consumo de carne possibilita, assim, a vida de bilhões de animais. Logo, não se pode configurar como sendo um erro a morte dos animais sem consciência de si, caso a sua morte seja sem dor. Até pelo contrário, seria da morte que ressurgiria a vida indefinidamente, e para um grande número de seres.

Esse raciocínio, diz Singer, seria perfeitamente acertado e justificaria a criação de aves – galinhas, por exemplo – para o abate e consumo, mas em situações que não as atuais de criação, transporte e abate. O raciocínio só valeria por hipótese. Tem-se que admitir, em primeiro lugar, que as aves não sejam conscientes de si; em segundo lugar, que as condições de criação, transporte e abate sejam as ideais. O raciocínio da substituição e da permuta de vidas no processo de consumo "é incapaz de justificar a criação em fazendas industriais, onde os animais não levam vidas agradáveis e, em circunstâncias normais, também não justifica a morte de animais selvagens" (SINGER, 2006, p. 142). Animais selvagens jamais poderiam entrar no mesmo raciocínio, pois, além de não ter morte sem dor, não são substituídos por outros em condições tão agradáveis como em estado de natureza. Portanto, diz Singer, "ainda que haja situações nas quais não é errado matar animais, essas situações são especiais e não abrangem os muitos bilhões de mortes prematuras que, ano após ano, os seres humanos infligem aos animais" (SINGER, 2006, p. 143).

A conclusão é óbvia. Para permanecer ético, seria melhor rejeitar, por inteiro, o abate de animais para fins alimentares, a menos que se tenha de praticá-lo para fins de sobrevivência. O que seria raro, dadas as condições alternativas de sobrevivência pela variedade alimentar nos tempos modernos.

> Como podemos incentivar as pessoas a respeitar os animais e a ter uma igual consideração pelos seus interesses, se elas continuam a comê-los por mera questão de prazer? Para incentivarmos as atitudes corretas de consideração para com os animais, inclusive aqueles que não têm consciência de si, talvez seja melhor elevarmos a princípio elementar o evitar matá-los para que nos sirvam de alimento (SINGER, 2006, p. 143).

Isso faz de Peter Singer um defensor dos direitos dos animais? Até certo ponto, até onde o pragmatismo de um pensador da ética utilitarista pode ir, por exemplo, com a igual consideração de interesses – interesses e não propriamente direitos. Mas acaba na hesitação e na ambiguidade. Autores que argumentam com uma ética deontológica inclusiva podem nos levar mais adiante. E um desses autores, e o mais expressivo, é, sem dúvida, Tom Regan, e é por ele que nos deixaremos conduzir a seguir, para perceber um outro horizonte na defesa dos animais. Um horizonte mais ampliado do que a postura utilitarista. Um horizonte em que se vislumbra nitidamente uma possível argumentação que sustenta uma linguagem de *direitos dos animais*.

Tom Regan: os animais "sujeitos-de-uma-vida"

Tom Regan,[1] apropriadamente, é considerado o filósofo dos *direitos dos animais*. Diferentemente de Peter Singer, que não considera adequado falar em direitos dos animais, mas em interesses, Regan defende que ou os animais têm direitos ou então não haverá como apelar para deveres dos humanos em relação a eles. Ou os animais têm valor inerente que lhes confere direitos, ou a sua defesa será sempre dentro dos limites especistas e do ponto de vista dos interesses dos humanos. Considera assim

---

[1] Tom Regan é filósofo norte-americano, nascido em 1938, reconhecido mundialmente como um dos melhores nomes da bioética, especialmente no que se refere aos direitos dos animais. Ele é doutor em Filosofia pela Universidade da Virgínia e, atualmente, é professor emérito de Filosofia da Universidade da Carolina do Norte. A lista de suas obras em defesa dos animais é extensa: *Animal Rights and Human Obligations*, em parceria com Peter Singer (1976); *All That Dwell Therein* (1982); *The Case for Animal Rights* (1983); *The Struggle for Animal Rights* (1987); *Defending Animal Rights* (2001); *The Animal Rights* – Debate com Carl Cohen (2001); *Animal Rights, Human Wrongs: An Introduction to Moral Philosophy* (2003); *Empty Cages* (2004). No Brasil, a única obra traduzida, até o presente momento, é *Empty Cages*, com o título de tradução *Jaulas vazias*, publicada pela editora Lugano em 2006.

fracassada, ou, no mínimo, insuficiente, a tentativa de Peter Singer de falar de *libertação animal*. Tom Regan sugere, então, que se adote o paradigma ético deontológico, na esteira de Kant, e se abandone o utilitarismo ético adotado por Peter Singer. Só assim os "altos interesses" dos animais, e não só o não sofrer, típico de posturas bem-estaristas, serão, pelo menos eticamente, defendidos com propriedade.

De uma forma sintética poderíamos dizer que Regan se move, argumentativamente, no horizonte da estratégia kantiana que defende uma ética dos deveres com pretensões de igualdade universal no que diz respeito a direitos individuais. A ética deontológica kantiana é uma ética de princípios e de regras racionais de universalização na defesa de valores e direitos inegociáveis por si e não em vista da melhor consequência, como é o caso dos utilitaristas. O bem e o mal não são avaliados e julgados pelos resultados das ações, mas por respeito e adesão a um princípio moral *a priori*. Kant é exímio na defesa dos direitos humanos universais através do que ficou conhecido como o *imperativo categórico* na formulação "age de tal maneira que uses a humanidade, tanto na tua pessoa como na pessoa de qualquer outro, sempre e simultaneamente como fim e nunca, simplesmente, como meio" (KANT, 2005, p. 69). A humanidade não é do reino dos meios, mas do reino dos fins. A humanidade – o homem e a mulher, o ser humano – é fim em si mesmo. Não pode ser escravizado, não pode ser torturado, não pode ser tomado como objeto com valor de uso e troca. O ser humano tem valor inerente e é injustificável tomá-lo como simples meio ou recurso para alcançar algum fim externo ou em benefício de um terceiro. Só o ser humano tem dignidade, tudo o mais tem preço, poderíamos dizer como conclusão da ética kantiana.

Tom Regan, que é kantiano, pretende justamente estender o círculo da dignidade e do devido respeito para além do humano, incluindo também os animais, pelo menos parte deles. E a estratégia argumentativa de Regan para incluir na roda da moralidade humana também os animais é pensar os direitos humanos e os direitos dos animais sob um único princípio, válido tanto para uns quanto para outros. A radicalidade de sua posição faz com que os direitos humanos só possam ser universalmente fundamentados se os direitos dos animais também forem. Há, como veremos, uma circularidade na argumentação. Ou, em outras palavras, se os animais não têm direitos, pelo menos alguns deles, os humanos também não podem ter, pelo menos alguns deles. Mas, para efeito de exposição, Regan investiga primeiro os direitos humanos e a razão por que podemos dizer que os humanos têm direitos morais. Daí surge um princípio que ultrapassa os humanos e se estende também aos animais não humanos. Vejamos por partes.

Direitos humanos

Direitos morais humanos, segundo Regan, são uma proteção, uma espécie de sinal invisível inscrito em cada ser individual que o possui, dizendo: "entrada proibida", "não avance sem permissão". É esse sinal invisível que impede que outros violem a entrada sem serem considerados culpados e avaliados com juízo de valor moral negativo. Esse sinal de "entrada proibida" visa a proteger os bens mais essenciais que um ser humano pode ter: *a vida, o corpo e a liberdade*. Esses bens não são respeitados por generosidade de quem os respeita, mas por justiça e respeito devido aos seus portadores, e supostos benefícios que outros podem tirar violando-os nunca podem receber justificação moral a não ser por arbitrariedade (REGAN, 2006, p. 47-52).

Direitos morais igualam e unificam seres diferentes e múltiplos entre si. São universais apesar das diferenças naturais e culturais que há entre os humanos. Homem, mulher, negro, branco, judeu, católico, *gay*, heterossexual, transexual, inteligente ou deficiente mental, crianças e idosos vulneráveis ou adultos sadios, física e mentalmente diversos, nada disso importa como diferença relevante quando se trata de *direitos morais*. Não há licença moral para invadir a vida ou o corpo e coibir a liberdade dos indivíduos por razões de sexo, raça, religião, nacionalidade, condição social, psicológica ou intelectual. A etnia e o sexo a que pertence um indivíduo nada dizem de relevante para determinar ou negar direitos morais. Não há como justificar a atribuição de direitos morais pela cor da pele, sexo e religião a que o indivíduo pertence. Isso é o que em ética chamamos de *"status" moral de igualdade*. E é exatamente o *"status" moral de igualdade* que possibilita falarmos de direitos humanos de forma universal. Senão teríamos de falar sempre na forma particular, nos direitos humanos dos brancos, dos católicos, dos proprietários etc. Ou de direitos humanos só para os humanos "direitos" ou "normais" e não para os que, supostamente, não se enquadram num padrão, sexual ou mental, por exemplo.

Tom Regan se pergunta: "Por que, exatamente, nós, humanos, temos os direitos morais que temos? Por que, afinal, ninguém nos pode prejudicar na vida, no corpo e na liberdade? Ou, em outras palavras, por que temos direitos morais e as pedras e os sapatos não têm?". Responder a essas perguntas é crucial para a fundamentação e legitimação dos direitos morais humanos, mas, por extensão e coerência, também para os animais, como veremos.

Regan é claro, objetivo e, ao mesmo tempo, original. A resposta à pergunta "Por que os seres humanos têm direitos?" é formulada, primeiramente, visitando a história do pensamento e mostrando como as tentativas de resposta dadas pela tradição, com nuanças religiosas, são insatisfatórias e insuficientes. A partir daí Regan formula a sua resposta, que pretende ser revolucionária, sobretudo para a defesa dos animais. Vejamos os dois momentos desse processo argumentativo.

Tradicionalmente, diz Regan, tem-se dito que os humanos têm direitos morais devido a sete razões: a) os seres humanos são humanos; b) os seres humanos são pessoas; c) os seres humanos são autoconscientes; d) os seres humanos usam a fala; e) os seres humanos vivem em uma comunidade moral; f) os seres humanos têm alma; g) Deus nos deu esses direitos (REGAN, 2006, p. 53).

a) Dizer que os seres humanos têm direitos porque são *humanos* é afirmar uma tautologia, sem nenhum acréscimo de informação sobre aquilo que se pretende fundamentar. É verdade que os humanos são humanos, mas o que se pode deduzir dessa afirmação como justificativa racional para a fundamentação dos direitos humanos? Nada. A afirmação somente faz uma defesa do princípio de igualdade nos moldes A=A. Talvez, avança Regan, dizer que os humanos têm direitos por serem humanos queira dizer que os humanos pertencem a uma espécie particular, *Homo sapiens*, por isso têm direitos. Mas, como já afirmou Peter Singer, Regan lembra que pertencer biologicamente a uma espécie e não a outra – à espécie *Canis lupus*, por exemplo – não justifica porque temos direitos morais e outros seres não (REGAN, 2006, p. 54). A não ser por especismo, o que não se sustentaria do ponto de vista da fundamentação racional.

b) Quem sabe, então, possamos dizer que os humanos têm direitos porque são *pessoas* e outros seres não são pessoas e por isso não têm direitos? Por "pessoa" se entende, comumente, o indivíduo de capacidade de ação livre, de natureza racional e moralmente responsável por seu comportamento. Classicamente se compreende pessoa como "uma substância individual de natureza racional" (Boécio). Os humanos são pessoas, indivíduos racionais, por isso portadores de direitos. Num primeiro olhar, ainda superficial, poderíamos compreender que, neste contexto, encontra-se algo de moralmente relevante, e que a resposta a "Por que os humanos têm direitos?" pareceria resolvida. Mas, quando a questão é bem pensada, tudo volta ao ponto zero. Dizer que os humanos têm direitos por serem pessoas, no sentido de indivíduos racionais, exclui do círculo dos humanos uma boa parcela de seus membros, tais como fetos em gestação, crianças nos primeiros anos de vida, comatosos, doentes mentais crônicos etc. Alguém estaria disposto a defender a tese de que crianças e doentes mentais não têm direitos humanos? Parece que não, a não ser por um argumento nazifascista intolerável.

c) Passemos à terceira possível razão: Quem sabe os seres humanos têm direitos por serem *autoconscientes*? Essa capacidade de poder "olhar de fora" para si mesmo, isto é, saber-se consciente de ser consciente, tomar-se objeto de sua própria reflexão, tem sido, tradicionalmente, um forte argumento para delimitar quem tem ou não direitos morais. E, nesse caso, só os humanos, por serem os únicos autoconscientes, teriam direitos morais. Regan aponta duas deficiências neste argumento. Primeiro, a autoconsciência nada nos pode dizer sobre o direito de integridade física no caso de um ser senciente; e segundo, nem todos os humanos são, de fato, autoconscientes, incorrendo na mesma insuficiência do argumento anterior (REGAN, 2006, p. 56).

d) A quarta razão: os seres humanos têm direitos porque usam a *fala*. É certo que esse argumento, tal como o de pessoa e autoconsciência, ajuda a entender porque boa parte dos humanos tem direitos, mas não é suficiente para entender todos os humanos, pois nem todos usam a fala e, mesmo assim, não são tratados como objeto ou recurso de uso.

e) A razão seguinte diz que os seres humanos têm direitos porque vivem em uma *comunidade moral*. Por comunidade moral, segundo Regan, entende-se o fato de os membros de uma comunidade invocarem e compreenderem a ideia de direitos e, por essa razão, teriam direitos, e os outros que não participam dessa comunidade não. É o argumento dos contratualistas morais, o qual, na concepção de Tom Regan, é insuficiente para dizer por que os humanos têm direitos morais pela simples razão de que nem todos os humanos poderiam se enquadrar nesse parâmetro comunitário.

f) A sexta razão tem raízes religiosas e diz que os seres humanos têm direitos porque têm *alma*. As religiões, apesar das diferenças na compreensão de alma e seu destino tanto aqui como além da morte, contribuem para disseminar a ideia de que os humanos, diferentemente dos animais, têm alma, e isso é suficiente para os constituir de valor moral e, portanto, de direitos humanos. Tom Regan é da posição que crer, afirmar e defender que os seres humanos têm alma pode ser relevante para a pergunta: "Continuaremos a viver depois que nossos corpos morrerem?", mas é completamente irrelevante para dizer por que não devemos causar dano ao corpo, à vida e à liberdade de um ser humano enquanto vive neste mundo.

g) Finalmente, o sétimo argumento, insuficiente para responder por que temos direitos morais, é o argumento de que *Deus* nos deu esses direitos. Esse argumento, diz Regan, é a base mais comum dos direitos humanos. A ideia é simples e diz que os nossos poderes são limitados, mas os de Deus não. Os nossos poderes limitados não podem ser autores de direitos morais. Mas Deus, que tem poder ilimitado, pode, e, de fato, criou e nos legou esses direitos, por isso os temos e devem ser respeitados. O problema é que nem todos acreditam em Deus, e os direitos não são somente para os que creem. Além do que, na Bíblia, por exemplo, não encontramos propriamente uma constituição de direitos, diz Regan, mas muito mais de deveres legais no Antigo Testamento e o mandamento do amor no Novo Testamento. Então não parece ser uma boa e suficiente estratégia argumentativa, sobretudo levando em consideração nossos tempos de pensamento secular, apelar para Deus na fundamentação dos direitos morais.

Mas, então, por que razão temos os direitos morais que temos? Por que razão não é permitido que se avance o sinal de "pare" contra o nosso corpo, nossa vida e liberdade? Para Regan, as sete razões anteriores não são satisfatórias. Não basta, porém, mostrar a insuficiência das posições clássicas. Regan não fica na negação, apresenta o que se lhe afigura como uma verdadeira descoberta: apesar de sermos diferentes, internamente à mesma espécie (raça, cor, sexo, religião etc.) e, externamente, a outras espécies vivas, há algo que nos unifica e é relevante do ponto de vista dos direitos morais de integridade física, liberdade e direito à vida. Esse algo não é parcial, discriminatório, valendo para uns, mas não valendo para todos, como tradicionalmente a moral tem defendido. E o mais importante, a razão que nos faz ter direitos é a mesma razão que faz os animais terem direitos. Regan a sintetiza numa proposição muito simples ao dizer que tanto os humanos quanto os animais não humanos são *sujeitos-de-uma-vida* e por isso têm os direitos que têm. Mas o que significa exatamente afirmar que os animais, como os humanos, são sujeitos-de-uma-vida? E o que se conecta a esse princípio para a defesa dos direitos dos animais?

Os humanos são sujeitos-de-uma-vida e por isso têm direitos morais, ou, numa linguagem kantiana, têm dignidade, têm valor inerente. Os humanos não são coisas nem são propriedades, *são* sujeitos-de-uma-vida, não são vida sem sujeito. Ser sujeito-de-uma vida, diz Regan, é estar no mundo de uma forma consciente e interessada, com percepção, memória e um sentido de futuro, possuir uma vida emocional com sensações de prazer e dor, por isso o que lhes acontece não lhes é indiferente. Ser sujeito-de-uma-vida é o que melhor define a razão pela qual os humanos têm direitos morais. E isso porque ser sujeito-de-uma-vida lhes confere um valor distinto, valor inerente e não simplesmente de meio, recurso ou propriedade de alguém. Ancorar os direitos morais no fato de sermos sujeitos-de-uma-vida tem muito mais êxito do que todas as razões arroladas pela tradição e mostradas insuficientes por Regan. O êxito consiste na igualdade universalizada, que é assim expressa por Regan:

> Como sujeitos-de-uma-vida, somos todos iguais porque estamos todos no mundo. Como sujeitos-de-uma-vida, somos todos iguais porque somos todos conscientes do mundo. Como sujeitos-de-uma-vida, somos todos iguais porque o que acontece conosco é importante para nós. Como sujeitos-de-uma-vida, somos todos iguais porque o que acontece conosco (com nossos corpos, nossa liberdade ou nossas vidas) é importante para nós, quer os outros se preocupem com isso, quer não. Como sujeitos-de-uma-vida, não há superior nem inferior, não há melhores nem piores. Como sujeitos-de-uma-vida, somos todos moralmente idênticos. Como sujeitos-de-uma-vida, somos todos moralmente iguais (REGAN, 2006, p. 62).

Para Regan, os humanos são signatários de direitos, porque são sujeitos-de-uma-vida. Essa conclusão se afigurou como uma revelação na sua busca por encontrar a razão que fundamente o porquê de os homens terem direitos, isto é, não serem meros objetos, meros instrumentos, meros recursos com valor instrumental, mas terem valor em si, valor inerente. A razão é: os humanos são sujeitos-de-uma-vida.

A questão, para a defesa dos direitos dos animais, apresenta-se, então, da seguinte forma: serão os animais não humanos também sujeitos-de-uma-vida? Se a resposta a essa pergunta for positiva, então os mesmos direitos que defendemos nos humanos devemos estendê-los, por coerência, também aos animais. E para Regan, os animais não humanos são, sim, sujeitos-de-uma-vida, pelo menos uma boa parte deles.

Direitos dos animais: sujeitos-de-uma-vida

Duas observações são necessárias para entender a posição de Regan na defesa dos animais não humanos. Primeiro, é certo que há muitas diferenças entre os homens e os animais, e, quando se fala que ambos são sujeitos-de-uma-vida, não se está querendo induzir ao equívoco da igualdade absoluta. Animais não humanos não rezam, não desejam, não estudam filosofia nem apreciam obras de arte, não são agentes morais responsáveis etc. Mas nada de relevante, do ponto de vista dos direitos morais, essas diferenças nos informam. Segundo, a defesa dos direitos dos animais, em Regan, é discriminatória, isto é, ele não postula a defesa dos animais por estes serem *vivos*. O termo *vivo* é amplo demais para ser critério na defesa dos direitos.

Uma célula é um ser *vivo*. Uma bactéria é um ser *vivo*. Vegetais são seres *vivos* etc. Uma defesa incondicional da vida nos impossibilitaria de viver, pois a vida vive de vida, alimenta-se de vida, ou seja, da morte da vida. Então, para Regan, trata-se não de estar vivo, como uma célula está viva, mas de ser um *indivíduo* vivo, um indivíduo ontológico, por assim dizer, que, mais do que estar vivo, é sujeito-de-uma-vida. Só a um ser que é *indivíduo vivo*, e não simplesmente agregado de partes menores ou parte de um todo maior, pode-se aplicar o conceito de sujeito-de-uma--vida. Uma árvore, alguém poderia dizer, é um indivíduo vivo. Sim, mas não é um sujeito-de-uma-vida. Haverá valoração ética diferenciada conforme os seres e suas vidas. Para uns, há valor inerente, para outros, valor instrumental.

Quanto aos animais, qual seu valor? São eles sujeitos-de-uma-vida ou são seres vivos com valor apenas instrumental? Por que razão se pode dizer que são sujeitos-de-uma-vida? Regan não titubeia sobre isso. Responde afirmativamente à pergunta, mas o faz pela via longa, isto é, arrolando várias razões e não apenas uma razão simplificadora.

A primeira razão provém do *senso comum*. Ninguém, mas ninguém mesmo, duvida que seu gato e seu cão, por exemplo, têm consciência de si e o que acontece com eles é importante para eles, independentemente de alguém se importar ou não com o que lhes acontece. Ninguém duvida, isto é, faz parte do senso comum aceitar que os animais, os mamíferos, pelo menos, são criaturas psicológicas complexas, e não menos sujeitos-de-uma-vida do que nós. Não aceitar essa verdade é ter "um parafuso a menos na cabeça" (REGAN, 2006, p. 67).

A segunda razão localiza-se na *linguagem comum*. O que ocorre com um cão preso numa jaula pequena durante as vinte e quatro horas do dia? Imagine o que acontece se você passa por ele e lhe mostra algum afeto. Ele late e uiva de alegria, lambe sua mão e abana o rabo. Imagine agora que você lhe vire as costas e vá embora deixando-o no seu estado. Ele tenderá a cavar o chão ou a forçar as grades para fugir. Tristeza, tédio e alegria são linguagem comum tanto dos humanos quanto dos animais não humanos. Atrás do olhar dos animais não há uma coisa, mas alguém com desejos, necessidades, memórias e frustrações que o faz sujeito-de-uma-vida.

A terceira razão é que tanto humanos quanto animais não humanos têm *comportamento comum*. Não parece haver dúvida de que os animais têm comportamento similar ao nosso em situações parecidas. Se estamos presos, tanto os humanos quanto os animais, nos entediamos, tentamos nos desvencilhar do que nos prende. Se estamos bem, manifestamos o bem-estar com alegria e contentamento. Então, diz Regan, "nós compreendemos os cães e seu comportamento porque compreendemos a nós mesmos e nosso comportamento" (REGAN, 2006, p. 68). Diferentemente acontece com um cubo de gelo que, preso no seu recipiente, jamais vai se debater para dele se livrar. Um cubo de gelo é uma coisa, ao passo que os animais são sujeitos-de-uma-vida.

A quarta razão pela qual os animais são sujeitos-de-uma-vida é que seus *corpos são comuns* aos nossos corpos. Se os animais tivessem corpos radicalmente diferentes dos nossos, dificilmente poderíamos considerá-los sujeitos-de-uma-vida, mas o fato é que os animais têm os cinco sentidos tanto quanto nós humanos, têm um organismo interior parecido com o nosso (pulmões, rins, coração etc.) e, principalmente, têm um sistema nervoso central e cérebro. É impressionante a similaridade. Podemos admitir que todos os órgãos dos animais funcionam do mesmo modo que os nossos, menos o cérebro? É claro que não.

A quinta razão é o *sistema comum*. Quando ocorre um dano em nosso corpo, a informação vai da parte afetada para o cérebro através de transmissores nervosos. Só assim registramos, conscientemente, o que nos acontece. Com os animais poderia ocorrer algo estranho, por exemplo, se o corpo sofresse um dano e os transmissores nervosos levassem a informação até, digamos, o fígado! Bom, se fosse assim seria difícil afirmar que os animais têm consciência e que o que lhes acontece é importante para eles, isto é, seria difícil afirmar que são sujeitos-de--uma-vida. Mas não é o que ocorre, o nosso sistema não nos diferencia, mas nos identifica com os animais não humanos.

A sexta razão é que temos *origem comum*. Se nos perguntarmos qual a origem da vida e sobre o seu começo, sendo criacionistas ou evolucionistas, chegaremos, inevitavelmente, à conclusão de que entre animais e humanos há uma continuidade, e que a diferença é apenas de grau e não de gênero. Depois de

Darwin, querer explicar o ser humano sem recorrer ao processo evolutivo que nos insere no centro da vida animal seria voltar ao tempo pré-científico e mítico de explicação do mundo, atitude pouco prudencial. Isso não significa que não se possa aceitar a tese criacionista de que Deus está presente no processo todo. Mas não dá mais para sustentar a tese de uma *criação especial* do ser humano sem pensar o próprio humano atado na rede complexa que explica o sistema da vida e seu processo de conexões que vão dos "animais inferiores" aos "animais superiores". Essas conexões fazem crer, pelo menos, que outros mamíferos também experimentam, ainda que em grau diferente, ansiedade, melancolia, desespero, alegria, amor, ternura, ódio, ira, desdém, desespero, desamparo, surpresa, medo, horror etc. (REGAN, 2006, p. 70).

A pergunta retorna: Os animais são sujeitos-de-uma-vida? Depois de passar pela via longa das seis razões, Regan responde sintética e afirmativamente dizendo:

> Se olharmos a questão "com olhos imparciais", veremos um mundo transbordante de animais que são não apenas nossos parentes biológicos, como também nossos semelhantes psicológicos. Como nós, esses animais estão no mundo, conscientes do mundo e conscientes do que acontece com eles. E, como ocorre conosco, o que acontece com esses animais é importante para eles, quer alguém mais se preocupe com isso ou não. A despeito de nossas muitas diferenças, os seres humanos e os outros mamíferos são idênticos neste aspecto

fundamental, crucial: nós e eles somos sujeitos-de-uma-vida (REGAN, 2006, p. 72).

E se são sujeitos-de-uma-vida, por que lhes são negados direitos quando, para o humano, é exatamente o ser sujeito-de-uma-vida que lhe confere valor inerente e direitos? Não há como, por coerência, diz Regan, não estender direitos também aos animais, rompendo, assim, a barreira especista que só reconhece direitos aos humanos. Animais não podem ser colocados ao lado da cebola, do repolho, do celular, do casaco, do carro e do avião. Animais não são coisas, não são um *isso*, mas um *tu/você*. Animais não são *algo*, são *alguém*, são sujeitos-de-uma-vida. Pelo menos os mamíferos, mas Regan aventa que o arco dos animais sujeitos-de-uma-vida pode se estender para além dos mamíferos e incluir aves e até mesmo os peixes (REGAN, 2006, p. 72-74). Prefere, contudo, ficar dentro do limite dos mamíferos e aves, para não dissolver de tal forma o conceito de sujeitos-de-uma--vida que fique impossível a identidade desse conceito e o seu valor na ordem moral. O que parece estabelecer o limite entre os animais que são sujeitos-de-uma-vida e os que não o são é que os que são sujeitos-de-uma-vida não só são vivos e possuem uma organização biológica, não apenas ouvem e veem, não apenas sentem dor e prazer, mas também são capazes de lembrar o passado e antecipar o futuro, agindo intencionalmente para garantir a vida presente, ou seja: além de biologia *têm biografia*.

Se reconhecermos direitos morais aos animais – e não há como não os reconhecer, por força da coerência do argumento –, então a nossa prática especista que explora, avilta, faz sofrer e morrer, tanto na indústria da carne e da pele quanto nas pesquisas, nos jogos, divertimento e, sobretudo, na alimentação, precisa simplesmente parar, e não apenas se tornar mais "humanitária". Não pode haver holocausto "humanitário". Não pode haver "tortura humanitária". É tudo ou nada. Regan é, nesse quesito, defensor não de ampliar as jaulas, mas de esvaziá-las. *Jaulas vazias* é o seu propósito e lema e, por isso, título de uma das suas obras.

Direitos animais e vulnerabilidade

Merece destaque conclusivo na tese de Regan a sua preocupação em ser, logicamente, coerente com o princípio de universalidade da dignidade e respeito individual pelo valor inerente, tipicamente kantiano, mas ampliado com o reconhecimento de dignidade e respeito que devemos aos animais, pelo menos aos mamíferos e aves, por serem sujeitos-de-uma-vida, condição igual à dos humanos, o que lhes confere direitos morais. Se há fundamentação para os direitos humanos de forma universal e essa se encontra na condição de serem sujeitos-de-uma-vida, então, logicamente, os direitos dos animais também merecem ser respeitados pelo mesmo princípio.

Essa tese de Regan nos parece muito bem-sucedida e permite enfrentar e resolver as aporias tradicionais que os defensores dos direitos humanos deixavam em aberto ao fundamentar os direitos na autonomia da consciência livre e na racionalidade (Kant), ou na formulação contratual e no respeito e reconhecimento recíproco (contratualistas). Tanto o kantismo quanto o contratualismo deixam de fora não só os animais, mas boa parte dos seres humanos, sobretudo os mais vulneráveis, como é o caso dos que estão em estado de coma, crianças, e deficientes mentais etc. De fato, se o critério de inclusão na comunidade moral é possuir algum tipo de capacidade ou especialidade, como é o caso da racionalidade e/ou o sentido da responsabilidade recíproca firmada e reconhecida, então as crianças, os doentes mentais, os deficientes de vários matizes estariam automaticamente fora da comunidade moral e perderiam o *status* moral. Estaríamos dispostos a reduzir as crianças, débeis mentais, acometidos de doenças que lhes impossibilitam a faculdade da razão, a meros meios e não fins em si mesmos? Mas, no rigor da argumentação, é o que deveríamos concluir. No caso de Regan isso não ocorre, e não por uma solução *ad hoc*, mas pela lógica interna do argumento principal: ser sujeito-de-uma-vida é muito mais do que ser racional, consciente, livre, reconhecer e respeitar contratos. Ser sujeito-de-uma-vida é também isso, contudo é bem mais que isso. É ter percepção, memória, sensibilidade interessada em não sofrer, expectativas e, sobretudo, se importar com o que lhe acontece, independentemente se outros se importam ou não. Ora, isso inclui todos os humanos, e boa parte dos animais, mamíferos e aves, pelo menos, segundo Regan.

Serão os animais iguais aos humanos? Evidentemente não, mesmo integrando a comunidade moral, os animais sempre farão parte como *pacientes morais* e nunca como *agentes morais* responsáveis. Só os humanos são agentes morais responsáveis, os animais não. Isso é fato. Mas também é fato que nem todos os humanos são agentes morais responsáveis. Há categorias de humanos também vulneráveis e também *pacientes morais* tanto quanto os animais, como é o caso das crianças pequenas, comatosos, dementes e inválidos de vários matizes. Crianças e pessoas deficientes não são agentes morais, mas participam da comunidade moral como pacientes morais: possuem mais direitos do que deveres.

Assim – diferentemente de Peter Singer, que, por não postular valor inerente, justifica com facilidade a morte, desde que sem sofrimento –, Regan, com o conceito de sujeito-de-uma-vida, radicaliza a necessidade de proteção dos mais fracos e vulneráveis, e, entre esses, os animais. Se crianças e débeis mentais têm *status moral*, são portadores de direitos morais e a eles devemos o nosso maior respeito e proteção, por que deveríamos negar direitos morais a animais não humanos em condições iguais ou superiores enquanto sujeitos-de-uma-vida? Só por não serem humanos? Eis o desafio intrigante que Regan coloca a todos os que pensam a ética e desejam agir eticamente.

Tecnicamente, Regan vale-se do que se denomina "argumento dos casos marginais". Em que consiste esse argumento? Consiste em aceitar que, se alguns humanos têm direitos – o caso das crianças –, então determinados animais também devem tê-los por serem semelhantes em todos os aspectos relevantes que lhes conferem *status* moral. Nesse particular, Regan é claro quando afirma:

> Como deveríamos julgar o "status" moral dos animais não humanos que se assemelham às crianças humanas em todos os aspectos relevantes, isto é, aqueles animais que habitam o mundo e estão cientes de tal fato; que experimentam algumas coisas como prazerosas e outras como dolorosas; que podem sentir medo e conforto; que são capazes de comunicar seus desejos, preferências, expectativas e angústias; que reconhecem aqueles que lhes são familiares e suspeitam daqueles que lhes são estranhos; e que, tal como crianças humanas, possuem presença psicológica no mundo e desfrutam de bem-estar experimental ao longo do tempo – em resumo, aqueles animais que são sujeitos-de-uma-vida, vida que pode andar bem ou mal, independentemente de quão valiosos são para outros animais? Se, por via de regra, é errado matar ou, de quaisquer outros modos, lesar crianças com tais características, a fim de que outras pudessem delas se beneficiar, e isso é fundamento suficiente para que aqueles tenham direitos; então como podemos evitar de chegar à mesma conclusão em relação a todos aqueles animais não humanos que são semelhantes a essas crianças em todos os aspectos relevantes? Se essas crianças têm

direitos, de que forma poderemos, consistentemente, nos recusar a reconhecer os direitos desses animais? (REGAN, 2001, apud LOURENÇO, 2008, p. 425).

Se assim é do ponto de vista moral, o que não deveríamos fazer do ponto de vista prático e legal? Certamente não apenas ampliar as grades, não apenas melhorar a infraestrutura dos confinamentos ou matadouros, não apenas melhorar as formas de morte para diminuir o sofrimento, não apenas conceder algum benefício de bem-estar, mas abolir, imediatamente, o que avilta a condição de sujeitos-de-uma-vida a esses inofensivos e vulneráveis seres vivos cujas vidas lhes pertencem, cabendo aos humanos éticos responsáveis protegê-los, cuidá-los e respeitá-los.

Então o lobo morará com o cordeiro,
E o leopardo se deitará com o cabrito.
O bezerro, o leãozinho e o gordo novilho
andarão juntos,
E um menino pequeno os guiará.
A vaca e o urso pastarão juntos,
juntas se deitarão as suas crias.
O leão se alimentará de forragens como o boi.
A criança de peito poderá brincar
junto à cova da áspide,
A criança pequena porá a mão na cova da víbora.
Ninguém fará o mal nem destruição nenhuma.
(Is 11,6-9a)

PARTE III

PRINCÍPIO CUIDADO

Exercícios de Teologia da Libertação Animal

Desde o século VIII a.C. surgiram profetas em Israel convocando à compaixão e mandando dar um basta nos sacrifícios. Ao invés de sacrifícios de sangue, os profetas proclamavam a convivência entre animais, tanto humanos como não humanos – a criança e a serpente, o leão e o boi. Em conclusão: "Ninguém fará o mal nem destruição nenhuma em todo o meu santo monte, porque a terra ficará cheia do conhecimento de Deus, como as águas cobrem o fundo do mar" (Is 11,9). Eram tempos de grande transformação. Examinando no retrovisor do tempo, o filósofo Karl Jaspers chamou a esse período constitutivo da civilização posterior de "era axial", tempo em que a ética da compaixão universal começava a substituir lentamente a forma de vida dos tempos anteriores, pré-axiais. Uma das características dos tempos pré-axiais é o dualismo bem demarcado entre amigo de um lado e inimigo do outro, entre irmão tribal de um lado e estrangeiro do outro, clã familiar e estranho, próximo e distante. A era axial abrange em torno de setecentos anos, o período de

900 a 200 a.C., tempo relativamente curto quando se pensa o percurso evolutivo da humanidade. Na ética da compaixão universal pregada pelos grandes profetas, assim como acontecia em outras religiões e filosofias contemporâneas, estendidas em toda a vasta região indo-europeia desta era axial, começava o esforço de superação de todo sacrifício, tanto de humanos como de animais. As leis em favor dos mais vulneráveis, portanto, dos pobres, dos órfãos, das viúvas, abrange também os estrangeiros através da hospitalidade e da fraternidade que começa a romper o tribalismo e se abrir à universalidade em que próximo e distante coincidem. A lei do sábado, em Israel, contempla também a dignidade e o direito do boi ao lado do servo, que é o de descansar no sábado, assim como a do estrangeiro que está empregado (Ex 20,10). A fraternidade sem fronteiras se abre para o sonho messiânico de relação amistosa entre a criança e a serpente (Is 11,8).

O acontecimento de Cristo advém logo depois desse tempo axial, e traz uma novidade que, na leitura da fé cristã, é decisiva: o próprio Filho de Deus se fez humano na forma de um cuidador compassivo de toda criatura. Por isso Paulo anota que a Encarnação do Verbo aconteceu na *plenitude do tempo*: "Quando, porém, chegou a plenitude do tempo, enviou Deus o seu Filho" (Gl 4,4; Ef 1,10; 23). Poderíamos afirmar, do ponto de vista cristão, que ele é o fruto amadurecido e a pérola que coroa a era axial.[1]

Muito do que apresentamos na primeira parte deste livro revelou, no entanto, o quanto ainda estamos colados aos tempos pré-axiais em nossos comportamentos, atolados numa condição de barbárie e sofrimentos inúteis, e como isso tem aumentado com a industrialização da carne, de ovos, leite e seus derivados.

E na segunda parte desfilaram sábios, filósofos e autores que, ao longo do tempo, justamente desde a era axial, se posicionaram de diferentes modos, ora mais compassivamente, ora dando voz à ideologia de justificação de sofrimentos infligidos aos animais.

A Bíblia testemunha esta história de contradições, de esforços de superação, mas também de retrocessos, na relação e no trato com os animais. A tradição cristã, ao lado de outras tradições monoteístas ou não, também se estendeu no marco deste confronto: Até onde vão a compaixão, a regra de ouro e o "amor ao próximo"? O amor ao próximo abraça também animais, plantas, tudo o que tem vida sobre a terra, a própria terra, inclusive? O mais curto e proibitivo dos mandamentos – "Não matarás" – se refere só aos humanos ou a todo portador de uma vida, os animais? Ainda que a resposta positiva possa ser óbvia, resta saber como, em que medida, se deve atuar o amor ao próximo

---

[1] Sobre a "era axial", hipótese ensaiada pelo filósofo alemão Karl Jaspers e atualizada pelos estudos de Karen Armstrong, cf.: ARMSTRONG, Karen. *A grande transformação. O mundo na época de Buda, Confúcio e Jeremias.* São Paulo: Companhia das Letras, 2006.

quando se trata de animais ou obedecer ao mandamento de não matar num mundo de matança de animais em crescimento exponencial. O atual momento nos permite uma profunda revisão dos textos sagrados da Bíblia e da tradição cristã para nos perguntarmos até onde um novo "conhecimento de Deus" poderá de fato "encher toda a terra como as águas cobrem o fundo do mar", assim como está narrado no sonho de Isaías. O profeta, é bom assinalarmos desde já, só conclui por este novo conhecimento para quem entra na prática de "não fazer o mal nem destruição", ou, com mais detalhe poético, para quem se reconcilia com o leão e a serpente e não somente com o burro e a criança. Seriam apenas metáforas de arquétipos psíquicos? Seria somente uma promessa escatológica ou um reino de fantasia que permaneceria num horizonte inatingível historicamente?

Nesta terceira parte, utilizando o "princípio libertação" e as mediações tanto hermenêutica como prática da Teologia da Libertação, visamos à compreensão religiosa e às práticas que comprovem, como sinais antecipadores de um futuro realmente possível, que um mundo sem sofrimentos infligidos e desnecessários, um mundo de fraternidade até com o leão e a serpente, com o lobo de São Francisco e com o lobo que está dentro de cada ser humano, é algo possível já agora. Para todas as criaturas, com destaque para os seres vivos que respiram como nós, há uma promessa de futuro bom na Escritura, mas este "ainda não" de um futuro só será real se "já agora" no presente houver sinais reais. Portanto, uma Teologia de Libertação Animal é possível e necessária, não só em vista dos animais de toda espécie que há nesta terra – casa comum –, mas também da libertação do animal que caracteriza a espécie humana, o animal que sou eu (Derrida).

Vamos, nesta parte, revisitar os relatos bíblicos da criação, as narrativas do Gênesis que buscam a etiologia, ou seja, as explicações e os porquês das coisas estarem assim como estão. Vamos acompanhar as vozes dos profetas e vamos nos ater um bocado a Jesus e suas posturas. E depois entramos na complexa história do pensamento cristão, com maior espaço para a figura de Francisco de Assis, buscando as razões pelas quais é considerado padroeiro da ecologia e dos animais. Há também várias outras figuras emblemáticas de santos que poderão desfilar com seus animais reais ou metafóricos para a nossa consideração: São Lázaro com seu cão, Santo Antão com seu porco e assim por diante. Precisamos também revisitar os ensinamentos cristãos, os mais recentes inclusive – do Concílio Vaticano II, do *Catecismo da Igreja Católica* e do *Compêndio da Doutrina Social da Igreja* –, e vamos nos dar conta de que se pode e se deve melhorar muito, de que estamos defasados no ensinamento oficial em relação ao nosso trato com os animais. O Papa Francisco, na encíclica *Laudato Si'* – sobre o cuidado da casa comum – afina a doutrina em relação aos animais. Pois os animais são o ponto mais sensível de nossa postura ecológica diante da "comunidade de vida" sobre a terra. Seria superficial e equivocado tratar de ecologia integral sem este lugar de primeira importância, a vida animal.[2]

A expressão "comunidade de vida", tomada aqui de um dos nossos maiores e mais queridos teólogos, Jürgen Moltmann, vai nos acompanhar, mesmo que discretamente, desde o início até a conclusão: a criação e a história como criação continuada não evoluem em direção ao ser humano como seu ápice e sua glória, mas em direção à comunhão sabática da comunidade de vida: "O sábado é a coroa da criação" (MOLTMANN, 1993, p. 56). É na comunidade de vida, na inclusão da variedade das espécies, que o ser humano ganha seu lugar adequado e o Criador é glorificado. A convivência da biodiversidade é o "sábado da criação", sentido e destino de toda a criação. Esta afirmação, como uma tese fundamental, antecipa a conclusão desta parte de nosso estudo.

---

[2] Depois do premiado documentário "Uma verdade inconveniente", do político americano Al Gore sobre os problemas de aquecimento global e toda a complexidade da crise ecológica, em que ele, talvez por ser filho de um grande fazendeiro e criador de animais para abate, não aborda esta questão crucial, temos à disposição outro documentário bem informado com nome parecido: *Meat The Truth – Uma verdade mais que inconveniente*, da então deputada no parlamento da Holanda, Marianne Thimmer, em que trata do problema do consumo de carne. Segundo os seus dados, a indústria da carne produz mais danos ecológicos do que o consumo de petróleo e outras causas em conjunto. Disponível em: <https://www.youtube.com/watch?v=u7LBPHtOBnk>.

O olhar da tradição bíblica sobre os animais

Modo de usar

Ao revisitarmos um texto antigo, que inspirou a espiritualidade e a cultura do Ocidente, mas que já está tão distante de nós, é necessário ter o máximo rigor na interpretação. Ao longo de todo o século XX desenvolveram-se regras seguras de boa interpretação para liberar do velho texto, escrito e reescrito ao longo de mil anos, o seu real sentido. Sem cuidado hermenêutico, cai-se na armadilha do fundamentalismo e se faz o texto falar o que se projeta sobre ele, o que é uma deformação e até uma perversão do texto. Além da busca do sentido original e da história das diversas leituras do texto, pode-se também constatar uma história de leituras deformadas e desastrosas. Há, portanto, camadas de interpretação, segundo épocas também em camadas, e que podem ser diferentes e até opostas. A exegese bíblica tem, de forma bem estabelecida, algumas regras de abordagem e de interpretação dos textos. Por exemplo, a contextualização histórica e cultural de um texto, a comparação com textos contemporâneos, a forma da redação, a repetição do mesmo texto de forma modificada segundo contextos históricos diferentes, os gêneros literários diferentes que às vezes estão presentes nas costuras do mesmo texto ao longo de tempos diferentes etc. Tal complexidade deve ser levada em conta para abordarmos os textos bíblicos e a interpretação cristã nesta terceira parte.

Convêm aqui duas observações gerais:

1. Um texto, sobretudo quando tem um desenvolvimento longo com modificações redacionais, como é o caso de grande parte dos textos bíblicos, porta diversas possibilidades de leitura e de sentido, sendo todas eventualmente legítimas. É da multiplicidade de leituras e de sentidos que se depreende a riqueza de um texto fundante, até mesmo a Bíblia.

2. A Bíblia foi interpretada em contextos culturais diversos, que lançaram suas luzes próprias de interpretação. Por isso é necessário ter presente influências heterogêneas, às vezes contraditórias, tanto ao longo de sua complexa elaboração como ao longo de sua interpretação posterior. A passagem, por exemplo, do modo semita de pensar e de escrever para o modo helênico de pensar e de escrever cria certa metamorfose de sentido. A lógica e a busca de verdade não andam necessariamente na mesma

direção, pois a sensibilidade e o modo de pensar são notavelmente diferentes. E o sentido pode se complicar sobretudo ao passar ao contexto cultural e espiritual da nova linguagem.

O trabalho de interpretação, portanto, tem algo de arqueologia, mas em última análise também precisa perguntar pelos frutos que cada diferente interpretação tem provocado. Só para antecipar o caso mais controverso: o famoso mandato de "dominar" e "sujeitar" a terra e os animais de Gn 1,28 e paralelos tem diversas formas de compreensão dentro do próprio conjunto da Bíblia e depois dela. Algumas interpretações foram muito instigantes e inspiradoras. Outras foram falseadoras e desastrosas do ponto de vista dos frutos. Tudo isso precisa ser levado em consideração.

Precisamos, então, evidenciar algumas regras para o nosso trabalho:

a) A primeira regra é considerar cada texto em seu contexto, o mais possível: contextos econômicos, políticos, culturais, linguísticos do tempo da elaboração.

b) A segunda regra é a circularidade interna da Escritura: situações novas, personagens novos deram nova interpretação ao texto mais antigo. É o caso do Novo Testamento, que dá sua interpretação ao Antigo Testamento (ou, dizendo melhor, "Primeiro" Testamento). Mas há também reinterpretação circular no próprio Primeiro

Testamento, como é o caso do relato da criação que se encontra no primeiro capítulo do Gênesis: trata-se de uma segunda versão, em novo contexto e com novos autores, da narrativa mais antiga que se encontra no segundo capítulo do Gênesis. Embora a segunda narrativa seja mais uma "antropogênese" e a primeira seja um quadro global de "cosmogênese", na primeira narrativa há também uma nova interpretação do surgimento do ser humano. Que as duas narrativas figurem no Gênesis, mesmo uma ao lado da outra, é algo de grande importância: cada narrativa tem algum sentido que faz com que não possa ser substituída pela outra nem reduzida à outra. É no conjunto delas que se obtém um panorama variado, justo e rico de sentido.[1]

c) Uma terceira regra apela para uma decisão muito importante. Em meio a diferentes e até contraditórias narrativas, há um "fio dourado" a ser cuidadosamente seguido como se fosse o fio de Ariadne no labirinto. Pode-se segui-lo ao perceber e evidenciar o sentido que está em consonância com a direção mais ampla e mais alta do conjunto das Escrituras. Entre as narrativas discrepantes, qual, afinal, ajuda a compreender o caminho histórico de quem nos deixou as Escrituras na possibilidade

---

[1] Assim também as parábolas de Jesus, contadas de formas diversas por diferentes evangelistas, permanecem uma versão ao lado da outra, oficialmente, como textos canônicos, no Novo Testamento.

de progresso ético da humanidade. Assim, por exemplo, encontramos em diferentes momentos tanto o clamor por abandonar os sacrifícios de sangue em favor de um sacrifício ético do cumprimento da justiça e da compaixão como também contínuos relatos de sacrifícios rituais de animais, sacrifícios bem-aceitos, mesmo até o tempo de Jesus. Por onde anda o "fio dourado"? Pode-se segui-lo normalmente não por aquilo que se repete, mas pelas surpresas e novidades que, mesmo conflituosamente, abrem ao futuro. Na reelaboração de textos, voltam novas narrativas do passado para dar indicação de que algo novo foi revelado, foi melhor compreendido, e expresso na novidade do relato novo. As próprias narrativas etiológicas, que visam a buscar no passado a explicação de por que as coisas estão como estão, visam, na verdade, a um futuro eticamente melhor e a uma postura que conduza a este futuro. Portanto, toda memória e revisitação dos textos do passado brota da esperança e visa ao fortalecimento da esperança em um mundo melhor, mais humano. Em nosso caso: sacrifícios são o que se costumava realizar para resolver dramas de fundo ético e religioso. Mas a proposta de "misericórdia e não sacrifício" era a novidade e a revolução.

d) A quarta regra que precisamos lembrar aqui é o fato do "círculo hermenêutico". O leitor da Bíblia a interpreta a partir de seus olhos, de suas experiências de vida, de seus conhecimentos, de seus contextos, eventualmente de seus preconceitos inevitáveis, de suas intenções e de sua busca. Portanto, o contexto do leitor, que é o "contexto diante do texto" e não somente o "contexto por trás do texto" no tempo em que foi escrito, cria um círculo: ao mesmo tempo que o leitor carrega todo o seu mundo para dentro da interpretação do texto, também o mundo do texto interpreta este outro mundo que agora está na sua frente. É necessário examinar, portanto, também os nossos próprios contextos e intenções ou interesses, que frequentemente permanecem ocultos sob a nossa leitura. Interesses diversos fazem interpretações diversas e até opostas do mesmo texto. Por outro lado, é importante saber que nada é neutro: o círculo é vivo, e se nós podemos interpretar a Escritura dando-lhe sentidos diversos, ela também nos interpreta e nos modifica, podendo nos ajudar a compreender a nós mesmos, a nos tornarmos melhores; mas, se nossa leitura não tiver intenções boas, a própria Escritura pode nos modificar para pior. Há nessa regra uma gravidade ética que não pode ser negligenciada.

Isso é suficiente para termos o "modo de usar" da bula bíblica em nosso trabalho daqui para a frente, que começa num ponto nevrálgico da história de Israel: o sacrifício de animais.

Por que sacrifícios de animais?
O subterrâneo impuro do desejo

Em Israel os profetas são a marca da era axial, como já assinalamos. Eles exigem uma ética sem fronteiras, uma compaixão sem medidas entre próximo e estranho, lembram do pobre e do estrangeiro nas leis de justiça divina. E clamam em nome de Deus: "É misericórdia que eu quero e não sacrifícios, conhecimento de Deus mais do que holocaustos" (Os 6,6). Por todo lado para que se olhe a superação do sacrifício de sangue é uma das características da era axial. Para entender o grito profético, é necessário examinar este enigma que alcança toda a humanidade: Por que há na história religiosa da humanidade o sacrifício animal? Os profetas, com sua crítica, "desconstruíram" os rituais e as intenções e mostraram que por trás do sacrifício o que temos é a crueldade e o assassinato, ainda que camuflado, primeiro do ser humano, depois, de forma substitutiva, o sacrifício do animal no lugar do humano, com a mesma crueldade encoberta por uma áurea de sacralidade.

Seguindo a lição de René Girard, o sacrifício é a concentração e a sacralização da violência humana.[2] Na verdade, como acenamos, o sacrifício animal é um sacrifício "substitutivo" do sacrifício original, o sacrifício humano. A antropologia contemporânea revelou este porão de onde emergiu a humanidade:

---

[2] A tese fundamental de Girard pode ser encontrada em: GIRARD, René. *A violência e o sagrado*. 3. ed. São Paulo: Paz e Terra, 2008.

praticamente todas as sociedades conheceram uma fase em que rituais de sacrifícios humanos periódicos, bem regulamentados, mantinham a sociedade em equilíbrio. René Girard constatou que os rituais de sacrifícios têm uma estrutura de "linchamento". E sua função consiste em purificar os que dele participam, numa forma de catarse da própria violência e volta ao sossego. Cavando mais em baixo, Girard descobriu a origem da inquietude no desejo humano, este primeiro movimento de saída do nada em direção aos outros que já são algo desejável, buscando imitar os outros – os pais, a comunidade familiar etc. – e assim tomar para si e expandir-se, adquirir forma e poder, com o que se apreende de outros. O ser humano começa na imitação de outros, é um *Homo mimeticus*. Mas na saída da mera cadeia alimentar e da caça e coleta, ao começar a viver em sociedade, tal ímpeto do "desejo mimético" precisa ser disciplinado, recalcado, ao preço de um "mal-estar da civilização" (Freud). No coração reside a fonte desse desejo recalcado na forma dos *loghismoi*, palavra que significa linguagens ou expressões distorcidas de que nos advertiram os padres gregos do deserto, ou seja: cobiça, inveja, ciúme, rivalidade, rixas, soberba, enfim, os "pecados capitais". Brotam todos do desejo de um coração inquieto, e que aprende a desejar e buscar nos outros o que afinal quer para si. Quando eles tornam a convivência social irrespirável por causa de sua força contaminadora, é hora de um sacrifício: um linchamento, um derramamento de energia e furor até o sangue, e toda violência acaba sendo levada pela vítima que se esvai para longe e desaparece no silêncio, deixando para trás o sossego e a paz da purificação.[3] A crueldade, no entanto, é sacralizada.[4] Não se fala em linchamento ou assassinato, mas em cumprimento da justiça, em obediência radical, em sacrifício de salvação. De fato, tal imolação salva o grupo de suas próprias violências recíprocas, canaliza e expulsa todas as tensões e "impurezas" junto com a vítima. É o fenômeno do "bode expiatório".[5] Essa expulsão da vítima expiatória é eficaz, e o fato de ela carregar consigo a miséria dos linchadores a torna essencial na constituição do tecido social, necessária e sagrada. Ela é expulsa para um espaço "sagrado",

---

[3] Tal modo "terrível" de emergência do ser humano em sociedade é bastante escandaloso, permanece oculto, nos porões mais profundos do inconsciente coletivo. Por ser algo sanguinário, violento e escandaloso, René Girard já foi chamado "Darwin da antropologia", com as mesmas críticas irônicas que foram dirigidas a Darwin.

[4] A palavra "crueldade" provém da palavra latina *cruor*, justamente o sangue derramado em sacrifício, diferente do sangue que corre nas veias como sinal de vida, que é *sanguis*. O *cruor* era obtido de vítimas *sacerdotais*, ou seja, sacralizadas através de uma morte infligida coletivamente, normalmente pisando sobre a vítima, uma espécie de linchamento ou *massacre sacro*, e passando a ela a energia da *hostilidade*, transformando-a, assim, em *hóstia*. Dessa hóstia sacerdotal era obtido o *cruor*, o sangue de purificação no qual todos se banhavam. Cf. ERMAN, Michel. *La cruauté*. Essai sur la passion du mal. Paris: Presses Universitaires de France, 2009.

[5] O bode é o animal indicado na Escritura para ser o animal expiatório. Daqui a conhecida expressão "bode expiatório", que pode ser dita também bode "enviado", pois se trata de dois bodes, um a ser imolado e outro a ser abandonado no deserto, levando, assim, os pecados da comunidade. Trata-se já de uma vítima "substitutiva" do sacrifício expiatório humano. O ritual do bode expiatório se realizava no "Dia da Expiação", e desse dia restou na tradição judaica o tempo de jejum, penitência e oração ao preparar o começo do ano. É chamado também "Dia do Perdão", *Yom Kippur* (Lv 16,1-34).

para uma transcendência que a transforma de culpada por todas as misérias em "herói", e fonte de todas as curas. Ela é benfeitora como um foguete que colocasse no espaço sideral o lixo atômico da violência criada na terra, e desde o céu, com seu sangue, derrama a paz social sobre a terra. A imolação é, assim, justificada e requerida.

A vítima expiatória, entre os gregos, era chamada justamente de *phármakon*, o remédio social por excelência. Em seus mitos está o de *Quíron*, o "Curador ferido", cujas feridas se tornam fontes de cura. Assim, a vítima volta na memória e na invocação enquanto vítima-herói. É invocado nas promessas e rituais de penitência em sua memória, nas proibições de novos desejos impuros que contaminem a sociedade nascente, enfim nascem a religião, a lei e a ordem, os guardiães e autoridades sagradas da ordem, das punições e das recompensas, sempre com a autoridade e em nome da vítima-herói. Segundo René Girard, toda cultura nasce da religião, ainda que sua sacralidade esteja escondida na sofisticação e na secularização, e toda religião tem no sacrifício seu alicerce subterrâneo que esconde o assassinato original, e isso tudo provém do desejo mimético, do coração humano inquieto por natureza.

Mas o sacrifício e a cultura que o institui de forma simbólica, substitutiva e ritualizada sobre a memória de seus heróis sacrificados não são uma barreira definitiva para a possibilidade de retorno do sacrifício humano. Mesmo em sociedades que já não utilizam os sacrifícios animais, quando a ordem e as instituições que as mantêm entram em crise e perdem autoridade, quando a linguagem ritual e simbólica já não é mais suficientemente eficaz, e o mal-estar da civilização cresce até quase o caos, então estamos no terreno fértil da volta de sacrifícios humanos, que começa na culpabilização. Normalmente os mais fracos, as minorias – os "outros", os diferentes – ou os que cometem algum deslize sem poder se esconder, ou então os que deveriam ter autoridade e já não têm mais, serão os "acusados" para o linchamento coletivo. Mesmo em sociedades secularizadas, por motivos aparentemente não religiosos, a regressão é possível, como na moderna Europa, que, por motivos de mercado econômico e poder político, no calor da Segunda Guerra, produziu o espantoso holocausto dos campos de concentração e extermínio. Hoje se estuda o fenômeno do sacrifício dos mais frágeis em âmbito econômico, no tráfico de pessoas, no retorno do trabalho escravo, na perda de direitos humanos.[6]

Por isso, em qualquer sociedade, religiosa ou secular, utilize ou não sacrifícios substitutivos de animais, o desassossego e a violência do desejo que provêm do coração humano, os "pecados capitais" que nele habitam como raízes profundamente pré-humanas, podem a todo momento contaminar e produzir o linchamento e o genocídio. Hoje a própria tecnologia, a rede social, a propaganda são lugares em que se alimentam o desejo mimético

---

[6] Para maior aprofundamento, cf.: ASSMANN, Hugo (org.). *René Girard com teólogos da libertação*. Um diálogo sobre ídolos e sacrifícios. Petrópolis: Vozes/Piracicaba: Unimep, 1991.

e a culpabilização até o ódio que prepara os sacrifícios. O sacrifício animal, tão presente num certo estágio de desenvolvimento humano, não é a solução, é só o deslocamento do problema do sacrifício humano na passagem de nossa pré-história para o que somos.

Debruçando-se sobre os textos bíblicos, numa segunda etapa de suas pesquisas, René Girard descobriu um fio dourado de superação da religião do sacrifício e uma nova possibilidade de religião, não mais "sacrificial". Tal superação bíblica e tal novidade são próprias das radicais transformações da era axial: a passagem do sacrifício cruento para a ética da regra de ouro – "não faças aos outros o que não queres que te façam" (Confúcio) – e para uma ética de justiça, socorro, hospitalidade e compaixão sem fronteiras.

Em Israel, a grande figura do começo desta superação lenta, mas decisiva, é Abraão. O capítulo 22 do Gênesis é o texto crucial de um salto paradigmático: Abraão está em um dilema religioso: entre o mandamento sagrado da sua tradição familiar, a de sacrificar o filho primogênito no ato supremo de reconhecimento e proteção do grande pai celeste, por um lado, e, por outro lado, o adolescente inocente desabrochando para a vida. Abraão está entre duas ordens e deve escolher: a ordem sagrada que vem do alto de sua tradição – Javé manda oferecer em holocausto o filho que ele muito ama – e a surpresa de uma nova inspiração que revela a crueldade por dentro do sacrifício sagrado – o anjo que desmascara a crueldade do ato ao ordenar:

"não faças mal ao menino" (Gn 22,12). Abraão desobedece à primeira ordem, a sagrada, e obedece à segunda ordem, de não mais sacrificar – não fazer mal.

A narrativa abraâmica acrescenta depois o sacrifício de um cabrito, um animal como substitutivo do sacrifício humano do filho. A ruptura de Abraão com o passado, com a tradição fechada do seu clã para dar um futuro promissor à nova vida do filho, tem um grande preço, seja para ele, que se torna um nômade e um fugitivo, seja para o animal que substitui o filho. Há duas questões de interpretação para a segunda parte. A primeira é de ordem exegética: nessa narrativa axial tão decisiva para a história da religião convergem tradições diferentes, com trechos, com versículos que provêm da tradição profética e reformista, mas também da tradição elohista e sacerdotal, portanto do Templo. Na tradição sacerdotal se busca justificar a existência de sacrifícios de animais, se atenua a ruptura de Abraão com o mandamento do sacrifício e se mantém uma disposição a obedecer ao velho e sacro mandamento, justamente o de sacrificar, interpretando tal disposição como sacrifício. É necessário, portanto, uma cuidadosa exegese. A segunda questão é de ordem antropológica: não se consegue superar o sacrifício todo de uma vez. Assim, o animal inocente é dado como associado à vítima humana para que a superação de toda e qualquer vítima e todo e qualquer sacrifício se faça gradualmente, lentamente, pois só lentamente é possível não voltar mais atrás e "sacrificar quem não sacrifica". Apesar disso, Abraão nunca mais retorna à família, e proíbe que levem seu filho de volta após sua morte, pois seria sacrificado, já que Abraão não sacrificou.

"Misericórdia eu quero e não sacrifício" (Os 6,6)

Examinemos mais de perto o clima e a voz dos profetas desta era axial em Israel. Apesar da pregação dos profetas desse período, como Isaías, Jeremias, Oseias, Miqueias, Amós, havia ainda resquícios de sacrifícios humanos em Israel, sacrifícios de crianças e jovens, como é atestado pela fúria de Jeremias no seu discurso diante da porta do Templo:

> Não falei a vossos pais e nada lhes prescrevi a respeito de holocaustos e sacrifícios, no dia em que os fiz sair do Egito. Foi esta a única ordem que lhes dei: escutai minha voz: serei vosso Deus e vós sereis o meu povo [...]. Ergueram o lugar alto de Tofet, no vale do Filho de Inom para lá queimarem seus filhos e filhas, não lhes havendo eu ordenado tal coisa que nem me passara pela mente. Eis por que virão os dias – oráculo do Senhor, em que não mais se dirá Tofet, nem vale do Filho de Inom, mas vale do Massacre (7,22-23a.31-32).

Miqueias, contemporâneo de Isaías, faz alusão à relação entre sacrifícios humanos e sacrifícios animais:

> Com que me apresentarei diante do Senhor, e me prostrarei diante do Deus soberano? Irei à sua presença com holocaustos e novilhos de um ano? Agradar-se-á, porventura, o Senhor com milhares de carneiros, ou com milhões de torrentes de óleo? Sacrificar-lhe-ei pela minha maldade o meu

primogênito, o fruto de minhas entranhas por meus próprios pecados? Já te foi dito, ó homem, o que convém, o que o Senhor reclama de ti: que pratiques a justiça, que ames a bondade, e que andes com humildade diante do teu Deus (Mq 6,6-8).

Pode-se pensar, na lógica de René Girard, que os sacrifícios substitutivos, de animais, eram ainda uma espécie de "necessidade premente" para evitar os sacrifícios humanos. A prescrição de sacrifícios animais, sacrifícios de sangue, continuava em Israel, e de fato duraram até a destruição do segundo Templo, depois de Jesus. Mas os profetas levantam a voz contra tais práticas, mesmo que sejam substitutivas e "prementes", em vista do que eles começam a proclamar como o "verdadeiro sacrifício": a prática da justiça, a sinceridade de coração, o socorro aos mais expostos ao sofrimento e à violência – este é o holocausto que agrada a Deus.

> Se reformardes vossos costumes e modos de proceder, se verdadeiramente praticardes a justiça; se não oprimirdes o estrangeiro, o órfão, a viúva; se não espalhardes neste lugar o sangue inocente e não correrdes, para vossa desgraça, atrás dos deuses alheios, então permitirei que permaneçais neste lugar (Jr 7,5-6).

Esse apelo profético é recorrente. Eles ironizam acidamente, não escondem a repugnância divina – e deles – contra os sacrifícios animais mostrando que não conseguem cumprir o que o desassossego busca neles. Assim, de que me serve a mim a multidão das vossas vítimas? – diz o Senhor. Já estou farto de holocaustos de cordeiros e da gordura de novilhos cevados. Eu não quero sangue de touros e de bodes. Quando vindes apresentar-vos diante de mim, quem vos reclamou isto: atropelar os meus átrios? De nada serve trazer oferendas; tenho horror da fumaça dos sacrifícios. [...] Vossas mãos estão cheias de sangue: lavai-vos, purificai-vos. Tirai vossas más ações de diante de meus olhos. Cessai de fazer o mal, aprendei a fazer o bem. Respeitai o direito, protegei o oprimido; fazei justiça ao órfão, defendei a viúva (Is 1,11-13.15b-17).

Com ironia e repugnância os profetas desmascaram um arranjo falso nas relações com Deus, reflexo de falsidade e injustiça na relação social, que lembra os tempos pagãos do Egito:

Efraim multiplicou os altares, e seus altares só lhe serviram para pecar. Oferecem vítimas em sacrifício e comem-lhes as carnes, mas o Senhor não se compraz nelas. Doravante ele se lembrará da iniquidade deles, e punirá os seus pecados: voltarão para o Egito (Os 8,11.13).

Amós se junta a Isaías e Oseias no mesmo coro: superar os sacrifícios cruentos por sacrifícios éticos de justiça e socorro da vida mais vulnerável, os pobres, os órfãos, as viúvas, os migrantes. E quando recorda os tempos passados, é para lembrar que antes não era assim:

Aborreço vossas festas; elas me desgostam; não sinto gosto algum em vossos cultos; quando me ofereceis holocaustos e ofertas, não encontro neles prazer algum, e não faço caso de vossos sacrifícios e animais cevados. Mas, antes, que jorre a equidade como uma fonte e a justiça como torrente que não seca. Porventura me oferecestes sacrifícios e oblações, casa de Israel, no deserto, durante quarenta anos? (Am 5,21-22.24-25).

Ao contrário, no deserto aconteceu a máxima confrontação entre o Deus ético e o sacrifício. O coroamento do sacrifício, segundo os estudos de René Girard, é a glorificação da vítima, que, ao absorver e, portanto, salvar toda a coletividade da violência, é reconhecida finalmente como herói, e se torna referência de invocação, uma espécie de padroeiro, um grande pai. A lembrança central do deserto é o monte Sinai, a aliança entre o Deus vivo e libertador e o povo que está nascendo mediante a entrega das tábuas da Lei a Moisés. Quando Moisés desce o monte, encontra o povo adorando um touro de ouro. Que tinha acontecido? O sentimento de abandono, fragilidade e medo produziu um desejo coletivo expresso na força e no brilho imperecível de um touro de ouro! Touros, como bodes, podiam ser imolados em holocausto, mas aqui se representa a sequência: o touro é exaltado como herói, e sobre o corpo do herói retorna o desejo coletivo de força, segurança, certeza contra a morte, êxtase divino. A figura do touro de ouro no meio do êxtase coletivo permite tomar e digerir voluptuosamente, apropriar-se de suas qualidades de força e empoderar-se coletivamente através de uma espécie de orgia. Moisés, então, encena aos olhos de todos o que está acontecendo: ele os faz "comer" o touro transformado em farinha para expressar cruamente o que estava escondido no alicerce do ritual, seus próprios desejos e temores. Sacrifícios e idolatria estão intrinsecamente implicados, os desejos produzem o sacrifício e a idolatria.[7]

Os animais são, em conclusão, além de sacos de pancada e vítimas substitutivas, também representantes substitutivos da satisfação dos desejos humanos, ao mesmo tempo projeção idolátrica e sacrifício inocente: carregam o nosso peso, são usados como remédios cruentos, tornam-se nosso entretenimento, e afinal nós os comemos. Mas tem de ser assim? A melhor tradição de Israel afirma que não é este o caminho para ser humano.

O júbilo do boi, do leão, do burro e da serpente

O Livro do Levítico, com a Lei de Santidade, estabelece, no capítulo 25, a proclamação do jubileu, que tem uma estrutura sabática: um tempo radicalmente diferente do tempo de trabalho e negócios. Em uma sociedade de trabalho rural, trata-se

---

[7] O Papa Francisco, na exortação apostólica *Evangelii Gaudium* (n. 55), não faz rodeios ao afirmar que o touro de ouro é hoje o "dinheiro": fascina, promete força e brilho e exige sacrifícios: "[...] A crise financeira que atravessamos faz-nos esquecer que, na sua origem, há uma crise antropológica profunda: a negação da primazia do ser humano. Criamos novos ídolos. A adoração do antigo bezerro de ouro (cf. Ex 32,1-35) encontrou uma nova e cruel versão no fetichismo do dinheiro e na ditadura de uma economia sem rosto e sem um objetivo verdadeiramente humano. A crise mundial, que investe as finanças e a economia, põe a descoberto os seus próprios desequilíbrios e sobretudo a grave carência de uma orientação antropológica que reduz o ser humano apenas a uma das suas necessidades: o consumo".

de descanso e restituição periódicos, tanto dos humanos como da terra com todo ser vivo que trabalha, pois a vida em sociedade gera, ao longo do tempo, desequilíbrios estruturais, e a restituição é regulamentada para o ano jubilar. O ano sabático deve acontecer a cada sete anos, mas o ano jubilar segue a cada sete vezes sete anos, ou seja, a cada cinquenta anos. Sua origem mais cotidiana, no entanto, está no sétimo dia, portanto a cada sete dias temos um descanso que já vem legislado no Êxodo, no resumo que nós conhecemos como Dez Mandamentos. Aqui nos interessa o animal – o boi e o jumento, os animais que trabalham:

> Mas no sétimo dia, que é um repouso em honra do Senhor, teu Deus, não farás trabalho algum, nem tu, nem teu filho, nem tua filha, nem teu servo, nem tua serva, nem teu animal, nem o estrangeiro que está dentro de teus muros (Ex 20,10; Dt 5,12-14).

E a explicação etiológica para esse descanso, do qual o animal também tem direito de participar, assim como o filho e o estrangeiro, é que o próprio Deus descansou na obra de sua criação:

> Porque em seis dias o Senhor fez o céu, a terra, o mar e tudo o que contêm, e repousou no sétimo dia; e por isso o Senhor abençoou o dia de sábado e o consagrou (Ex 20,11).

Em todo o contexto da lei em que se trata de trabalho o animal é o boi. "Cuida Deus do boi?", perguntou o apóstolo Paulo na Primeira Carta aos Coríntios, os quais estavam precisando de uma lição de bom senso na retribuição do trabalho aos ministros da Palavra como uma verdadeira providência divina.[8] Em Paulo, o que se afirma é que, se Deus cuida que o boi tenha a sua parte de retribuição no seu próprio trabalho, também assim os seus ouvintes e o próprio apóstolo têm garantido esse cuidado. Numa linguagem que não segue a lógica grega, mas a lógica hiperbólica típica dos profetas e da Bíblia em geral, Paulo compara os cuidados de Deus ao boi com os cuidados aos humanos, e acaba aplicando aos humanos o que é originalmente do boi. Não exclui o cuidado do boi, como uma leitura com lógica grega poderia entender, mas extrai daí um cuidado ainda maior para os humanos na linha mesma do cuidado ao boi! Para Paulo, ao citar a lei do Deuteronômio, é óbvio que Deus cuida do boi, e o apóstolo recorre a essa evidência para demonstrar que cuida também de seus ministros.

Já nos Dez Mandamentos pode-se dizer inversamente a positividade dos cuidados em relação ao boi: Deus não cuida somente dos humanos, inclui o boi no seu cuidado e quer sua participação no sábado divino. Santo Tomás, no século XIII,

---

[8] O texto de Paulo (1Cor 9,9-10): "Na Lei de Moisés está escrito: Não atarás a boca ao boi que debulha (Dt 25,4). Acaso Deus tem dó dos bois? Não é, na realidade, em atenção a nós que ele diz isto? Sim! É por nós que está escrito. Quem trabalha deve trabalhar com esperança e igualmente quem debulha deve debulhar com esperança de receber a sua parte".

fortemente condicionado neste ponto por seu recurso a Aristóteles e sua lógica formal – que examinamos na segunda parte deste livro –, embora repita a convicção de que não se deve ser cruel para com os animais, ao fazer a mesma pergunta interpreta mal Paulo, e conclui pelo seu contrário, não levando em conta o contexto do mandamento, algo familiar a um judeu como Paulo, para quem, de certa maneira, é um modo de falar como foi para Jesus a referência aos pássaros do céu que o Pai cuida.

Voltando ao original: Por que no mandamento Deus cuida do boi e não do passarinho? É que o passarinho não está sujeito ao trabalho sob o jugo de um dono, e para o passarinho todo dia é sábado! (Ao menos antes de termos inventado gaiolas para os passarinhos!) O boi, sequestrado para dentro do mundo do trabalho, está ao lado do escravo, do empregado, por isso o cumprimento da lei por parte de seu dono é um direito conferido ao boi por parte do seu criador, tanto quanto ao servo – leia-se: escravo –, assim como o filho e a filha, sem acepção de pessoas – e animais. Todas as criaturas estão destinadas ao sábado, afinal.

A lei, porém, sem uma direção, sem um horizonte, sem um porto e uma paisagem para onde ela conduza seria absurda. Isaías canta um sonho de restituição, de reconciliação, de paz sobre toda a terra, na relação entre os diversos animais e os humanos. É um sonho messiânico, sinal dos tempos escatológicos, uma visão do paraíso finalmente realizado, simbolizado na reconciliação e na convivência animal:

A justiça será como o cinto de seus rins, e a lealdade circundará seus flancos. Então o lobo será hóspede do cordeiro, a pantera se deitará ao pé do cabrito, o touro e o leão comerão juntos, e um menino pequeno os conduzirá; a vaca e o urso se fraternizarão, suas crias repousarão juntas, e o leão comerá palha com o boi. A criança de peito brincará junto à toca da víbora, e o menino desmamado meterá a mão na caverna da serpente. Não se fará mal nem dano em todo o meu santo monte, porque a terra estará cheia de ciência do Senhor, assim como as águas recobrem o fundo do mar (Is 11,7-9).

Mas Isaías, que anuncia tempos de convivência messiânica, tempos abençoados e pacíficos, abre seu livro com uma chamada dura para o seu povo: os animais têm mais conhecimento e justiça do que o povo:

> O boi conhece o seu senhor, e o burro, o estábulo do seu dono; mas Israel não conhece nada, e meu povo não tem entendimento (Is 1,3).

O evangelista Marcos começa a contar a história de Jesus na paisagem de Israel em êxodo, no deserto, com animais selvagens rodeando Jesus, mostrando, assim, o começo da realização do sonho de Isaías com o anúncio do Evangelho (Mc 1,13). E o versículo de Isaías citado, com o boi e o burro, foi levado para o presépio na tradição do Natal cristão: eles, o boi e o burro, é que entendem o que está acontecendo, antes dos pastores ou dos sábios do Oriente que se vêm reunir a eles no presépio. Não só as prostitutas e os publicanos precedem no Reino, também o boi e o burro!

Já os profetas apocalípticos, Ezequiel e Daniel de modo especial, abusam das figuras de grandes animais – os animais apocalípticos são sempre muito fortes e perigosos: o leão, o touro, a águia, a pantera, o dragão de sete cabeças, ou simplesmente a Besta. Poderosos, predadores, guerreiros, estão na ordem da metáfora do bem e do mal, do confronto na história que ultrapassa Israel, um embate histórico que envolve todo o cosmos, a natureza e, nela, especialmente, os seres vivos. Serão retomados no Apocalipse do Novo Testamento, no final da Escritura: os quatro grandes animais junto a quatro anciãos em torno do Trono do Cordeiro. A eles voltaremos mais adiante.

Agora, porém, precisamos buscar a literatura etiológica, a narrativa das origens, da criação, que reforça a literatura profética.

A criação: uma "comunidade de aliança e vida" que inclui os animais

Ao lado da literatura propriamente profética, havia nesse tempo axial uma efervescência literária mais ampla, com releituras das narrativas de origem. O Gênesis faz parte dessa literatura, e tem uma dupla finalidade: explicar na origem as razões das coisas atuais, ou seja, buscar entender por que o mundo é o que é. É o aspecto "etiológico" – a busca das "causas" que explicam as situações atuais. Mas a outra finalidade é muito mais importante: buscar na origem um horizonte maior que inspire para onde ir. Se podemos ver que "no princípio era assim", ou que "no princípio não era assim", como o próprio Evangelho utiliza, então o princípio que justifica ou que contesta está na raiz, no fundamento, daí que ele pode reemergir, pode orientar para um futuro diferente. Um complicador é que as duas camadas podem estar misturadas, como ainda veremos: a etiologia que explica as causas e a maquete de futuro que inspira a ação. Portanto, não se trata de explicação científica, ao estilo da evolução das espécies de Darwin, mas de narrativa de sentido, compreensão mais profunda da razão e do sentido da existência das criaturas.

A primeira página da Escritura, no Gênesis, deve ser aberta como uma *ouverture* de uma grande ópera, ou um desenho arquitetônico ou, ainda, uma maquete cheia de promessa: elabora de forma literária refinada o que deverá ser a obra de Deus como Criador. *Ouverture* é resumo: antes que sua palavra comece a dar forma à criação, o narrador avisa que o espírito divino, com toda a sua vitalidade fecunda e maternal, perpassa os abismos. Sua descrição levou a configurá-lo mais tarde como um grande pássaro com movimento de asas atingindo os abismos do caos, dando o movimento e a temperatura necessários à vida. O pássaro passou, com o tempo, a ser simbolizado por uma pomba, por seu caráter de fidelidade à casa, símbolo da intimidade amorosa e fiel. Só assim, com o concurso da poderosa energia que dá movimento e temperatura, a palavra se torna criadora, dando forma e consistência à criação. A primeira criatura a se formar a partir da palavra e do espírito é a luz, seio primordial de todas as demais criaturas. No seio da luz a palavra cria o primeiro grande dual esponsal de face um para outro: o céu e a terra. Como o céu seria a habitação privilegiada do Criador em sua criação, é para a terra que volta sua palavra: nela cria novos ambientes: a terra seca, as águas, o firmamento. Neles cria toda sorte de criaturas, animais que nadam nas águas, que voam nos ares e que rastejam ou andam sobre a terra. Na terra a variedade de criaturas se multiplica ainda mais, com plantas e animais terrestres. E, finalmente, há a criação dos seres humanos. Neste ponto, antes de abençoar e descansar, ele dá as ervas, os grãos e os frutos como alimento à vida tanto de animais como de humanos – todos vegetarianos:

> Deus disse: "Eis que eu vos dou toda a erva que dá semente sobre a terra, e todas as árvores frutíferas que contêm em si mesmas a sua semente, para que vos sirvam de alimento. E a todos os animais da terra, a todas as aves dos céus, a tudo o que se arrasta sobre a terra, e em que haja sopro de vida, eu dou toda erva verde por alimento". E assim se fez (Gn 1,29-30).

Na origem sonhada como um desígnio ou uma maquete não haveria, então, a famosa cadeia alimentar de carnívoros, sobretudo não o humano carnívoro: todos os que se alimentam seriam *vegetarianos*! O homem caçador e carnívoro viria depois, mas na forma de decadência, não de evolução, como veremos.

Com a criação do ser humano, no último dia de criação, a evolução sofre uma revolução: o último chegado, saído da terra, modelado da argila e portador do sopro divino, é posto como o regente da orquestra, que sempre se apresenta por último no palco, mas fica responsável pela condução da sinfonia.

> Então Deus disse: "Façamos o homem à nossa imagem e semelhança. Que ele *reine* sobre os peixes do mar, sobre as aves dos céus, sobre os animais domésticos e sobre toda a terra, e sobre todos os répteis que se arrastem sobre a terra. [...]. Dominai sobre os peixes do mar, sobre as aves dos céus e sobre todos os animais que se arrastam sobre a terra" (Gn 1,26.28b).

Os famosos versículos de Gn 1,26 e 1,28, com seus similares, foram interpretados de formas diversas e sequestrados pela arrogância antropocêntrica e despótica do homem sobre a mulher, sobre a família, sobre as outras formas de vida e tudo o que lhe está em volta.[9] Essa exacerbação antropocêntrica tornou-se a leitura dominante e legitimadora de um mal que poderíamos chamar mais adequadamente de perversão. A leitura mais justa é a que considera em primeiro lugar o contexto em que a narrativa foi elaborada. Por isso pode ser interpretada em analogia

---

[9] Cf., por exemplo, esta estrofe do Sl 8,6-9: "E o fizeste pouco menos do que um deus, coroando-o de glória e beleza. Para que domine as obras de tuas mãos sob seus pés tudo colocaste: ovelhas e bois, todos eles, e as feras do campo também; a ave do céu e os peixes do oceano que percorrem as sendas dos mares". Cf. também Eclo 17,2b; 4: "Deu-lhes poder sobre tudo o que está sobre a terra [...] A toda carne inspirou o temor do homem para que ele domine feras e pássaros".

com a experiência que, na fase de formação do texto, se tinha do soberano em Israel. Vejamos por partes.

"Reinar" e "dominar" têm, claro, o sentido de governar. E naquele período a experiência de governo já tinha mostrado sua ambiguidade, sua necessidade e ao mesmo tempo sua quase inevitável corrupção. O rei não tinha em Israel um poder absoluto sobre o povo, pois este era um povo constituído por Deus, o único rei em termos absolutos que tinha feito uma aliança esponsal com Israel: "E eles serão o meu povo e eu serei o seu Deus" (Jr 32,38). Portanto, o rei só poderia desempenhar bem a sua missão como um "primeiro-ministro", um representante da vontade e da lei divina, de seu cumprimento. Toda vez que ele esquecia tal estatuto e imitava os reis do entorno, abusando do povo e de sua missão, caía em desgraça. O ser humano é assim na criação. Esta é a "revolução na evolução", o lugar onde a honra é a do ônus com todo o peso e o risco de uma missão impossível para um ser solitário. É somente no contexto da missão de bem governar que o ser humano é dito *imagem* de Deus, o que não se diz, por exemplo, de anjos, indicando, assim, que não se trata de um ser especial, melhor ou hierarquicamente acima dos demais, mas sim de uma missão divina. Da mesma forma se lembra de que somente o ser humano é tirado da terra, o que não precisa ser dito dos animais: uma advertência ao ser investido de missão divina.

Na *revolução da evolução*, o mais notável é a condição de "seio de vida": no ritmo da criação cada criatura se torna seio, ambiente ecológico, para as criaturas seguintes. Quando chega à criatura humana, há uma virada: ela se torna seio de interpretação, de sentido, de governo e direção, do conjunto da criação que o precedeu e que ele vai guiar daí em diante. Nele o universo inteiro tem uma curvatura de ordem religiosa e ética. Os Padres da Igreja compreenderam nesse sentido a condição de "imagem de Deus" do ser humano em meio às demais criaturas, assim como de "imagem do mundo" diante de Deus, "boca do universo" no louvor ao Criador (Santo Agostinho). Tendo tal cuidador, as demais criaturas poder-se-iam sentir-se confortáveis, seguras, protegidas e bem conduzidas na criação.

Como poderia o ser humano desempenhar a sua missão? O segundo relato, que na verdade é mais antigo do que a grande *ouverture* inicial, vai direto ao ponto: a terra apresentava-se caótica, sem forma, porque não tinha chovido ainda e o ser humano que iria cultivar a terra não tinha sido ainda criado: uma potência celeste – a água – em parceria com uma potência terrestre – o ser humano – era o desígnio para uma criação ainda incompleta começar a ser fecunda. E uma vez criado, o humano é colocado na terra para cultivar e cuidar do jardim, com essas palavras. A imagem da criação como um jardim acompanha o sonho de um mundo segundo o desígnio de Deus até o final da Escritura, na praça-jardim do Cordeiro apocalíptico (Ap 21). Trata-se de cultivar a terra de tal forma que ela seja, enfim, um paraíso.

Um pacato criador, como um poeta e ceramista modelando com palavras e argila, cria um pacato parceiro na terra: esta é a impressão que se pode extrair das duas narrativas do começo da Escritura. Não há nem heróis cósmicos nem batalhas nas origens, portanto, nada de violência original que marcaria desdobramentos trágicos na história, como em muitos mitos paralelos de diferentes culturas. Claro que é mais um desenho de um "dever-ser", um paraíso que deve ser sonhado e cultivado na esperança. Mas sem responsabilidade e trabalho nada de paraíso se realiza magicamente. A primeira tarefa que o ser humano tem, conforme a segunda narrativa, é o cultivo e o cuidado do jardim, mas, seguindo a mesma narrativa, a primeira ação do ser humano, em conjunto com o Criador, é uma relação voltada para os animais: o Criador conduz os animais ao ser humano e assiste à ação humana que consiste em dar-lhes nomes, trazê-los à convivência da linguagem.[10]

---

[10] Em relação aos animais e à terra, os verbos "dominar" e "sujeitar" são interpretados a partir dos originais hebraicos por Sergio Greif, que nos surpreende com estas observações: "Se verificarmos o original em hebraico, veremos que o que tem sido traduzido como 'ter domínio' é a palavra *yirdu*. E *yirdu* poderia ser melhor traduzido como 'descerão'. Fosse a intenção do autor do original hebraico de fato transmitir a ideia de domínio na criação, a palavra que deveria ser empregada seria *shalthanhon*. Nem mesmo a ideia de governo benévolo do homem sobre as demais criaturas é passada neste versículo, visto que a palavra que a Bíblia usa quando se refere ao domínio pacífico é *mashel*". Em relação a "sujeitar", dois versículos adiante, observa: "O que aparece nesse versículo como 'sujeitai-a' (a terra) é a palavra *kibshah*, que significa 'preservar'. Fosse de fato a intenção do autor transmitir a ideia de 'sujeitar', ele teria empregado a palavra *hichriach*". Assim, ele conclui que a tradução mais fiel é a de que o ser humano, por se tratar de *imagem* divina, deveria "descer" para junto dos animais e entre eles exercer a sua missão. Cf. GREIF, Sergio. *Ánima-ís*. Disponível em: <http://www.anima.org.ar/libertacao/animais/a-biblia-preconiza-o-vegetarianismo.html>. Acesso em: 3 de jul. 2015.

Dar nome e conviver

Depois de Lacan, sabemos quanto dar nome a alguém é um ato criador, extremamente poderoso (DERRIDA, 2002, p. 61ss). Dar nome é legar identidade, criar uma base e um caminho, uma indicação de futuro, uma missão. No nome está o primeiro mandato. Dar nome é também estabelecer um laço, uma relação anterior à consciência, primeira possibilidade de consciência, a de "ser chamado". É marco do ser próprio, impossível de ser apagado, marco que mantém o nomeado no espaço de quem nomeia. Receber um nome é ser criatura de alguém, de quem nomeia. Tudo isso acontece antes mesmo da primeira invocação e nomeação entre seres humanos, na relação do humano com o animal, para ficarmos com o primeiro relato de criação. É a primeira tarefa do governante humano da criação: ele traz os animais, mediante a nomeação, para o seu espaço humano, para um espaço de convivência familiar que costumamos chamar de "doméstico", e nessa relação e nesse espaço os animais são o que são. Pela nomeação, o humano afirma o ser dos animais e, sobretudo, "humaniza" os animais.[11]

---

[11] Não se consegue, sem romper a barreira de certo tabu, comer o animal ao qual se dá nome, como também não se costuma dar nome a animais que se cria para abate e comida. Mas aconteceu na zona rural de Porto Alegre: as crianças da família deram ao porco que estava sendo criado o nome de "Chico". Quando chegou o dia de matar o porco, já bem-criado e gordo, as crianças entraram em desespero: como poderiam ser tão cruéis monstros a ponto de pretenderem matar – e comer – o Chico? De fato, a família não conseguiu abater o porco, que foi salvo pela nomeação das crianças.

Há uma sutileza na primeira narrativa da criação: antes da criação do ser humano, no versículo 25, o texto se refere aos animais como "selvagens" e "domésticos". No antigo Egito, a caça ao animal selvagem era uma participação na criação divina, pois o animal selvagem participava do caos e da ameaça ao mundo ordenado (RONECKER, 1997, p. 24-25). Na Escritura, os animais são "selvagens" não no sentido pejorativo que damos de ferocidade e risco de caos, ao que reagimos com temor e justificativa para a caça e, eventualmente, ao extermínio, mas simplesmente porque "vivem junto às árvores" – a selva –, são "do campo" (Gn 2,19), assim como os pássaros são "do céu". Depois da presença do ser humano, e com o mandato de reger, a única referência são animais "domésticos", não mais selvagens ou do campo. Pode-se interpretar tal sutileza como parte do mandato: nomear é trazer do campo para a casa, é deixar de ser selvagem simplesmente para ser doméstico, e isso só é possível sob o olhar e o ato humano de nomeação.

As nossas representações do paraíso de Adão são exuberantes nas figuras de animais que o rodeiam ao modo da profecia de Is 11: convivência sem violência, sem "cadeia alimentar", sem a lei da "tua morte, minha vida". Nós sabemos cientificamente que a realidade não é assim, que a cadeia alimentar existe desde sempre e que o ser humano emerge como onívoro, portanto, carnívoro e caçador. Mais ainda: o ser humano supera qualitativamente a cadeia alimentar, pois, ao contrário dos demais animais, come e bebe sem ter fome ou sede, mas para ritualizar e festejar – e mata sem ter fome, sem necessariamente ter a intenção de se alimentar.

A narrativa do Gênesis, no entanto, indica um potencial diferente: a capacidade de estabelecer com os animais uma relação amistosa, doméstica, utilizando para isso a tarefa da linguagem, a "nomeação". Assim, domesticar é criar laços de linguagem, não é adestrar ou se servir dos animais. Nomear é também criar uma aliança de vida e de reciprocidade, é começar a conviver. Enfim, os animais podem ser convidados à convivência humana, são humanizados pela linguagem humana, participam da casa, até mesmo da grande casa da vida que é a terra – se o ser humano cumprir a sua parte.

Mas a convivência não acontece por um ato unilateral, que seria, ainda, uma dominação pouco honrosa, mesmo que benevolente. Há também, na reciprocidade, troca de carismas, de potencialidades, até de tarefas, entre humanos e animais. E se não há razão para comprovar cientificamente o que é uma esperança – o desígnio escatológico de reconciliação e amizade universal entre todos os seres vivos –, os carismas podem ser comprovados cientificamente na melhora da saúde psíquica e corporal dos seres humanos em convivência com animais e vice-versa. Terapias com ajuda de animais estão certificadas e já não são uma novidade na área da ciência, ainda que a experiência seja tão longa como o tempo dos seres humanos.

Podemos concluir, pois, que a narrativa da nomeação está indicando uma vocação à convivência entre humanos e animais.

A reciprocidade não é completa – e não precisa nem deve ser – porque não se pode partilhar com os animais a responsabilidade que é unicamente humana, a ética de bem governar a criação. Por isso também não se pode intercambiar humanos por animais. Seria uma violência sobre os animais pretender que eles sejam humanos como nós na correspondência e na corresponsabilidade ética que cabe somente aos humanos. Animais podem eventualmente socorrer e até salvar de riscos, mas têm o direito de não ser cobrados eticamente como humanos.

Saudar e tornar-se corresponsável: a ajuda humana e a aliança animal

Somente quando a mulher é apresentada diante do homem é que este pode romper a sua solidão e *com-versar* no sentido etimológico desta palavra: colocar-se de frente e dirigir uma palavra que pode esperar reciprocidade "especial", ou seja, no âmbito de sua espécie. A conversação com quem é ao mesmo tempo igual e diferente começa não com uma nomeação, mas com uma saudação e um reconhecimento. "Osso dos meus ossos, carne da minha carne" (Gn 2,23) é a confissão que inaugura uma relação da mesma espécie ou substância simbolizada pela coluna vertebral de onde a mulher – Eva, ser humano "mãe" – é criada desde o homem – Adão, ser humano "terra" –, mas radicalmente outro humano pela linguagem que coloca a ambos face a face.

Este momento da narrativa é crucial para a justa diferenciação entre humano e animal, pois a confusão entre ambos não é um fenômeno só de nosso tempo. Em outros tempos isso se fez até mesmo de forma sacralizada, os humanos se confundindo com animais em rituais religiosos e os animais divinizados como mediação do desejo humano de se apropriar do divino, como vimos no caso do touro de ouro. Nações com ambição imperialista costumam se representar com figuras de grandes animais predadores, como a águia dos estandartes das legiões romanas, os leões do brasão inglês, a águia do grande selo americano e os falcões do Pentágono.

A confusão, hoje, se dá de forma secularizada e frequentemente doméstica, como compensação afetiva para a solidão e a falta de relações humanas adequadas ou para a falta de coragem para a interlocução e a corresponsabilidade humana. A "falta" produz o desejo, uma lição básica da psicanálise, e o desejo cria seus objetos de fantasia na ausência de objetos adequados. Isso não garante o sossego do desejo. Humanos não podem ser deuses e não podem satisfazer inteiramente o desejo de transcendência. Assim também os animais não podem ser humanos face a face na conversação e na corresponsabilidade. O fato de os animais poderem retribuir às vezes melhor do que os humanos não é regra geral, sobretudo não em momentos decisivos, e nesses momentos, quando é necessária a palavra de confrontação, o socorro da fragilidade, o sinal da transcendência, o próprio animal se sentirá impotente e violentado, confuso em sua frustração se isso for exigido dele.

Animais, segundo a maquete do Gênesis que estamos examinando, são seres de convivência, participam da exuberância da biodiversidade que contribui com diferentes carismas, biodiversidade que se fortalece como uma *comunidade de vida*. Entender os animais, assim como as flores e os bosques, numa comunidade de vida é entender a narrativa bíblica. Mas somente seres humanos são seres de responsabilidade e de corresponsabilidade, comunidade ética, cada humano contribuindo com sua unicidade e diferença, para uma comunidade de regência da criação.

Seria ridículo perguntar se os seres humanos são melhores ou valem mais do que as outras formas de vida. Seria como perguntar se o jardineiro vale mais do que as flores que ele cuida, uma pergunta insensata e desviante. Não se trata de uma hierarquia de valor, colocando o ser humano no topo, antropocentrismo hierárquico que herdamos por diversos afluentes culturais. Essa hierarquia antropocêntrica está mostrando o seu desastre em toda a vasta área da ecologia, e a legitimação que se buscou numa leitura inadequada do Gênesis já pode e deve ser totalmente superada.[12] O fio dourado da Escritura é o da con-

---

[12] Na carta encíclica *Laudato Si'* – sobre o cuidado da casa comum – o Papa Francisco insiste na correção da leitura, apontando mesmo a forma "não correta" de interpretações do passado sobre o sentido de "domínio" e "submissão" da terra. Cf. *LS*, n. 66-67.

vivência, da solidariedade, da cooperação e da responsabilidade como fatores de criação e evolução feliz.

A *serpente: o mais inteligente dos animais*

A serpente do Livro do Gênesis 3 e a burrinha de Balaão do Livro dos Números 22-24 são os únicos animais que falam na literatura bíblica, avessa à utilização de fábulas e mitos. Mas aqui temos duas situações fora do comum, em dois extremos. É a excepcionalidade das narrativas que explica o recurso à fabulação. A serpente acabou sendo interpretada como símbolo do mal e do diabo, associada afinal ao bode – primeiro acusado e sobrecarregado do pecado e depois figura perigosa e malévola –, animal expiatório, saco de pancada. As metáforas não são inocentes, ao contrário, são eficazes, desencadeiam a realidade. Por isso convém fazer justiça ao pobre bode e à serpente como exercício de desmonte de preconceitos contra animais. Pois são as projeções e os preconceitos, ainda que metafóricos, que geram violências anunciadas.

Como personagens literárias, tanto a serpente como a jumentinha, cada uma a seu modo, revelam ironicamente uma inteligência muito aguda. A jumenta, um animal doméstico e pacífico, cuida e salva seu dono Balaão ao ver o risco de morte à frente e ao tomar providências por sua própria conta, apesar da contrariedade e do conflito com seu dono, que ainda não conhece o perigo de morte, tendo, então, que "discutir"e até brigar com ele. A burrinha é mais sábia que seu dono, e o conduz pelo caminho certo apesar dele mesmo.

O animal mais enigmático, no entanto, é a serpente. Ainda nos primórdios da criação, a serpente surge do "campo", e, portanto, ela não é de domínio doméstico, como a burrinha de Balaão. É o animal que ganha na Escritura, de forma explícita, o maior elogio: é o mais inteligente dos animais que Javé tinha feito (Gn 3,1)! Merece, então, um cuidado especial em nosso ensaio de Teologia Animal.

Criatura de Deus, a serpente, como já acenamos, tem uma folha corrida de serviços bastante extensa ao longo de toda a Escritura, reaparecendo muitas vezes, e frequentemente de forma positiva. Antes da literatura sobre a criação, ela já aparecia nas narrativas mais antigas, de memória do Êxodo – a serpente do deserto. Jesus se identifica com a serpente no Evangelho de João (Jo 3,14-15). Ela era figurada em cultos religiosos e também na medicina: até hoje a serpente é o símbolo mesmo da medicina. Neste caso, é representada com seu corpo enlaçado em uma taça que contém uma poção de remédio.

Para sermos mais rigorosos em nossa exegese do primeiro aparecimento da serpente, é importante conectar o último verso do capítulo 2 e o primeiro do capítulo 3 do Gênesis. Antes se diz que "os dois estavam nus (*arumin*), o homem e sua mulher, e não se envergonhavam". Logo em seguida se diz que "a serpente era o mais inteligente (*arum*) de todos os animais dos campos". A mesma palavra para os humanos e para a serpente:

nudez e inteligência – ou sabedoria, astúcia, sagacidade, como é às vezes traduzida a palavra *arum* – têm algo em comum? Por que a nudez humana não tinha vergonha e a nudez do animal é traduzida por inteligência? Há outra palavra que pode explicar o que elas têm em comum, unindo nudez e inteligência: a autenticidade, ou seja, a transparência. A serpente, na verdade, não mente, ela abre os olhos dos humanos para que reconheçam a si mesmos e o mundo com transparência e autenticidade.[13] A inteligência da serpente revela a ambivalência e a ambiguidade da realidade: tudo tem dois lados. Sua prova maior está justamente na medicina: ela é ao mesmo tempo remédio e veneno. E a agudeza – na verdade a "fineza", outra tradução para *arum* – da inteligência se revela, sobretudo, na dose crucial, certeira: o remédio em dose errada se torna veneno, e o veneno em dose certa se torna remédio.

Em nossa narrativa de origens, a serpente se junta a Eva, que é a "ajuda" dada por Deus para a corresponsabilidade de Adão em relação às demais criaturas. Trata-se de uma aliança na ajuda ao ser humano no seu processo de crescimento. A leitura apressada e preguiçosa pela acomodação de séculos identifica a serpente com o diabo, e a trama que partiu de sua boca como sedução para o pecado original, portanto uma aliança diabólica e de perdição. É uma interpretação antiga, que merece cuidado.

---

[13] Cf. BERESNIAK, Daniel. *Le mythe du péché originel*. Monaco: Rocher, 2006. p. 33-36. MIRANDA, Evaristo Eduardo de. *Animais interiores*. Nadadores e rastejantes. São Paulo: Loyola, 2004. p. 292-296.

Mas há outra possibilidade de compreender o mais transparente e autêntico, o mais inteligente e medicinal dos animais em sua eficácia. A serpente utiliza a sua fineza ou agudeza que coloca até Deus em discussão, embaralhando a verdade que estava clara até ali, para produzir um processo de iniciação à vida adulta: o ser humano precisa dar um salto para fora do paraíso da infância e enfrentar a realidade do outro lado, o lado de sofrimento da existência humana sobre a terra, com a crueza do que é o trabalho de viver, a dor de gestar e de criar, a dureza do ambiente, a finitude e a morte. Uma serpente chega com sua autenticidade e transparência – nua e fina – para ajudar a desvelar este lado tremendo que obriga à maturidade. Por isso o capítulo 3 do Gênesis, conhecido como relato do "pecado original", pode ser compreendido muito bem como "processo de iniciação" para sair de uma infância provisória e começar o caminho da existência entre dores e alegrias, riscos e oportunidades. Trata-se de uma transgressão da inocência e do não saber que abre os olhos, como a transgressão de Sidharta Gautama, o Buda, ao atravessar os muros do palácio na descoberta dolorosa da existência humana que envelhece, adoece e morre. Integrar na própria experiência e verdade o sofrimento e a morte é o maior desafio do crescimento humano. Na literatura bíblica deve-se esta passagem à "ajuda" da aliança entre a serpente e a mulher.

A serpente do Gênesis pode ser compreendida à luz da serpente do deserto, num momento muito crítico. Segundo a narrativa, com a insatisfação do povo que começa a preferir a volta à escravidão, ela se multiplica numa disseminação incontrolável de serpentes, mordendo com seu veneno e, por isso, obrigando o povo a andar para a frente quando queria regredir. Em seguida, por iniciativa divina, a serpente de bronze é levantada como remédio do próprio veneno àqueles que reconhecem – que a olham – e assumem, assim, a crise do deserto.

Jesus também se compreendeu à luz dessa serpente ambígua, de eficácia dupla e perigosa: levantado na cruz em glória, escândalo e salvação, morte e sinal de vida e esperança. Às inquietações de Nicodemos, segundo João, Jesus seria levantado como a serpente do deserto "a fim de que todo aquele que crer tenha nele vida eterna" (Jo 3,15; 12,34). Jesus mesmo, o "Filho do Homem" segundo João, portanto aquele que é remédio de salvação e de vida para sempre, é realmente a "grande serpente".

Já a "antiga serpente" lembrada no Apocalipse é identificada com o dragão, e este com o diabo, satanás, figura da provação (Ap 12,9; 20,2). A tradição cristã posterior iria reter essa imagem, esquecendo a riqueza da simbologia da serpente que percorre toda a Escritura. Segundo Is 11,8, a serpente que permanece no reino abençoado do Messias é a que brinca com a criança. O Evangelho de Marcos, que começa referindo-se à condição paradisíaca de Jesus no deserto "entre feras", termina lembrando a serpente na reconciliação de um mundo já sem conflitos nem dores e morte: "[...] pegarão em serpentes, e se beberem algum veneno mortífero, nada sofrerão" (Mc 16,18). Jesus aconselha os discípulos a serem cândidos como as pombas, mas também inteligentes como as serpentes (Mt 10,16). Em todo caso, é importante não subestimar, pelo contrário, é bom valorizar as qualidades, os carismas e as potencialidades de cada animal, dotados, segundo a narrativa de sentido que é Bíblia, pelos desígnios do Criador.

Caim, o "animal idolatrado" e o "animal acuado"

À responsabilidade humana é confiada a administração da vida animal sobre a terra, segundo o que vimos na abertura do Gênesis. Misturar-se com as forças animais, tornar-se indistinto no fundo do psiquismo e do desejo, no entanto, não só confunde a vocação e a natureza humana, mas leva o ser humano a se tornar o que não se pode dizer de outros animais: um animal assassino. Só impropriamente se poderia dizer que um animal é um assassino quando ele mata. Mas não é o caso do ser humano: é o único animal que realmente pode ser assassino. Animais normalmente matam para comer, estão entre si na cadeia alimentar. Animais lutam e matam por sentir-se ameaçados, para marcar território e por interesse de reprodução. Animais comem e bebem quando têm fome e sede, buscam cópula sexual quando entram no cio. Mas o ser humano come e bebe sem fome e sem sede, no prazer de celebrar com os sentidos em banquetes e coquetéis. E mata sem precisar comer, sem fome, sem necessariamente se sentir ameaçado, mas para destruir. Normalmente para destruir quem está em seu caminho, em seus projetos, quem aparece como uma pedra no meio do caminho do seu desejo, lá onde o outro, que sempre começa como seu modelo, se torna seu rival. E este é o primeiro pecado registrado na Escritura.

A palavra "pecado" aparece, de fato, pela primeira vez na Escritura, na boca de Deus ao advertir Caim a respeito da prova de iniciação que ele também precisa passar para crescer, agora não mais uma prova em relação ao outro lado da vida, o lado de dor, trabalho, sofrimento e mortalidade, como a prova na iniciação de Adão. Trata-se, agora, da prova diante do seu irmão mais novo e mais frágil – fragilidade que está no nome mesmo de Abel. Seguindo a narrativa, a vida está andando, um irmão lhe foi dado, Caim se tornou primogênito de um irmão, e Deus se voltou com opção preferencial pelo irmão mais novo. O Criador, na verdade, ao "preferir" Abel, o frágil, se revela modelo do que deveria ser o primogênito, que tinha "força divina", pois este é o significado do nome Caim. Assim, Caim deveria também se tornar, como primogênito forte, o cuidador – o guarda – do seu irmão mais frágil, dar-lhe preferência. Esta, quando se lê cada palavra da tremenda narrativa, foi ao mesmo tempo a indicação e a prova, o dilema de Caim. Ele, ao invés, seguindo os detalhes literários de nossa narrativa, começou a "abaixar o rosto", ou seja, a retirar-se da relação face a face. E em seu coração de recusa e solidão começou a emergir a trama de destruição do irmão. É o desejo que poderia ter se tornado objetivamente encontro, solidariedade, comunhão, e, no entanto, se torna inveja, ressentimento, raiva, com força cada vez mais incontrolável.

É o "pecado capital" encubando o primeiro ato pecaminoso do Gênesis.

A narrativa de Caim descreve bem o que a doutrina tradicional do "pecado original" pretende transmitir: a incubação e a contaminação do mal no mundo. Se Adão passou da inocência à consciência e à responsabilidade diante da realidade através da prova de iniciação propiciada pela serpente, Caim está passando perigosamente da consciência, advertida por Deus, portanto sem desculpa, à vontade de destruir: ao invés de ser guarda de seu irmão, seu coração o conduz a ser assassino do seu irmão. Em diversas culturas há narrativas de morte individual ou coletiva como sacrifício original em vista da ordem, do poder e do império. Aqui a Escritura diz com todas as letras que se trata não de um sacrifício, mas de um assassinato original que se constitui matriz de todo pecado e irá contaminar através de todo desejo malconduzido. Para ficar nas palavras da Escritura, que pela primeira vez pronuncia a palavra pecado, este é, de fato, o "pecado original" que torna Caim o "homicida... mentiroso e pai da mentira desde o princípio" (Jo 8,44): tornou-se pai dos que, em nome da ordem, até a mais sagrada, matam e escondem o assassinato sob o manto de justificativa da ordem. Para entender a extensão dessa afirmação, é importante saber que, sempre segundo a narrativa, Caim se tornou o primeiro construtor de cidade, legando ao seu primogênito a primeira cidade, uma cidade "cainesca", cimentada em seus muros de defesa e medo, em suas torres militares e em seu templo de sacrifícios com o sangue inocente, a vida de todos quantos devem servir a cidade ou ser destruídos pela sua ordem. Ao contrário do mito heroico de Rômulo e Remo, em que ambos são cultuados por Rômulo ter derramado o sangue de Remo na fundação da cidade, a Bíblia não justifica, mas denuncia Caim, que teve o dilema de Abraão, mas escolheu a morte do mais vulnerável. Também ao contrário da tragédia de Antígona e de seus dois irmãos, Etéocles e Polinices, Caim é socorrido com o cuidado e a proteção de uma marca indelével e com nova oportunidade: poderá ser redimido apesar da maldição da terra e da proliferação da violência.

O que isso tem a ver com animais? Vamos examinar de perto os detalhes cruciais da narrativa. Ao contrário da serpente, que provém do campo, portanto de fora do jardim, e que seduz para uma adolescência e um salto de qualidade que desafia o próprio Criador que está no alto – típica crise de adolescência em que se mostra a distância com os pais, como a de Jesus aos doze anos –, aqui é o próprio Deus que fala, algo tão estranho como o animal que fala. Ele traz o recurso, a "ajuda" de sua palavra, e desvenda, assim, para a consciência de Caim o turbilhão que se passa dentro dele. É como um último recurso diante do que poderá acontecer. É como a mãe que adverte a criança quando está para cair. E na palavra de advertência se revela antecipadamente a mistura. A indistinção, que está por acontecer entre Caim e o animal, sua confusão e perda de humanidade deixando-se conduzir como um "animal acuado":

O Senhor disse a Caim: "Por que estás irritado e por que teu rosto está abatido? Se estivesses bem-disposto, não levantarias a cabeça? Mas se não estás bem-disposto, não jaz o pecado à porta, como *animal acuado* que te espreita? Podes acaso dominá-lo?" (Gn 4,6-7).

O detalhe pode parecer insignificante, mas não para nosso assunto: qual o sentido de um animal "acuado"? Um animal "sem saída" e "exasperado", não tendo capacidade de encontrar uma resolução adequada a não ser na violência e na destruição. É o caso extremo do animal, a condição de sua ferocidade crescente. Aqui é o animal como metáfora do primeiro pecado mencionado realmente como "pecado" na Escritura, matriz de todo pecado – a violência de destruição por excelência.

Convém ir mais a fundo na razão e na causa de tal pecado original e hereditário para toda a descendência de Caim, ou seja, para todos nós, filhos do primogênito da humanidade, pecado que se compara a um animal acuado. E assim como a serpente criou primeiro para Eva e em seguida para Adão uma situação de prova – o dilema abraâmico! –, aqui o próprio Deus cria para Caim a prova à sua responsabilidade de primogênito: preferiu a oferenda de Abel. Pode à primeira vista parecer estranho justo para nossa Teologia Animal: Abel oferecia sacrifícios animais, enquanto Caim oferecia somente frutos da terra em sacrifício. Mas o sentido não está no conteúdo da oferenda, nem se diz que Deus preferiu Abel por causa da qualidade de sua oferenda. Abel é o pastor nômade e Caim, o agricultor sedentário

(Gn 4,2). Essa relação é desigual, já conhecida pelos autores das Escrituras: o sedentário tem um poder organizado, enquanto o nômade passa pelos arredores em estado de fragilidade. O que fará o forte e poderoso quando o fraco estiver por perto com sua horta ou sua ovelhinha? O rei Davi expõe o oficial Urias à morte para se apropriar de sua mulher. O rei Acab fabrica acusações para exterminar o pobre Nabot e, assim, tomar sua vinha. Em ambos os casos, os profetas Natã e Elias, respectivamente, são a advertência à consciência que não consegue ficar encoberta nem justificada – reis que deveriam governar como *imago* divina e que são, na verdade, descendência de Caim, o iniciador da civilização sobre a mentira e o sangue inocente (1Rs 21; 2Sm 12,1-4).

Em última análise, segundo a interpretação bíblica, a origem do homicídio e da mentira desde o princípio, pecado original e capital, está no desejo de posse e de domínio, na rivalidade e necessidade imperiosa de destruir para triunfar e aumentar o próprio poder. No tempo de Jesus tal situação cainesca está sacralizada na Lei, com seu sistema de pureza e Templo, e o próprio Jesus, como a serpente, irá desafiar essa divindade sacralizada na Lei e no Templo, que acabam excluindo e assassinando os mais fracos. Mas tudo começa no desejo, no "coração". O desejo é, ao mesmo tempo, a origem da idolatria e da violência destrutiva. "É do coração que procedem más intenções, assassínios, adultérios, prostituições, roubos, falsos testemunhos e difamações" (Mt 15,19). E aqui, novamente, ao invés da saudável administração da vida animal, há uma possibilidade de perversão da relação com o animal: o desejo de possuir as qualidades e as potencialidades animais associa os animais à idolatria e os perverte. O caso mais clamoroso da Escritura é o touro – ou "bezerro" – de ouro, como já analisamos. A figuração animal da divindade, a associação entre o animal e o divino faz parte da projeção do desejo que se esculpe e se objetiva numa divindade: "Os que os fazem ficam como eles, todos aqueles que neles confiam" (Sl 115,8). Daí uma das interpretações possíveis do uso de máscaras rituais em forma de determinados animais, ou as estátuas animais etc., em que algo do animal é fascinante e posto à disposição da manipulação e da absorção. Ocorre, em última instância, uma confusão entre o humano e o animal – "ficam como eles" todos os que a eles se entregam. Por isso também não é inocente a figuração de uma águia, de um falcão ou de um leão, de uma pantera – animais predadores – como emblemas em bandeiras de um povo inteiro, de uma nação, de um império afinal, tal como pretenderam romanos, incas, ingleses, americanos.

Da figuração animal vem também o remédio para a idolatria: como há exceção bíblica em relação a animais falantes, há também uma surpreendente exceção na figuração animal do divino no coração mesmo da Trindade: o Espírito Santo em forma de pomba. Não é um animal predador, e sua imagem na bandeira do Divino evoca ternura e inocência. Mas há algo anterior: a pomba é o animal que não faz ninho, mas, ao encontrar um lugar em que possa habitar, é teimosamente fiel a ponto de preferir morrer a migrar. Símbolo da "*in*-habitação", da intimidade e do lar, da fidelidade e da fecundidade, tem, como a serpente, uma folha corrida de serviços prestados à literatura bíblica. Desde o retorno à arca de Noé com o ramo de oliveira e o anúncio de ambiente de vida, passando pela delicadeza e paixão erótica do Cântico dos Cânticos, até a descida sobre Jesus em seu batismo como figura do Espírito do Pai. Assim o Espírito habita no seu pombal natural, amor do Pai derramado no Filho, e o torna fecundo e fiel em missão até o fim. A pomba é animal afortunado na simbólica bíblica, ao lado da serpente e do cordeiro, identificada com o Espírito Criador – a *ruáh* – na abertura do Gênesis, ao bater asas dando movimento e temperatura como condição de vida junto ao caos inicial.

O critério da simbologia animal como sendo idolátrica e perversa, que contém a mistura do humano com o animal, de certa forma violando o próprio animal e prostituindo sua realidade, é o da violência e destruição. Por isso o pecado, desde Caim, é como "animal acuado", em que a consciência é advertida de sua iminente violência já quase incapaz de dominar, tornando-se pura "força animal" no lugar da responsabilidade humana. Os animais não matam simplesmente para destruir, mas o animal humano, acuado pelo desejo fascinante e tremendo e pela rivalidade e empecilho, torna-se um animal "desnaturado". O primogênito Jesus, habitado pelo Espírito figurado na pomba e dando sua vida na figura do cordeiro, iria cumprir a missão que o primogênito Caim destruiu: o cuidado para com os irmãos mais frágeis. Metáforas não são inocentes: se elas permitem figuras animais para falar do humano, algo em comum entre humanos e animais perpassa nossa experiência desde as origens.

A arca de Noé: a bênção e a aliança com todos os animais e a licença para caçar e comer animais

A narrativa de Noé não pode faltar numa teologia animal. Ela ganha um sabor de aventura comparável à de Ulisses ou de Marco Polo, apesar de sua simplicidade. Noé é o inventor do vinho, a figura da bênção com o arco-íris, mas é, sobretudo, o homem da arca repleta de animais sobrevivendo ao dilúvio. São bastante conhecidas: a maldade cainesca, a violência e a idolatria que contaminavam a terra, e Deus planeja começar tudo de novo, decidindo escolher o único justo, Noé, para ser um novo Adão. Uma de suas tarefas é convocar e hospedar animais de todas as espécies na arca que Deus fecharia antes de desabar o dilúvio. A cena é absolutamente pitoresca, nem é preciso muita imaginação para a beleza e a ternura da sua descrição em meio a uma grande tragédia:

> Nesse mesmo dia Noé e seus filhos [...] entraram na arca, e com eles as feras de toda espécie, os animais domésticos de toda espécie, os répteis de toda espécie que rastejam sobre a terra, os pássaros de toda espécie, todas as aves, tudo o que tem asas. Com Noé entrou na arca um casal de tudo o que é carne, que tem sopro de vida (Gn 7,13-15).

A primeira grande concentração da diversidade não foi narrada como uma marcha de reivindicação ou uma festa de conquista, mas este cuidado de sobrevivência que coloca de forma inclusiva, lado a lado, o casal de leões com o casal de gazelas é um prenúncio do sonho messiânico de Is 11, quando o leão, o burro, a serpente e a criança estarão juntos brincando em paz. Noé é outra face de Adão na sua responsabilidade por todas as formas de vida animal. Sai-se bem até o final, quando Deus renova a aliança com toda a sua criação.

Na bênção que sucede ao dilúvio, final de um mundo e começo de outro, o Criador faz uma aliança que não se limita a Noé e sua família. Pelo contrário, a bênção de fecundidade se dirige a todas as formas de vida animal:

> Todos os animais que estão contigo, tudo o que é carne, aves, animais e tudo o que rasteja sobre a terra, faze-os sair contigo: que pululem sobre a terra, sejam fecundos e multipliquem-se sobre a terra (Gn 8,17).

Essa bênção é repetida enfaticamente, com maior solenidade, no capítulo seguinte:

> Eis que estabeleço minha aliança convosco e com os vossos descendentes depois de vós, *e com todos os seres animados que estão convosco: aves, animais, todas as feras, tudo o que saiu da arca convosco, todos os animais da terra* [...]. Quando o arco estiver na nuvem, eu o verei e me lembrarei da aliança eterna

que há entre Deus e *os seres vivos* com toda carne que existe sobre a terra (Gn 9,9-10.16 – ênfase nossa).[14]

No entanto, para nosso desapontamento, Noé recebe ao mesmo tempo licença para caçar e se alimentar de animais, num clima de pavor e inimizade desconcertantes:

> Sede o medo e o pavor de todos os animais da terra e de todas as aves do céu, como de tudo o que se move na terra e de todos os peixes do mar: eles são entregues nas vossas mãos. Tudo o que se move e possui vida vos servirá de alimento, tudo isso eu vos dou, como vos dei a verdura das plantas (Gn 9,2-3).

Esta parte do pacote de bênçãos a Noé e seus filhos, assim como as demais bênçãos e licenças, nos remete às regras de boa interpretação do texto sacro: trata-se de uma típica construção etiológica, uma explicação do estado de coisas: porque as coisas estão como estão. É uma evidência histórica, evolutiva e científica de que o ser humano emergiu onívoro, portanto também carnívoro e caçador. Mas a Escritura nos oferece um relato de sentido e de futuro. O que nos diz a respeito do "princípio" é o que deverá ser no futuro. Comer carne e caçar, ou, pior ainda, criar animais de corte e aumentar em nível de industrialização e

---

[14] Paralelamente a esta bênção elaborada no texto narrativo do Gênesis, encontramos a narrativa profética de Isaías, da qual fazemos recurso diversas vezes, e este outro texto de aliança e promessa que inclui os animais em Os (2,20): "Farei em favor deles, naquele dia, uma aliança com os animais do campo, com as aves do céu e com os répteis da terra. Exterminarei da face da terra o arco, a espada e a guerra; fá-los-ei repousar em segurança".

mercado, é, por um lado, uma *decadência* do humano, que não estava *no princípio*, e, por outro lado, uma espécie de *licença* concedida à *dureza de coração*, dadas as circunstâncias precárias de pós-dilúvio – o texto sugere que Noé se encontra, então, numa ilha devastada, sem recursos. Portanto, é uma licença com limites e não para sempre, pois *no princípio não era assim*.

Isso evoca vivamente a interpretação que Jesus mesmo faz a respeito da "licença" do divórcio numa sociedade patriarcal, concedida pela lei mosaica justamente por causa da "dureza do coração", mas ele lembra que "no princípio não era assim", e restabelece claramente como caminho a seguir o que era "no princípio" (Mt 19,1-9). Ora, aqui também não se trata de uma constatação científica, que contradiria facilmente o próprio Jesus. Trata-se de um ideal ético de justiça de gênero e de fidelidade nas relações humanas.

Ao generalizarmos, podemos descontextualizar e criar confusão hermenêutica, eventualmente injustiça tanto num caso como no outro. No caso do divórcio, discutia-se um privilégio patriarcal em detrimento da mulher, e Jesus, lembrando que "no princípio não era assim", barra ao homem o arbítrio cruel sobre a mulher, atribuindo a licença da lei mosaica a uma decadência, à dureza de coração. O contexto patriarcal de Moisés e de Jesus não pode ser generalizado à letra para a complexidade e a consciência das relações humanas de nosso tempo: as relações humanas e familiares podem ter hoje novos contextos pós-patriarcais. No caso de comer animais, ao contrário do divórcio, a tendência da interpretação posterior se acomoda na dureza de coração e na licença *noaica* para caçar e comer, e não se inquieta em voltar ao "princípio", mesmo depois da clareza do atual contexto da consciência de que é o melhor, o mais saudável e o mais justo para todos, humanos e animais, e mesmo o marco de uma convivência sabática e ecológica em que o "como era no princípio" adâmico e o reino escatológico sonhado por Is 11, inaugurado por Jesus, antevisto na praça-jardim de Ap 21, só pode acontecer se essa licença e essa dureza de coração forem superadas.[15]

---

[15] Grandes nomes do pensamento judaico, além de refletirem a partir da Escritura e do Talmude sobre a origem vegetariana do Gênesis, se detiveram nesta "licença para caçar e comer carne". Entre eles Rashi (1040-1105), Abraham Ibn Ezra (1092-1167), Maimônides (1135-1204), Ramban (1194-1270) e José Albo (ca. 1380-1444). A conclusão geral é de que na origem o Criador concede como alimentos os frutos da terra (Gn 2,16), depois do paraíso originário, junto com o pão conseguido com o suor do rosto, concede também as ervas do campo (Gn 3,18), e depois do dilúvio faz uma concessão "temporária" de toda carne que conseguirem encontrar, dadas as condições precárias de alimentação. Essa situação apenas temporária se revelaria depois nas formas de constrição: apenas em determinadas circunstâncias só determinados animais, só determinadas partes, segundo determinados procedimentos, sempre dificultando o acesso à carne. Na peregrinação pelo deserto, o único alimento que Deus concede a Israel é o *manáh*, algo como pão de bom sabor ou bolo de mel. E então acontece uma tentativa de regressão "às panelas do Egito", quando o povo começa a murmurar: "Agora, porém, seca-se a nossa alma, e nenhuma coisa vemos senão este *manáh*" (Nm 11,6). Começam a pedir carne e peixes (Nm 11,4-5). Deus concede-lhes carne sob a forma de aves, mas ao mesmo tempo envia-lhes uma punição relacionada à comida de carne: *"Estando ainda a carne entre os seus dentes, antes que fosse mastigada, a ira do Senhor se acendeu contra o povo, e o feriu com grande praga"* (Nm 11,33). O lugar de tal murmuração e punição se chama *Kivrot Hataava*, que significa "tumbas da luxúria", porque foi o "desejo de luxo" do povo, a luxúria e não sua real necessidade, o que levou à morte (Nm 11,34). Em contraposição, na generosidade divina em alimentos (Dt 8,7-10;

Para provar melhor o que temos afirmado, temos três consequências – duas delas trágicas – da "licença" para caça. A primeira está no começo da bênção citada anteriormente, uma advertência para a descendência de Noé: "Sede o medo e o pavor de todos os animais da terra e de todas as aves do céu, como de tudo o que se move na terra e de todos os peixes do mar" (Gn 9,2). Portanto, não mais a nomeação e a convivência doméstica em que os animais se sentem confortados, protegidos e assegurados pela presença do ser humano, mas agora o pavor, a inimizade, a fuga selvagem – a decadência das relações, introduzida pelo grande animal feroz, o mais feroz, e a quem cabe de modo adequado esta expressão – "feroz" –, o ser humano, o caçador que coloca sua inteligência e engenhosidade para sofisticar a caça, a criação e a industrialização de animais de corte, quando não transforma a caça e a matança em esporte. Que sejamos nós, o ser humano, o animal feroz diante dos demais animais é tão perverso em relação "ao princípio" como o fato de governar a criação – uma missão angélica, recebida dos céus – tenha se tornado um domínio satânico de devastação. E a razão é o pecado de Caim, que preferiu não mais olhar de frente o seu irmão mais frágil e deixou que o "animal acuado" em seu coração dominasse e destruísse, fundando cidades e império de luxo e de

---

11,14; Sl 72,16; Am 9,14-15; Jr 29,5; Is 65,21), são citados frutos, vegetais, sementes, vinho e pão, mas nunca nenhum tipo de carne. Cf. GREIF, Sergio. *Ánima-ís*. Disponível em: <http://www.anima.org.ar/libertacao/animais/a-biblia-preconiza-o-vegetarianismo.html>. Acesso em 3 jul. 2015.

luxúria até mesmo na comida, com o correspondente medo e a servidão: a guerra começa na caça.

A segunda consequência trágica está inscrita na descendência de Noé. O nosso bom Noé permaneceu um cultivador de vinhas e produtor de vinho. O seu filho Cam, zombador do pai embriagado e, por sua vez, pai dos cananeus e cuchitas, é avô de Nimrod, que ganha da memória bíblica o título de "valente caçador", modelo para todos os caçadores e, ao mesmo tempo, é fundador de cidades poderosas bem conhecidas, as quais pela primeira vez a Bíblia menciona como "império": Babel – leia-se Babilônia, mas com a interpretação que a Escritura lhe dá enquanto Babel, a cidade fascinante, embora frágil como Abel, mentirosa por sua beleza porque cimentada com o sangue dos trabalhadores escravos, que desafiou os céus e quis arrebatar a eternidade. Nimrod é fundador de outras grandes cidades, algumas conhecidas não só pelo autor do texto, mas também pela arqueologia, entre as quais Nínive (Gn 10,6-12). Trata-se, portanto, de uma etiologia, a busca da causa e do princípio de violência que está na alma dessas cidades todas. O "valente caçador" se conecta a Cam, filho de Noé, mas este remete seu nome a Caim, o primogênito, na origem primeira. Assim, a Escritura associa três trágicas memórias que se disseminam: o assassinato do irmão, a caça de animais e a construção de cidades e impérios "cainescos", cidades de guerra, escravidão e devassidão luxuriosa. No princípio não era assim – ou seja, não é este o desígnio de Deus.

No entanto, e esta é a terceira consequência imediata, Deus coloca um limite na licença para comer animais, seres portadores de respiro – *ruáh* – e de sangue, ou seja, alma:

> Mas não comereis a carne com sua alma, isto é, o sangue. Pedirei contas, porém, do sangue de cada um de vós. Pedirei contas a todos os animais e ao homem [...] (Gn 9,5a).

O próprio texto explica com clareza do que se trata: o sangue é alma, princípio de vida, e mesmo que se coma a carne não se pode comer a vida, que pertence somente a Deus. Por isso, mesmo do animal oferecido em sacrifício pode-se comer a carne em certas circunstâncias, mas o sangue é oferecido ao altar, derramado sobre ele (Lv 1,5). E quando o animal não é oferecido em sacrifício, mas imolado apenas para comer sua carne, o sangue deve ser posto no chão, como água derramada. Essa é a carne *kosher* conservada até nossos dias pela tradição judaica. Esse limite acompanha a exceção como a marca de Caim: para limitar a violência e a arbitrariedade – nem tudo é permitido, mesmo em relação aos animais.

O limite, segundo o texto, é imposto também aos animais em relação ao animal humano: eles também devem prestar contas do sangue derramado! Mesmo o animal doméstico associado ao trabalho, o boi, tem uma jurisdição que o responsabiliza por ferimentos e mortes em certas circunstâncias: se ele for julgado culpado, deve ser apedrejado! E ninguém poderá honrá-lo comendo sua carne (Ex 21,28ss). Há, nesses indícios, algo em comum entre humanos e animais, apesar das leis de pureza para se manter as diferenças, e que obriga a considerar a dignidade dos animais.

O destino comum de humanos e animais

Se voltarmos ao princípio através de um poema de criação, não mais em prosa como os dois primeiros capítulos do Gênesis, mas em verso como o Sl 104, então entendemos a convivência entre humanos e animais através de uma origem comum, de um destino comum, de uma providência comum. Vale a pena nos determos numa generosa parte do salmo, sobretudo nos cuidados de alimentos para homens e animais (vv. 10-30):

> [...] Fazes brotar fontes d'água pelos vales: elas correm pelo meio das montanhas, dão de beber a todas as feras do campo, e os asnos selvagens matam a sede; junto a elas as aves do céu se abrigam, desferindo seu canto por entre a folhagem.
> De tuas altas moradas regas os montes, e a terra se sacia com o fruto de tuas obras; fazes brotar relva para o rebanho e plantas úteis ao homem, para que da terra ele tire o pão e o vinho, que alegra o coração do homem; para que ele faça o rosto brilhar com o óleo, e o pão fortaleça o coração do homem.
> As árvores do Senhor se saciam, os cedros do Líbano que ele plantou; ali os pássaros se aninham, no seu topo a cegonha tem sua casa; as altas montanhas são para as cabras, os rochedos um refúgio para os arganazes.
> Ele fez a lua para marcar os tempos, o sol conhece o seu ocaso. Colocas as trevas e vem a noite, e nela rondam todas as feras da selva; rugem os leõezinhos em busca da presa,

pedindo a Deus o sustento. Ao nascer do sol se retiram e se entocam nos seus covis; sai o homem para sua faina, e para o seu trabalho até à tarde.

Quão numerosas são tuas obras, Senhor, e todas fizeste com sabedoria! A terra está repleta das tuas criaturas. Eis o vasto mar, com braços imensos, onde se movem, inumeráveis, animais pequenos e grandes; ali circulam os navios, e o Leviatã, que formaste para com ele brincar.

Eles todos esperam de ti que a seu tempo lhes dês o alimento: tu lhes dás e eles o recolhem, abres tua mão e se saciam de bens. Escondes tua face e eles se apavoram, retiras sua respiração e eles expiram, voltando ao seu pó. Envias teu sopro e eles são criados, e assim renovas a face da terra [...]

Na beleza do poema apreendemos que até o Leviatã, mítico e sinistro monstro marinho, está nas águas para Deus mesmo brincar com ele. E, sobretudo, que o mesmo sopro divino está presente em toda criatura que respira. Assim, com toda vida animal se pode suplicar: "Envia teu Espírito e renova a face da terra!". A sensibilidade bíblica ensina uma destinação comum entre humanos e animais: o que acontece a uns acontece também a outros, juntos na passagem pelo mundo. Não há menção a algum alimento animal destinado ao ser humano. Confirma o Gênesis: na origem há os grãos e as verduras, e agora também o pão e o vinho do trabalho. Pão conseguido na labuta diária, que não é consequência de algum pecado, é o modo de existência do ser humano na criação divina tecida de biodiversidade.

Por isso não é de estranhar a sensibilidade bíblica que convida os animais ao louvor com todas as criaturas: "Louvai ao

Senhor no céu [...] todos os seus anjos [...]. Louvai o Senhor na terra, monstros marinhos [...] fera selvagem e o gado todo, réptil e pássaro que voa" (Sl 148,1-2.7.10). Entre todas as criaturas que são convidadas ao louvor no Livro de Daniel, estão "Grandes peixes e tudo o que se move nas águas [...] pássaros do céu [...] todos os animais, selvagens e domésticos – bendizei o Senhor!" (Dn 3,79-81).

O salmista louva a Deus com harpa porque:

> Ele reveste todo o céu com densas nuvens,
> E a chuva para a terra ele prepara;
> Faz crescer a verde relva sobre os montes
> E as plantas que são úteis para o homem;
> Ele dá aos animais seu alimento,
> E ao corvo e a seus filhotes que *o invocam*
> (Sl 147,8-9 – ênfase nossa).

Nas memórias de Israel há uma recorrente conexão entre humanos e animais, uma conexão no mesmo destino terreno, como criaturas que louvam e "invocam", como canta o salmo citado.

Por um lado, os animais, como todo o ecossistema, sofrem a ação má do ser humano: "Até quando se lamentará a terra, e ficará seca a erva de todo campo? Por causa da maldade de seus habitantes perecem os animais e os pássaros" (Jr 12,4). Por outro lado, humanos e animais estão associados até mesmo na conversão e na penitência, no caso do povo de Nínive. Diante da pregação de Jonas, o rei decreta: "Homens e animais, gado graúdo e miúdo, não provarão nada! Eles não pastarão e não beberão água. Cobrir-se-ão de panos de saco" (Jn 3,7b-8a). E quando Nínive se converte e Deus a poupa da destruição, lembra-se da piedade divina para com os animais junto aos habitantes (Jn 4,11).

A comunidade de vida e de destino permite mesmo que os humanos aprendam dos animais. É o caso do Livro de Jó, uma dolorosa reflexão sobre o mal, sobre a iniquidade e a dor excessiva que põem à prova a fé no Criador. O autor convida a se voltar para os animais e interrogá-los: "Pergunta, pois, aos animais e eles ensinar-te-ão, às aves do céu e elas te hão de instruir; conversa com a terra e ela te responderá, e com os peixes do mar e eles te darão lições" (Jó 12,7-8).[16]

O destino comum de homens e animais leva o autor do Eclesiastes a radicalizar: "Quanto aos homens, penso assim: Deus os põe à prova para mostra-lhes que são animais. Pois a sorte do homem e do animal é idêntica: como morre um, assim morre o outro, e ambos têm o mesmo respiro; o homem não leva vantagem sobre o animal, porque tudo é vaidade. Tudo caminha para um mesmo lugar: tudo vem do pó e tudo volta ao pó" (Ecl 3,18-20). Embora somente do ser humano e não dos animais em geral se afirma na Escritura que vem do pó e da terra e ao pó

---

[16] A teóloga americana Irmã Elisabeth Johnson toma estes versículos como título de recente livro em que desenvolve um diálogo entre a fé bíblica e as ciências, confrontando especialmente a fé na criação segundo a profissão trinitária que está no Creio niceno-constantinopolitano e o evolucionismo. Seu livro, que tem um título aparentemente curioso, foi motivado pelo seu estudo do livro A origem das espécies, de Darwin. Cf. JOHNSON, Elisabeth. *Ask the Beasts*. Darwin and the God of Love. New York: Bloomsbury, 2014.

irá voltar – como dele somente e não dos anjos se diz que é *imagem* divina –, o sábio parece assaltado por dúvidas, e faz uma pergunta que é o começo da diferença que se firmaria mais tarde: "Quem sabe se o respiro do homem sobe para o alto e se o respiro do animal desce para baixo, para a terra?" (Ecl 3,21).

Quando começou o distanciamento, o estranhamento e a consequente objetivação dos animais sem mais considerar seu respiro, sua *ruáh*? Talvez possamos constatar que se tratou de algo progressivo até a sua exacerbação na Modernidade industrial, mercantilista, fetichista e consumista. Pois, em plena Idade Média, o boi e o burro tinham direito de participar ao vivo da missa de Natal, os grandes animais dormiam sob a casa do seu dono partilhando o seu calor no inverno, rezava-se pelos animais e se invocava sobre eles a bênção. Os animais eram sujeitos jurídicos de alianças, ou de penalidades, ou mesmo de privilégios (FERRY, 2009, p. 9-28). Mas podemos lançar uma hipótese a ser ainda melhor examinada: quando, até mesmo em Israel, na fase tardia do Primeiro Testamento, a mentalidade helenista acentuou uma forte dualidade entre corpo e alma, com distância cada vez mais demarcada entre o animal "racional" e os animais "irracionais", então o animal humano e os animais não humanos começaram a ganhar destinos bem mais distintos, até opostos. O ser humano, por sua alma *racional*, está destinado à participação no *logos* eterno, o que não acontece às demais formas de vida animal ou vegetal. Em outras palavras, aqui está uma dissociação *metafísica* que, a partir dos textos pós-exílicos do Primeiro Testamento, alguns já escritos em grego, torna progressivamente a compreensão da vida eterna e a promessa de ressurreição dos mortos um privilégio humano e uma distinção intransponível. Por isso Santo Irineu e outros Padres da Igreja depois dele se apressaram em interpretar os quatro grandes animais do Apocalipse que estão junto do trono celeste prestando adoração como meras metáforas, figuras aplicadas aos quatro evangelistas, mas o céu fica asséptico, só para santos e anjos. Alguma pradaria com ovelhas junto ao Bom Pastor pode ser encontrada como figura do céu nos mosaicos romanos de Ravena, mas nos tempos modernos se perde toda riqueza figurativa do próprio céu. Nele há só duas espécies da biodiversidade – humanos e puros espíritos, os anjos (HYLAND, 2000, p. 57-64).

Qual seria a razão mais profunda de um exclusivismo tão asséptico e tedioso que despreza toda a criação em sua incrível variedade de espécies vivas em função de uma única espécie, a nossa? O problema reside basicamente, a nosso ver, na forma *definidora* e excludente do pensamento grego e ocidental em geral: a definição de uma identidade, no caso, se dá em contraposição e exclusão do que ela *não é*, sobretudo do seu contrário: *isto sim, aquilo não! Isto é, aquilo não é!* Essa forma de pensar impõe ao texto hebraico, provindo de uma sensibilidade semita, uma redução que não está no original. Nem mesmo o Novo Testamento, escrito em grego e conhecedor da cultura grega, é um pensamento excludente em relação aos animais. No ensinamento de Jesus, Deus cuida de cada pardal, dos pássaros dos céus e dos lírios do campo, e assim – exatamente assim como cuida dos animais – cuida também de nós (Mt 6,28; 10,32; Lc 12,6; 27). Portanto, o texto sagrado tem uma forma relacional e integrada de pensar, não identidades disjuntivas e excludentes. Afirmar, por exemplo, a ressurreição dos mortos não é delimitar, impor um confim, uma barreira e um privilégio excludente, é antes um *símbolo* no melhor sentido da palavra: contém em si, como sinal eficaz, como sacramento de algo mais do que ela mesma, a certeza de uma *Nova Criação*, com *Novos Céus e Nova Terra*. Em vez de impor fronteiras e exclusão identitária, para uma boa interpretação bíblica é necessário recuperar a generosidade das relações, da abertura e da inclusão, próprias da criação. Somente assim é possível fazer justiça às criaturas e ao Criador segundo o texto que funda a fé judaico-cristã.

Jesus, o Cordeiro de Deus

Uma Teologia da Libertação Animal de caráter cristão pode e deve esperar de Cristo o critério hermenêutico mais alto e mais afiado. À primeira vista não parece ser assim: Jesus foi vegetariano? A resposta mais plausível é "não". Mesmo se quiséssemos fazer alguma dedução a partir de sua mansidão e compaixão para defender uma hipótese forçada, o que temos de explícito é que comeu peixe e, sobretudo, celebrou a Páscoa com carne de cordeiro. No coração da religião, para a celebração pascal exigia-se a imolação e a refeição de um cordeiro. Jesus, nisso como em outros elementos, viveu como um judeu de seu tempo. Ele não contestou a celebração da Páscoa com cordeiro. Na verdade, ele foi bem mais fundo: contestou todo o sistema de pureza religiosa através de sacrifícios animais e exclusão social.

Jesus, de fato, atingiu o coração da religião sacrificial ao contestar o Templo de Jerusalém. Era para ser casa de oração, mas na realidade havia se tornado um covil de ladrões e de negociadores de animais que iriam ser oferecidos sem sacrifícios substitutivos ao originário sacrifício humano. Jesus lhes derruba as bancas, espanta e, portanto, liberta os animais junto com a libertação a que os discípulos são convidados, libertar-se em relação ao fascínio do Templo. Pois enquanto os discípulos se deixam embalar pela admiração do Templo Jesus profetiza sua ruína: "[...] não ficará pedra sobre pedra: tudo será destruído" (Mt 24,2).

É necessário compreender a história sagrada do Templo para compreender a profecia que custaria a Jesus a própria execução. O Templo de Jerusalém era o símbolo sagrado de uma história gloriosa de êxodo e de conquista, de exílio e de retorno, de superações e santo orgulho. Os profetas tinham exigido o verdadeiro sacrifício, como vimos no início desta parte, o qual consiste na pureza da justiça e da misericórdia, não em vítimas animais. Mas de nenhum deles se diz, como de Jesus, que entrou com chicote, derrubou as mesas, expulsou vendedores e libertou ovelhas, bois, pombas (Jo 2,13-17 e par.). Por isso Jesus é imediatamente interpelado sobre sua autoridade, pois estava, assim, colocando em xeque-mate nada menos do que todo o sistema religioso judaico. Como sabemos por João, Jesus aponta, então, para o novo Templo, o seu próprio corpo, que seria também a nova oferenda, a nova aliança, o amor e o dom de si até o fim. Este é o lado positivo, mas convém nos atermos ainda um pouco ao lado negativo, ou seja, o da contestação.

A contestação de Jesus atingia o equilíbrio de uma religião com sacrifícios substitutivos ao sacrifício humano. Se regredirmos até Abraão, é ali que temos a grande virada axial da cultura centrada no sacrifício humano. Convém repetir o que já mencionamos: Abraão não sacrificou conforme o mandamento divino, captou a novidade na figura do anjo que desmascarou o sacrifício sagrado e revelou o seu lado real e cruel: era, na verdade, o assassinato do inocente. É um salto de qualidade imenso, mas não é tudo, pois Abraão realiza na última hora, como uma "concessão à dureza de coração", o sacrifício substitutivo, imolando um cabrito no lugar do filho. Como vimos no começo desta parte, sacrifícios animais são sempre substitutivos, mantendo a mesma estrutura da vítima expiatória humana linchada ou, no caso das crianças na região do antigo Israel, queimadas, sempre de forma sacra. Em Israel, ainda no deserto, a substituição animal se dava no rito do "bode expiatório", tanto o imolado como o banido. E mais tarde, já no Templo, o animal era oferecido em expiação e seu sangue era derramado nas paredes do altar. É importante juntar a essa antropologia religiosa o interesse econômico da casta sacerdotal, que ganhava partes de certas oferendas e vivia do sistema do Templo e do ensinamento dessas coisas. A narrativa abraâmica mantém a mistura de um salto para a misericórdia e não mais o sacrifício e, no entanto, mantém o sacrifício substitutivo porque é uma narrativa controlada pela redação sacerdotal, pelos interesses do Templo. Por isso a resposta de Jesus, de tradição profética e não sacerdotal, não foi aceita pelos espantados e prejudicados, pois, em primeiro lugar, não podia ser aceita por aqueles que viam em sua contestação o desmoronamento de todo o sistema religioso. Com que autoridade ousava Jesus?

A mesma pergunta, dois capítulos adiante no mesmo Evangelho de João, é dirigida a Jesus, de modo mais delicado, pela samaritana junto ao poço de Jacó, ao pé do monte Gerizim, onde havia um templo samaritano (Jo 4). Jesus é coerente: em nenhum templo desse tipo, mas em espírito e verdade é que se adora a Deus. Simples assim, ponto final. Os samaritanos tiveram mais disposição para acreditar em sua libertação, eram marginalizados e considerados endemoninhados pelo poder central dos judeus (Jo 8,48). Para o nosso foco, em todo esse capítulo de João, que começa com a mulher apanhada em adultério e com o ímpeto de apedrejá-la, cumprindo assim a lei – e o sacrifício – e opondo a autoridade da lei e do Templo, por um lado, e a autoridade de Jesus, por outro, os animais são um "terceiro" inocente no fundo da discussão sobre qual templo é verdadeiro. Sua inocência é utilizada pela religião para purificar, ordenar, manter a ordem sacra. Com a libertação trazida por Jesus em relação a esse tipo de religião está incluída a libertação animal. É do mais alto interesse animal a repetição evangélica da afirmação profética: "Misericórdia quero, e não sacrifício" (Os 6,6a; Mt 9,13a; 12,7).

Mas lá onde o sacrifício substitutivo é impedido, desarranja-se a ordem sacra e volta o sacrifício humano original: Jesus mesmo foi sacrificado, em pessoa, no lugar dos sacrifícios animais que ele desbancou com o sistema de oferendas e sacrifícios do Templo. Teria sido temerário desarranjar a ordem sacra não fosse ele mais do que um profeta, o próprio Filho de Deus com a autoridade do Pai, para ficarmos com o Evangelho de João. Jesus liberta do sistema sacrificial não passando por cima, mas atravessando o sistema ao meio, carregando sobre si as misérias e a violência do sistema, sem, por sua vez, praticar sacrifício, o que seria a volta da violência. Faz voltar do animal substitutivo para o humano, sim, mas o humano do próprio Deus: ele é agora, segundo João, o verdadeiro Cordeiro vindo de Deus que tira o pecado do mundo. O pecado que acabava pesando sobre bodes expiatórios inocentes é assumido por Deus mesmo. Ao assumir e revelar o jogo de projeção, de acusação e culpabilização, Jesus desmascarou o "acusador" por trás da ordem sacra. A acusação é função típica de satanás, segundo a Escritura, o que Jesus de fato enfrentou em seus interlocutores. Assim, de uma vez por todas destruiu o jogo diabólico que provoca sacrifícios. Ele enfrentou o "príncipe deste mundo" (Jo 12,31) e o "acusador", o satã – astuto, mas não autêntico e transparente como a serpente –, que, de forma escamoteada pela linguagem sacra, apontava e criava vítimas expiatórias, como a mulher que carregava sozinha a culpa do adultério no capítulo 8 de João. No caso histórico concreto, tratava-se do satanismo dos chefes e príncipes religiosos e políticos ao mesmo tempo. Ele viu, no desvelamento da crueldade sob a sacralidade, o acusador e príncipe deste mundo "cair como um raio" (Lc 10,18), saído do esconderijo da mentira religiosa e posto à luz de uma revelação impossível de ser obscurecida: a sua presença, a sua atitude, a sua palavra, o testemunho de uma libertação inegável, o espalhar-se de uma luz evangelizadora cuja síntese é "libertação" para humanos – e, conjuntamente, para animais. Sobre os animais não pesará mais o sacrifício que lhes rouba a inocência e os submete a sofrimento e morte por uma religião montada como sacra mentira. O Cordeiro de Deus não liberta somente os humanos, mas todos os cordeiros e bodes inocentes, todos os animais votados ao sacrifício. Este acontecimento é a sua própria páscoa reveladora: na sua pele feita bode expiatório, culpabilizado pela impureza das paixões humanas ocultas e destinado à crucificação, emerge e se revela nele o inocente e compassivo Cordeiro de Deus, fonte pura de vida sem violência e sem sacrifício, nem na forma de vingança divina. Em outras palavras: os que executaram Jesus, pretendendo cumprir a lei e a ordem, tinham a legitimação religiosa do sacrifício do bode expiatório – "que um só homem morra pelo povo" (Jo 11,50) – expulsando-o para a morte. Jesus devia morrer, assim, como bode expiatório. Mas sob o bode expiatório emerge e se revela, na verdade, o Cordeiro pascal definitivo, o libertador dado por Deus a toda criatura.[17]

Henry Newman viu bem a relação entre o Cordeiro de Deus, um título dado a Jesus a partir do cordeiro pascal, e os animais inocentes entregues às mãos humanas. Se Cristo é chamado de Cordeiro, então todos os cordeiros têm algo de Cristo, pois em toda metáfora, em todo símbolo, há um núcleo comum entre o símbolo e a realidade. E aqui se trata de o inocente, que não fez mal algum, ser submetido a sofrimentos e ser sacrificado. Em um sermão da Sexta-feira Santa de 1842, na capela universitária de Santa Maria, em Oxford, Newman medita sobre os sofrimentos do Cordeiro de Deus e dos animais:

> Uma vez que a Escritura compara (Cristo) a este inofensivo e desprotegido animal, nós podemos sem presunção ou irreverência tomar esta imagem (do cordeiro) como um meio de transmitir às nossas mentes aqueles sentimentos que os sofrimentos de nosso Senhor deveriam provocar em nós. Entendo considerar como é verdadeiramente horrível ler as estatísticas com que às vezes nos deparamos em torno da crueldade infligida sobre os animais. [...] E o que é isso senão a própria

---

[17] Este é o conteúdo central de um artigo de René Girard disponível em: <http://www.ihu.unisinos.br/noticias/522643-do-bode-expiatorio-ao-cordeiro-de-deus-artigo-de-rene-girard>, acessado em: 13 jul. 2015. Na lição de René Girard, que estudou mais do que ninguém, em nosso tempo, a solução sacrificialista para os conflitos e a violência humana, o Novo Testamento nos traz a surpresa de romper com a ritualização do bode expiatório e nos apresentar no lugar dele o Cordeiro de Deus que não permitirá mais a execução de bodes expiatórios... se o Cordeiro for seguido. A cristologia do Cordeiro pode resumir toda a cristologia e toda a soteriologia, tanto o Messias como a salvação.

crueldade infligida ao nosso Senhor? [...] O que deveria mover verdadeiramente nossos corações e nos doer é que eles não fizeram nenhum mal. E também que eles não têm poder algum de resistir. São a covardia e a tirania, das quais eles são as vítimas, que fazem seus sofrimentos tão especialmente tocantes [...]. Há algo de muito terrível, de satânico, em atormentar aqueles que nunca nos fizeram danos e que não se podem defender a si mesmos, que estão completamente em nosso poder, que não têm armas nem de ofensa nem de defesa, que ninguém, a não ser pessoas muito endurecidas, pode suportar este pensamento. [...] Pensem, portanto, meus irmãos, em seus sentimentos sobre a crueldade praticada sobre os animais, e vocês irão obter um especial sentimento que a história da cruz e da paixão de Cristo deveria provocar em vós (LINZEY, 2010, p. 65).

Essas candentes afirmações de Newman revelam a linha de continuidade entre os sofrimentos inocentes de Cristo e todos os sofrimentos inocentes submetidos à "satânica" [sic] e covarde tirania humana. Reconhecer Cristo sofredor e crucificado em todos os seres vivos que são submetidos a essa arbitrariedade satânica ou, na direção inversa, reconhecer nesses sofrimentos inocentes o próprio Cristo, é um exercício de conhecimento do mistério da paixão e cruz de Cristo. Parafraseando e ampliando Ignacio Ellacuría e Jon Sobrino, pode-se dar continuidade a Newman afirmando que os sofrimentos inocentes impostos aos animais integram a cruz do "povo crucificado", destino comum de criaturas que sofrem a injustiça e a dureza de coração de outros e de seus interesses.

O Evangelho de Marcos, ao situar Jesus no começo de sua missão, inaugurando o Reino de Deus, descreve-o na convivência com animais ferozes, tendo anjos como servidores, como já acenamos (Mc 1,13b). Põe, assim, sob o guarda-chuva do Reino de Deus, o próprio Adão com os animais do paraíso recuperado, o Noé da arca com os animais salvos do dilúvio, sobretudo o sonho de um tempo sem males de Is 11,5-8, marcado pela reconciliação e convivência pacífica e jubilosa entre o lobo e o cordeiro, o leopardo e o cabrito, a vaca e o urso, com suas crias juntas, a criança e a serpente brincando de esconder. Por que o Evangelho deveria ser somente para humanos? No final do mesmo Marcos, o mandato de anunciar o Evangelho não é apenas, como em Mateus, a todas as nações, mas "a toda criatura" (Mc 16,15b). Para ficarmos com Marcos, os animais nos precedem no Reino, como as prostitutas e os publicanos, simplesmente porque estavam com ele na inauguração do Reino, antes de nós, e porque toda criatura é destinatária da Boa-Notícia da salvação, começando pelas serpentes, que participarão da nova ordem de remédio e cura, não mais de veneno e morte (Mc 16,18). No presépio cristão, no entanto, há algo de mais radical: ao colocar não somente ovelhas, já que, segundo Lucas, o campo era de pastores, mas o boi e o burro que nos remetem ao começo do Livro de Isaías (1,3), o discernimento cristão que inventou o presépio compara homens e animais na esfera cristã, em vantagem para os animais: estes, segundo Isaías, reconhecem seu dono, enquanto os humanos – Israel – "é incapaz de conhecer", pois é um povo "cheio de iniquidade", "raça de malfeitores", "pervertidos". Bem, nesse caso é bem melhor ser o boi ou o burro.

Evidentemente os Evangelhos participam da literatura com sentido de pregação, e a fineza da metáfora, como da narrativa e do discurso, clama por uma interpretação sóbria e realista, mas, como bem viu Newman, o realismo começa no reconhecimento entre as realidades e as possibilidades metafóricas que elas inspiram: é porque há algo na realidade que a metáfora é possível.

O Cordeiro e os quatro animais do Apocalipse

No entanto, a alegria da manhã da Páscoa reúne toda criatura redimida, descida da cruz e reconciliada, e os animais estão surpreendentemente presentes ao redor do Cordeiro redivivo na visão celeste do Apocalipse. Como toda descrição celeste, trata-se de metáforas, mas não é insignificante que sejam tomadas de animais.

Para compreender a vigorosa alegoria do Apocalipse é necessário em primeiro lugar retornar aos profetas Ezequiel e Daniel e às suas visões em meio aos temores, sofrimentos e esperanças de seu povo exilado. Em Dn 7, as grandes feras – leão, urso, leopardo, e até uma fera *inominável* – são descritas de forma terrível, e representam reinos predadores, impérios despóticos e assassinos. Mas não prevalecerão diante dos que são justos, e afinal serão conduzidos à obediência dos desígnios de Deus, representado no Ancião sentado em trono de juízo. No Apocalipse do Novo Testamento essa literatura poderosa em imagens ganha um eixo de interpretação grandioso, mas tranquilo ao mesmo tempo: o Cordeiro que foi imolado está em pé diante do trono do Ancião, e ao redor dele é que agora estão os grandes animais de Ez 1 – agora na figura de um leão, de uma águia, de um touro e de... um homem! Tal nivelamento é uma bela surpresa: entre animais predadores e humanos predadores há uma linha de continuidade nos sonhos apocalípticos de Ezequiel e de Daniel, e aqui, no Apocalipse, estão transformados em majestoso, mas manso, reconhecimento e obediência de adoração ao verdadeiro grande vencedor, justamente o Cordeiro imolado, aquele que foi o frágil e o perdedor na história do mundo. E, finalmente, o "coração de humano", colocado no peito de todos os grandes animais da visão de Daniel, revela-os no Apocalipse, segundo o destino do primeiro capítulo do Gênesis, desde a recepção do seu nome: humanizados pela linguagem de adoração, participantes e justificados no reconhecimento do Cordeiro.[18]

No fervor do Renascimento, quando as artes estavam impregnadas de inspiração bíblica, os irmãos Hubert e Jan van

---

[18] Nossas traduções, em diferentes Bíblias, têm dificuldade para a tradução do grego Zoà (plural de Zoón – animal). Algumas traduzem por "seres vivos", outras por "viventes", mas, em última análise, pela própria descrição, é óbvio que se trata de animais, ainda que em uma complexa alegoria. Em traduções mais antigas podem ser encontradas até mesmo as palavras "feras" ou mesmo "bestas", tomadas do Livro de Daniel 7. Em Ez 1 a descrição dos quatro animais com faces de leão, de touro, de águia e de humano ao mesmo tempo, está ambientada em torno do carro de Javé em marcha de juízo, que no Apocalipse se supõe já realizado. Cf. FARMER, William R (org). *The International Bible Commentary*. Collegeville: Liturgical Press, 1998. p. 1858. BROWN, Raymond; FRITZMYER, Joseph; MURPHY Roland E. (orgs.). *The New Jerome Biblical Commentary*. Englewood Cliffs: Prentice-Hall,1990. p. 1004.

Eyck, de Flandres, atual região da Bélgica, pintaram um retábulo que alguns críticos ousam afirmar ser a mais completa e delicada retratação da história cristã da salvação. No centro do quadro, abaixo do *Pantocrátor*, encontra-se a cena que deu nome ao retábulo inteiro: *Adoração do cordeiro místico*, datado de 1432. O retábulo se encontra, depois de muitas vicissitudes, no seu lugar original, na Igreja de Saint Bavo, em Ghent. Em torno do Cordeiro reúnem-se em reconhecimento e reconciliação tanto anjos como toda classe de pessoas, sob o brilho da luz divina. Não há mais Templo, porque não há mais sacrifício. Há somente praça, uma praça ecológica, verdejante e florida, onde cabem todos, porque no seu centro está o Cordeiro.

A representação do Cordeiro nessa célebre pintura nos ajuda a entender por que um cristão com grande empatia e compaixão como São Francisco de Assis, como examinaremos a seguir, sentia ternura e reverência por todo cordeirinho com que topasse em seu caminho: entre o Cordeiro de Deus e todo animal inocente há uma dose de continuidade que sustenta a metáfora. Se, como definia Aristóteles, a metáfora consiste em "dizer uma coisa para dizer outra coisa", isso só é possível porque ambas têm algo em comum. E aqui se trata do sofrimento inocente e do fato de que Deus está do seu lado. Assim, não será o sofrimento injusto a última palavra, mas a reconciliação e a glória – até para os animais, para toda a criação na Cidade do Cordeiro.

O olhar da tradição cristã sobre os animais

Modo de usar

Neste segundo ponto, mais breve, precisamos considerar a tradição como uma história que vai deixando marcas e herança, mas que não se reduz à teologia, à teoria cristã. Pelo contrário, o testemunho captado em narrativas de vida, em detalhes que poderiam parecer anedóticos, frequentemente tem mais poder do que a teoria. É que, ao examinar a vida cristã no cotidiano de gerações e de tempos diversos, alguns costumes ou figuras marcam com mais felicidade e eficácia simbólica do que a teologia ou a filosofia do seu tempo.

Outro elemento a ser considerado é a transculturação da experiência cristã e os sincretismos que se elaboraram com o eixo da cultura cristã à medida que ela se expandiu. Sabemos que, historicamente, o Cristianismo é um ingrediente básico na formação do Ocidente, do Ocidente moderno secularizado inclusive. Desde os porões da cristandade se gestou a Modernidade com alguns valores que podem ser reconhecidos como evangélicos ainda que contra a autoridade da Igreja, contestada por ser considerada exagerada em sua autoridade, ou Modernidade em franca oposição aos valores tradicionais da cristandade. Especialmente a ciência, a tecnologia, a indústria e a produção intensiva e em larga escala, o mercado global, com a hegemonia do Ocidente e de sua alma impenitentemente dualista, para bem e para mal, estão estreitamente vinculados aos desenvolvimentos modernos nascidos na civilização de cristandade e de suas metamorfoses até seu desligamento e perda de referência. Nessa fase os animais se tornam objeto de zootecnologia, de industrialização, mercado global e consumismo sofisticado.

Por um lado, pois, é necessário considerar a continuidade e o desenvolvimento desses dois mil anos no Ocidente cristão com seus paradoxos. Por outro lado, a diferença de períodos merece atenção. Há elementos contrastantes entre as diferentes etapas desta história, ao menos nas grandes etapas da Antiguidade, da Idade Média e da Modernidade. Para o nosso assunto, é útil lembrar o medievalista Jacques Le Goff: nas questões de relações do Cristianismo com a natureza e com os elementos não humanos em geral, aí incluídos os animais, há características próprias em cada uma de três grandes etapas.

Num primeiro tempo, os cristãos, em ambiente mais ou menos pagão, fizeram um esforço para tomar distância dos elementos da natureza por temer seu poder sobre os humanos, temor do fascínio idolátrico pagão das forças da natureza inorgânica e orgânica, aí incluídos os animais. Sobretudo os animais: hoje um estudo psicanalítico, de corte junguiano, dos "animais interiores" que nos habitam, que nos deixam como Caim, ora fascinados e ora acuados, nos dá condições de compreender a vertigem e os temores dos cristãos que, assim como não deixaram entrar anjos ou demônios no *Creio*, também não deixaram entrar animais no eixo da fé. O primeiro milênio todo, segundo Le Goff, privilegia um Cristianismo asséptico, cuidadoso em manter distância da natureza, até mesmo do corpo.

Nos primeiros séculos do segundo milênio – e Le Goff sublinha a passagem do século XII para o século XIII – o "medo da natureza" estava superado, e havia uma boa disposição em relação às suas forças e carismas, sem tentação de uma divinização indébita ou terror, ainda que a natureza fosse o livro dos desígnios e das ações providentes de Deus com bênçãos e castigos. É nesse tempo que emerge o gênio de São Francisco de Assis, "enriquecendo a espiritualidade de uma dimensão ecológica, a ponto de aparecer como o inventor de um sentimento medieval da natureza que se exprimiu na religião, na literatura e na arte" (LE GOFF, 1999, p. 7). Mas esse momento favorável não durou muito.

Um terceiro tempo, que se estende até nossos dias sem trégua, é o desenvolvimento da Modernidade com seu mito do progresso, cujo método é o de explorar a natureza como matéria disponível, numa objetivação celebrada como liberdade em contraposição à natureza e domínio técnico da natureza. É o tempo do desencantamento e da dissociação e exploração que nos levou à atual crise ambiental global e à urgência de nova aproximação e alfabetização ecológica.

Em cada uma dessas três grandes etapas, os animais ficam implicados nas respectivas posturas em relação à natureza. A teologia, no entanto, nem sempre acompanhou a riqueza da vida, marcada que foi por pensadores geniais do sincretismo entre as fontes judaico-cristãs e greco-romanas. Por isso encontramos discrepâncias entre a doutrina e a vida real do povo cristão. E os animais sempre ficaram mais perto do povo e dos santos do que dos teóricos.

Os bestiários de Cristo, dos santos e dos homens

A série de filmes *Crepúsculo*, com sua temática em torno de lobisomens e vampiros, transportou para o cinema o fascínio e o terror, o prazer e a repugnância de reconhecer, ainda que no claro-escuro do crepúsculo, a nossa condição animal. A literatura, a narrativa, o teatro, a pintura estão repletos de mitos, contos, danças com figuras animais pelas quais temos acesso ao nosso inconsciente mais profundo, individual e coletivo. De certa forma, se palavras, mesmo palavras muito antigas, segundo Lacan, habitam e constituem nosso inconsciente, é também verdade que mais abaixo, mais profundamente, lá onde as palavras ainda não ganharam forma, são animais que habitam nossos abismos interiores.[1]

---

[1] É uma das contribuições notáveis de Carl Jung. Cf. *O homem e seus símbolos*. Rio de Janeiro: Nova Fronteira, 1977.

No século XII, designaram-se com a palavra *bestiário* as compilações de símbolos animais tomados tanto de animais reais como inventados, coleções de certo modo já conhecidas da Antiguidade em suas narrativas. Normalmente, a intenção medieval era tirar desses bestiários ensinamentos morais. Mas examinando melhor, não se trata apenas de lições morais, e sim de verdadeiras sessões de psicanálise, mergulhos no psiquismo animal que subjaz e emerge simbolicamente em nós: os animais interiores, ainda que representados do lado de fora, nas paredes ou no papel, no palco ou no terreiro, nas gárgulas em formas animais das calhas das catedrais góticas, remetem a nós mesmos, à nossa própria vida animal. A proximidade ou a visão dessas representações, como de animais reais – uma cobra ou uma barata, um tigre ou um dragão –, provocam inquietação, angústia ou horror, como podem provocar inspiração, paz, ternura – por exemplo, quando se trata de uma pomba, um coelho ou um cordeirinho. Em outras palavras, se o simbolismo é possível e eficaz, isso revela que temos algo em comum com os animais, e mesmo depois da linguagem e da racionalidade essas formas animais profundas e ambíguas continuam tendo poder. Nomear, trazer à luz, integrar, aprender a conviver com "o animal que logo sou" (Derrida) é altamente criativo e pode nos tornar mais aptos a conviver e ser justos com os animais reais.

Não é mera curiosidade ou decoração o fato de a iconografia dos santos cristãos trazer com notável frequência figuras animais junto dos homens de Deus. Algumas dessas representações traduzem uma tensão, um conflito ou uma batalha, como o caso de São Jorge e o dragão, ou Maria e a serpente. No primeiro caso se trata da dialética da força divina, no segundo da dialética da transparência, da imaculada. Mesmo em casos assim a relação é produtiva, ainda que haja outras que mostram a cooperação de modo menos dialético e mais direto, como é o caso de São Lázaro com seu cão fiel na pobreza e na doença. Ou Santo Antão e seu porco e outros eventuais animais que não o deixam na solidão absoluta do deserto e participam de sua comunhão mística. Há São Jerônimo com o leão finalmente domado com toda energia posta na obra a realizar. De São Francisco não há necessidade de comentar aqui, vamos reservar ao padroeiro dos animais um item próprio. Santo Antônio frequentemente aparece fazendo sermão aos peixes ou dobrando o joelho do burro diante da Eucaristia. São Martinho de Porres, o mestiço discriminado e, no entanto, cordato promotor de reconciliações, tem invariavelmente junto de si, comendo no mesmo prato, ao invés de se devorarem entre si, o cão, o gato, o rato – e a pomba. São Bernardo deixou seu nome por herança no cão que resgata o perdido. São Filipe Néri tanto brinca com crianças como com os animais que atravessam sua vida como uma grande família. E assim por diante: a lista está inacabada.

O bestiário e a iconografia mais significativos, porém, se referem a Cristo. Os *bestiários de Cristo* remontam aos tempos dos bestiários medievais, e uma das últimas compilações, de quase 1.000 páginas e com 1.157 gravuras de animais com alusões diretas ou indiretas a Cristo, data da metade do século XX.[2] Os bestiários de Cristo testemunham a melhor forma de relação, a mais positiva e integradora, com que os animais podem nos ensinar. Algumas são bem conhecidas: a figura do cordeiro e da serpente, que já comentamos, mas a do peixe ainda precisa de uma palavra. É o sinal de Jonas (Mt 12,38-42), o "monstro marinho" que produziu a metamorfose de Jonas no seu ventre e que simboliza a Páscoa de Cristo passando pelo túmulo. Os cristãos perseguidos dos primeiros tempos usaram a figura do peixe como senha de reconhecimento. Outra figura que evoca um aspecto central de Cristo é o pelicano, que alimenta os filhotes abrindo seu próprio peito e dando seu sangue. Há ainda o leão de Judá, a fênix, o cervo, a pomba, a águia, o bode expiatório etc. Por estarem ligados a Cristo, deles aprendemos o caminho de Cristo, a realização da sua missão, portanto aprendemos a valorizar positivamente o que esses animais, quando reais, exteriores a nós, têm a nos ensinar.

Os bestiários, os animais simbólicos, como a convivência real com os animais, perdem força nos tempos modernos. Parece que o acesso ao "animal que logo sou" ficou em boa medida restrito ao divã da psicoterapia. As crianças, no entanto, continuam a ter facilidade de simpatia com seus animais, ainda que sejam de desenhos animados, e até os mais monstruosos, como o *E.T.* do filme de Spielberg, ou mesmo *Monstros S.A.* – a fábrica de

---

[2] Trata-se da monumental obra de Louis Charbonneau-Lassay – *Le bestiaire du Christ* – publicada em Paris por Albin Michel. A última impressão é de 2006.

sustos –, e *Shrek* – o ogro solitário que, com sua ternura, faz a princesa Fiona deixar emergir de dentro dela a ogra que se torna sua companheira. A lista é grande, e seria relativamente fácil compor um novo bestiário próprio de crianças. Enquanto os adultos consideram, às vezes, que o amor aos animais é roubado do amor que se deve às crianças, são elas que ensinam o contrário, que gostam de ser amadas junto com os animais. Por que tendemos a nos separar e nos proteger tanto dos animais? A resposta tem também um componente metafísico que é necessário desvendar.

O dualismo e a hierarquia derrotam os animais

A metafísica da alma humana imortal e o método de afirmação da identidade por distinção e exclusão – definir é colocar fronteiras, com dentro e fora, como já mencionamos – são o argumento e o método que levaram à distância teoricamente infinita entre os animais humanos e os animais não humanos, como foi analisado na segunda parte deste livro. Aqui lembramos apenas brevemente para detectar as conexões entre os pensadores gregos e a teologia cristã posterior. Na Grécia clássica, a elaboração mais clara se encontra em Aristóteles, como foi visto. O ser humano é um animal lógico, ou seja, racional, e, consequentemente, animal de linguagem e de política. Procuramos mostrar que esses são os elementos que distinguiriam e tornariam o ser humano infinitamente separado dos demais animais, pois os demais animais não teriam racionalidade, palavras, vida social, não podem por isso participar da "comunidade moral" que torna o animal racional superior. Recentemente, tem-se criticado o excesso de acento na racionalidade, mas se acentua, ainda assim, a linguagem como característica dessa distinção. Os animais não teriam linguagem (DERRIDA, 2002, p. 62).

À diferença que introduz um dualismo na condição humana, às vezes numa contraposição quase insuportável, entre corpo e alma, entre materialidade e espiritualidade, corresponde também o estabelecimento de uma ordem hierárquica das diferenças, ao modo platônico e, sobretudo, neoplatônico das essências em degraus superiores e inferiores, mais perfeitos e menos perfeitos.

A teologia cristã sincretizou as narrativas bíblicas com esses moldes formais do pensamento platônico e aristotélico. E o resultado foi uma transformação e um aprisionamento da linguagem poética, metafórica, exuberante e até hiperbólica dos oráculos proféticos, eficaz em seu simbolismo original, na rigorosa objetivação dos conceitos e dos juízos lógicos, controlados com a vara da medida e da proporção, definidos com o dentro e o fora das identidades. A classificação e a hierarquização, mesmo em teologia, se dão em favor do ser humano, afirmado como superior, em detrimento das demais formas de vida, classificadas como inferiores. E não se limitam a sentenças ontológicas, pois implicam sentenças éticas, juízos de valor: uns valem mais e outros menos, uns devem ser tratados com mais dignidade e outros podem ser tratados como não tendo dignidade. Os inferiores devem sujeição e obediência aos superiores, encontrando nisso a sua perfeição. Na verdade, o interesse de ordem moral precede as afirmações ontológicas e metafísicas: trata-se de justificar em termos ontológicos e metafísicos a prática de arbítrio e uso de animais, a mesma montagem ideológica em relação a escravos, servos, mulheres: o que é inferior e imperfeito está a serviço do que é superior e mais perfeito. Esses elementos de ordem antropológica de Aristóteles são reafirmados por Santo Agostinho e Santo Tomás, como vimos na segunda parte, e se espraiam nas relações com os demais seres vivos.

A essa construção teórica refinada de distinção ética, metafísica, ontológica e hierárquica é necessário juntar a percepção jurídica de que os romanos se tornaram mestres no governo do Império. Direitos e deveres têm correlação sob medida e sob controle: não há direitos sem deveres, nem deveres sem direitos, implicados uns nos outros. O sujeito romano se expressa como sujeito de exercício de direitos e deveres. É bem verdade que a cidadania romana foi uma construção histórica regada por conflitos e sangue dos plebeus que reivindicaram igualdade de direitos em relação aos patrícios. Mas os animais, que não sabem falar a língua dos humanos, também não sabem reivindicar direitos, permanecem fora da comunidade moral e jurídica, sem direitos. Estamos longe, aqui, do mandamento bíblico dirigido ao senhor, patrão ou dono, e que se torna direito de repouso sabático para o seu trabalhador, o animal trabalhador inclusive, o boi e o asno. Na lei de Moisés se impõe um dever ao dono sem um direito correlato do dono em relação ao boi, e um direito ao boi sem um dever correlato do boi em relação ao dono.

Basta pensarmos nas crianças para entendermos que há direitos sem deveres correlatos, enquanto para seus pais há deveres sem direitos correlatos. Seus direitos em relação às crianças derivam de seus deveres para com elas e se limitam ao âmbito dos deveres, mas sem reciprocidade. No entanto, isso ficou, quando muito, dentro da espécie. O *especismo*, como já vimos, é uma criação guiada por interesses centrados na espécie. A teologia cristã sacralizou o especismo, de tal forma que, mesmo hoje, quando se tenta romper a barreira do especismo, a primeira reação é de escândalo religioso e de incredulidade. E a acusação está explicitada na doutrina da Igreja, no *Catecismo da Igreja Católica*, n. 2418: não se deve dar atenção ao animal à altura dos humanos – das crianças, por exemplo. O especismo tem a mesma estrutura do antropocentrismo, do racismo, do sexismo e do androcentrismo – que também já tiveram justificativa teológica. Uma vez que o amor, no sujeito que ama, é um só e indivisível, qualitativo e não quantitativo, ainda que ame objetos muito diferentes em seu amor, não tem motivo para hierarquizar e ordenar quem será "mais" amado e quem será "menos" amado: isso seria um sofisma e uma ideologia que encoberta o desinteresse e, de fato, o "pouco amor" em todas as direções. Pode, ao contrário, valer para os animais, enfim, para toda criatura, o que Jesus disse dos dois mandamentos do amor:

"[...] e o segundo é semelhante (ao maior e primeiro mandamento)" (Mt 22,39).

Como aconteceu tal hierarquização e sacralização teológica de tratamentos tão distintos na história do Cristianismo? Já foram examinados na segunda parte os dois grandes gênios da teologia latina, santo Agostinho e santo Tomás. Embora com sensibilidades e recursos um pouco diferentes, eles são a base da doutrina que prevaleceu até nossos dias. Entre os dois príncipes da teologia latina está a Escola de São Vítor, um mosteiro nos arredores de Paris que irradiou o pensamento agostiniano ao longo dos séculos XII e XIII. Sua teologia da criação segue pelo mesmo caminho platônico-agostiniano da ordem hierárquica dos elementos da natureza, das distinções e relações entre os seres animados e inanimados, com o homem no topo da hierarquia (IRIARTE, 1976, p. 140-141).

Mas como se trata de teologia e não somente de antropologia e filosofia, e a teologia cristã busca seu fundamento legitimador na Escritura, este formalismo "hierarcológico" é ilustrado pela narrativa do Gênesis: o homem é a criatura feita à imagem de Deus, e sua condição de *imago* está não tanto em sua missão, mas em sua alma. Depois de hipóteses diversas, sobretudo a hipótese do "traducionismo", de que a alma seria passada de pais para filhos, a escolástica medieval não tem mais dúvidas de que a alma é criada por Deus em cada ser humano, de que é substância não somente intelectual, mas espiritual, a mesma que constitui os anjos, sendo o ato intelectual, a racionalidade, algo decorrente da alma. Na Escritura há uma aparente sutileza, mas que tem consequências para o nosso caso, ao qual fizemos referência: não se diz nunca dos anjos que eles são imagem e semelhança de Deus, ainda que se sugira que eles estão junto de Deus. Se é pela alma, elemento espiritual igual ao dos anjos, que o humano é *imago Dei*, muito mais deveriam ser os anjos, puros espíritos. A conclusão se impõe novamente: como vimos no primeiro ponto desta parte, a interpretação bíblica não está pensando ontológica ou metafisicamente, mas em uma vocação, uma missão junto às demais criaturas.

Mas a antropologia teológica da alma, sincretizando o texto bíblico com o pensamento platônico e aristotélico, fez história. A alma é exercida com racionalidade e governo não só do corpo, mas também das demais criaturas. Por isso a relação adequada, harmoniosa, vivida no paraíso antes do pecado, segundo esta teologia, era a da devida obediência das demais criaturas ao ser humano. É assim, segundo o modelo hierárquico do paraíso, que se exerce o mandato de "dominar" retamente sobre os demais seres da criação e "submeter" tudo aos pés do homem (Sl 8,7). Depois do pecado essa ordem hierárquica ficou estremecida, homens e animais se confundiram, se tornaram inimigos e ídolos ao mesmo tempo. Mas a redenção trazida por Cristo abraça também a restauração dessa ordem hierárquica. Reitera-se dentro dessa teologia, atravessando os séculos, a afirmação de que o que é inferior e menos perfeito ganha seu devido lugar na criação ao ser submetido e ao servir o que é superior e mais perfeito, até porque esta é a ordem do aperfeiçoamento em todos os níveis da hierarquia.

Na legitimação bíblica da hierarquia se respiga também uma célebre citação paulina. Depois de sua repreensão ao sectarismo na comunidade de Corinto, Paulo afirma que "tudo é vosso, mas vós sois de Cristo e Cristo é de Deus" (1Cor 3,23). Ao ser descontextualizada da provocação à liberdade, à autonomia e à confiança com que Paulo queria animar os coríntios, a citação ganhou ordenação lógica e hierárquica sob medida na teologia com retórica greco-romana. Paulo, em sua exuberância linguística de judeu, não cita uma hierarquia de "humanos, animais e plantas" sob Cristo e Deus, mas começa citando a ele mesmo: "Paulo, Apolo, Cefas, o mundo, a vida, a morte as coisas presentes e as futuras – tudo é vosso, mas vós sois de Cristo e Cristo é de Deus" (1Cor 3,23). Ou seja, tudo nos é dado na gratuidade – os amigos, as criaturas, os mestres, a confiança na vida presente e futura, sem batalhas e sem angústias, sem sectarismo e sem apropriações – e sem hierarquia nem dualismo.

Uma doutrina ainda deficitária

O ensinamento de Santo Tomás que serve até hoje de referência para o exame da doutrina a respeito da relação com os animais se encontra na *Suma teológica*, no conjunto de questões que tratam da justiça, especificamente na questão sobre o homicídio. Em seu primeiro artigo, trata do direito ou da permissão de matar seres vivos em geral, ou seja, animais. Sua resposta é positiva, dentro da ordem hierárquica da disposição e do serviço à alimentação e outras utilidades. E, apesar de ser detalhista em sua lógica, o nosso santo nada diz sobre o sofrimento animal.[3] O *Catecismo da Igreja Católica* mantém hoje basicamente a mesma lógica e o mesmo ensinamento, dentro de uma continuidade secular. O artigo seguinte da mesma questão da *Suma teológica* de Santo Tomás trata do direito de matar outro ser humano – um pecador ou malfeitor. Ele nega este direito a alguém em particular, mas justifica o direito – e o dever – a quem cuida do bem comum – ao Estado, portanto, é lícito e um dever matar seres humanos em certas circunstâncias. É a legitimidade da pena de morte.[4] Nesse ponto o atual *Catecismo* faz a exposição dessa tradicional doutrina deixando-lhe ainda teoricamente uma porta aberta, mas, na prática, citando a carta encíclica *Evangelium Vitae* de João Paulo II, termina afirmando que hoje o Estado tem recursos pelos quais não se justifica mais a pena de morte.[5] Podemos concluir que houve em relação à pena de morte de seres humanos, apesar de deixar espaço a justificativas, um recente avanço para não mais se aceitar tal pena "metafísica"

---

[3] Cf. *Suma teológica* II, II, Q. 64, art. 1.

[4] Ibid., art. 2 e 3.

[5] "Na verdade, nos nossos dias, devido às possibilidades de que dispõem os Estados para reprimir eficazmente o crime, tornando inofensivo quem o comete, sem com isso lhe retirar definitivamente a possibilidade de se redimir, os casos em que se torna absolutamente necessário suprimir o réu 'são já muito raros, se não mesmo praticamente inexistentes'" (*Catecismo da Igreja Católica*, n. 2267).

na afirmação final do parágrafo que parece ainda hesitante. Já no relacionamento com os animais, que o *Catecismo* trata não sob o quinto mandamento – "Não matar" –, mas sob o sétimo mandamento – "Não roubar" –, e no contexto do respeito que se deve à integridade da criação, a doutrina permanece a mesma, acrescentando, porém, uma nova sensibilidade teológica e de tratamento. Por um lado, contra Kant, afirma valor intrínseco nos animais como criaturas de Deus "pelo simples fato de existirem". Mas, por outro lado, permanece numa visão antropocêntrica – "naturalmente destinados ao bem comum da humanidade" – que justifica uso e morte dos animais até para vestir e lazeres, como também industrialização da criação e comercialização, passando de valor a preço, caindo, assim, na vala comum de Kant. Convém examinarmos mais de perto um ensinamento que tem legitimidade de Magistério lendo inteiramente os quatro parágrafos (2415-2418) que tocam o nosso assunto:

> 2415. O sétimo mandamento exige o respeito pela integridade da criação. Os animais, tal como as plantas e os seres inanimados, são naturalmente destinados ao bem comum da humanidade, passada, presente e futura (cf. Gn 1,28-31). O uso dos recursos minerais, vegetais e animais do universo não pode ser desvinculado do respeito pelas exigências morais. O domínio concedido pelo Criador ao homem sobre os seres inanimados e os outros seres vivos não é absoluto, mas regulado pela preocupação da qualidade de vida do próximo,

inclusive das gerações futuras; exige um respeito religioso pela integridade da criação (*Centesimus annus*, n. 37-38).

2416. Os *animais* são criaturas de Deus. Deus envolve-os na sua solicitude providencial (Mt 6,26). Pelo simples fato de existirem, eles o bendizem e lhe dão glória (Dn 3,79-81). Por isso, os homens devem estimá-los. É de lembrar com que delicadeza os santos, como São Francisco de Assis ou São Filipe de Néri, tratavam os animais.

2417. Deus confiou os animais ao governo daquele que foi criado à sua imagem (Gn 2,19-20; 9,1-4). É, portanto, legítimo servimo-nos dos animais para a alimentação e para a confecção do vestuário. Podemos domesticá-los para que sirvam o homem nos seus trabalhos e lazeres. As experiências médicas e científicas em animais são práticas moralmente admissíveis desde que não ultrapassem os limites do razoável e contribuam para curar ou poupar vidas humanas.

2418. É contrário à dignidade humana fazer sofrer inutilmente os animais e dispor indiscriminadamente das suas vidas. É igualmente indigno gastar com eles somas que deveriam, prioritariamente, aliviar a miséria dos homens. Pode-se amar os animais, mas não deveria desviar-se para eles o afeto só devido às pessoas.

Comentando um pouco mais: o segundo parágrafo porta uma bela novidade no ensino de um catecismo com selo de oficialidade – os animais estão relacionados diretamente a Deus, enquanto suas criaturas, objetos de cuidado e providência, como ensinou Jesus no Evangelho, e "pelo simples fato de existirem" louvam e dão glória ao Criador. Essa afirmação é preciosa, pois é sustentação bíblica e teológica para o "valor intrínseco" dos animais, o que tem decorrências éticas que ainda não tomamos a sério. No primeiro parágrafo o *Catecismo* lembra que há limite moral na utilização do animal. No último parágrafo mostra que é contrário à dignidade humana submeter animais a sofrimentos inúteis. A crueldade na relação com os animais já tinha sido denunciada por figuras importantes, como John Henry Newman na área católica, que citamos anteriormente. Mas não apenas porque é contra a dignidade humana, como afirma o *Catecismo*, e sim principalmente contra a dignidade das criaturas vivas, "pelo simples fato de existirem" e, assim, darem glória ao Criador. O *Catecismo* parece ter dificuldade em reconhecer que os animais possuem, por seu estatuto de criaturas vivas, dignidade própria, até mesmo relacionada com o fato de serem criaturas de Deus e "pelo simples fato de existirem". Ou seja, parece ter dificuldade de ser consequente na prática com a afirmação bíblica e teológica. Tal aparente ato falho, na verdade, é coerente com uma tradicional hermenêutica do Gênesis, antropocêntrica e especista: a disponibilidade de todas as coisas sem exceção para o homem, animais para vestir e para lazeres inclusive, como aqui é reafirmado.

Santo Agostinho anotou que a compreensão teológica e os ensinamentos, a doutrina e o Magistério, podem ter *emendationes*, ou seja, novas formulações, emendas e correções que ajudem a esclarecer, a se desenvolver e a tomar um rumo melhor. Não há exegeta que ainda interprete o famoso "domínio" do homem no Gênesis desta forma, e as próprias citações do Gênesis incluídas nesses parágrafos ganham hoje, como vimos antes, no exame da tradição bíblica, interpretações claramente mais adequadas. Há, por outro lado, excelentes pensadores de ética que já tematizaram com clarividência os "direitos naturais" das outras formas de vida, dos "sujeitos-de-uma-vida" (Tom Regan): quem tem asas tem direito de voar, quem tem pernas tem direito de andar, quem sabe se comunicar tem direito de não estar isolado, quem tem sensibilidade tem direito de não sofrer (Peter Singer).

Há uma massa grande de dados que mostram, como vimos na primeira parte, que a hecatombe ecológica está ligada à atual hecatombe animal para industrialização de carne, produção de pastos e de grãos em grande escala para animais criados monstruosamente, desflorestamento decorrente, desvirtuamento de produção de alimentos etc. Ainda que tal circunstância catastrófica não entre na "essência" da verdade sobre a relação com o animal, é justamente essa dolorosa situação, como foi a do exílio do povo de Israel na Babilônia, que desperta do "sono dogmático" e da ingenuidade a respeito da relação da espécie humana com as demais espécies vivas. Embora o *Catecismo* não seja um texto de aprofundamento exegético, dado o mal-entendido histórico de que somos herdeiros, convém não ser simplista nas citações. É desconfortável também, no exercício da tarefa responsável da teologia para o crescimento do pensamento cristão, constatar que o *Catecismo* perdeu a ocasião de *emendationes*, de desenvolver e alargar o ensinamento até mesmo do documento conciliar *Gaudium et Spes*, que – aprovado em 1965 – ainda permaneceu no marco de um antropocentrismo ecológico, embora possamos chamar de "antropocentrismo responsável" (SUSIN, 2015, p. 315-320). Mas, como veremos a seguir, o Papa Francisco dá um novo passo à frente do *Catecismo*.

O *Compêndio da Doutrina Social da Igreja* dedica um precioso capítulo à salvaguarda do ambiente. Entre as muitas pérolas recolhidas do Magistério se poderia esperar algo específico sobre os seres vivos, os animais. Mas não há uma palavra específica a respeito. O *Compêndio*, de fato, explicita com todas as letras um "antropocentrismo responsável", insistindo no cuidado ético em suas intervenções biotecnológicas.[6] O *Compêndio*

---

[6] Convém, para nosso exame, uma leitura completa do n. 473 do *Compêndio*: "A visão cristã da criação comporta um juízo positivo sobre a liceidade das intervenções do homem na natureza, inclusive os outros seres vivos, e, ao mesmo tempo, uma forte chamada ao senso de responsabilidade [1002]. De fato, a natureza não é uma realidade sacra ou divina, subtraída à ação humana. É, antes, um dom oferecido pelo Criador à comunidade humana, confiado à inteligência e à responsabilidade moral do homem. Por isso ele não comete um ato ilícito quando, respeitando a ordem, a beleza e a utilidade de cada ser vivente e da sua função no ecossistema, intervém modificando-lhe algumas características e propriedades. São deploráveis as intervenções do homem quando danificam os seres viventes ou o ambiente natural, ao passo que são louváveis quando se traduzem no seu melhoramento. A liceidade do uso das técnicas biológicas e biogenéticas não esgotam toda a problemática ética: como no que concerne a qualquer comportamento humano, é necessário avaliar cuidadosamente a sua real utilidade, bem como as possíveis consequências também em termos de riscos. No âmbito das intervenções técnico-científicas de forte e ampla incidência sobre os organismos viventes, com a possibilidade de notáveis repercussões a longo prazo, não é lícito agir com ligeireza e irresponsabilidade".

se bate contra o ecocentrismo e o biocentrismo, citando a carta encíclica *Centesimus annus*, de João Paulo II, n. 37:

> *O Magistério tem motivado a sua contrariedade a uma concepção do ambiente inspirada no ecocentrismo e no biocentrismo*, porque "se propõe eliminar a diferença ontológica e axiológica entre o homem e os outros seres vivos, considerando a biosfera como uma unidade biótica de valor indiferenciado. Chega-se, assim, a eliminar a superior responsabilidade do homem, em favor de uma consideração igualitária da 'dignidade' de todos os seres vivos" (*CDSI*, n. 463).

A *Teoria de Gaia* seria talvez esta unidade biótica, subentendida na repreensão do papa e do *Compêndio*, que produziria uma indiferenciação de valor. Em seguida, o *Compêndio* atribui, à negação da transcendência humana – *imago Dei* – e de sua vocação de responsável pela criação, a raiz profunda da confusão na relação com as demais criaturas (*CDSI*, n. 464). Há, de fato, a possibilidade de uma mistificação que deixaria a responsabilidade humana anulada por uma espécie de sacralização da biosfera, da *Terra Mater*. Mas, se analisarmos com cuidado, em relação aos animais o que o Magistério teme é exatamente o que está acontecendo no próprio Magistério: considerados apenas na generalidade da "criação", da "natureza", do conjunto daquilo que Deus confiou ao ser humano, como faz o *Compêndio* e, de modo geral, o Magistério até agora, então, sim, há uma "indiferenciação" que não consegue captar o que há de próprio, de individual e especial em cada criatura viva, seu valor intrínseco, que, "pelo simples fato de existirem", louvam o Criador. O biocentrismo não é necessariamente uma indiferenciação, pode ser mais bem entendido como uma "comunidade de vida" (Jürgen Moltmann), convivência em que os outros, como viventes da outra espécie, são realmente o "outro" na riqueza da biodiversidade, e em que não é necessário nem justo traçar limites para transcendências: Os *Novos Céus e Nova Terra*, tendo ao centro a *Cidade Nova*, seriam uma promessa de imortalidade espiritual e glória escatológica só para homens? Isso não é um empobrecimento da obra criadora de Deus? O cristão não crê simplesmente na imortalidade de uma alma, mas na "redenção de nossos corpos" (Rm 8,23b). A ressurreição dos mortos é o sinal eficaz, o sacramento que resume em si a transfiguração corporal da Nova Criação inteira, que atualmente geme em dores de parto (Rm 8,22) e que, em última análise, está destinada à comunhão sabática da comunidade de vida (*Laudato Si'*, n. 237).

Laudato Si' – Afinando a relação com os animais

O Papa Francisco nos presenteou com um texto de Magistério pontifício do mais alto nível – uma carta encíclica – sobre o cuidado de nossa casa comum, a terra. Sua carta encíclica *Laudato Si'* (*Louvado Sejas* – as primeiras palavras do *Cântico do Irmão Sol*, de São Francisco de Assis) pode ser considerada um verdadeiro *tsunami* contra as pretensões antropocêntricas e uma exaltação da obra de Deus em cada criatura. É uma oportunidade magnífica para integrarmos, com as questões ecológicas, as nossas questões com os animais. Em relação aos animais, o papa retoma o valor intrínseco lá onde foi deixado no *Catecismo* e, agora sim, vai adiante em termos de consequências.

Em primeiro lugar, ao examinar os clamores ecológicos, o papa lembra alguns problemas que envolvem especificamente os animais, como os sofrimentos e migrações de animais, junto aos sofrimentos e migrações de humanos, em meio às mudanças climáticas (*LS*, n. 25); o desaparecimento de espécies por ação humana: "Por nossa causa, milhares de espécies já não darão glória a Deus com a sua existência, nem poderão comunicar-nos a sua própria mensagem. Não temos direito de fazê-lo" (*LS*, n. 33; 35);[7] acusa o uso de peles de animais em extinção ao lado de tantas outras extravagâncias consumistas e egoístas de que os animais passam a ser vítimas (*LS*, n. 123). Lembra o *Compêndio da Doutrina Social da Igreja* quanto aos riscos e aos necessários cuidados nas biotecnologias que intervêm sobre os animais (*LS*, n. 132-133), e cita o ensinamento do *Catecismo* já analisado anteriormente para defender os animais de sofrimentos e crueldade por ação humana, mesmo em experiências científicas, em que é necessário

---

[7] O papa continua em detalhes: "Possivelmente, perturba-nos saber da extinção de um mamífero ou de uma ave, pela sua maior visibilidade; mas, para o bom funcionamento dos ecossistemas, também são necessários os fungos, as algas, os vermes, os pequenos insetos, os répteis e a variedade inumerável de micro-organismos. Algumas espécies pouco numerosas, que habitualmente nos passam despercebidas, desempenham uma função fundamental para estabelecer o equilíbrio de um lugar" (*LS*, n. 34).

estabelecer limites (*LS*, n. 130). No contexto da economia, das finanças, da organização da vida, o papa investe contra a lógica dominante da "tecnocracia", uma redução ideológica à eficiência tecnológica que se erige em verdade e permissão de poder sem limites (*LS*, n. 189). Poderíamos examinar tal abuso de poder na relação com os animais. Por outro lado, ele repete o *Catecismo*, mas sem hierarquizar, ao advertir contra o desequilíbrio de lutar pelos animais e simultaneamente ser indiferente para com os sofrimentos dos seres humanos (*LS*, n. 91).

Em segundo lugar, o Papa Francisco nos conduz por um horizonte teológico em que cabem os animais:

> Na tradição judaico-cristã, dizer "criação" é mais do que dizer natureza, porque tem a ver com um projeto do amor de Deus, *onde cada criatura tem um valor e um significado.* A natureza entende-se habitualmente como um sistema que se analisa, compreende e gere, mas a criação só se pode conceber como um dom que vem das mãos abertas do Pai de todos, como uma realidade iluminada pelo amor que nos chama a uma comunhão universal (*LS*, n. 76).[8]

---

[8] A ênfase é nossa: nela está a afirmação do valor intrínseco, portanto indisponível à arbitrariedade antropocêntrica, segundo o contexto da encíclica. Neste ponto, supera finalmente Kant ao dizer claramente que animal não tem preço, tem valor. O papa continua: "A criação pertence à ordem do amor. O amor de Deus é a razão fundamental de toda a criação: 'Sim, amas tudo o que existe e não desprezas nada do que fizeste; porque, se odiasses alguma coisa, não a terias criado' (Sb 11,24). Então cada criatura é objeto da ternura do Pai que lhe atribui um lugar no mundo. Até a vida efêmera do ser mais insignificante é objeto do seu amor e, naqueles poucos segundos de existência, ele envolve-o com o seu carinho. Dizia são Basílio Magno que o Criador é também 'a bondade sem cálculos', e Dante Alighieri falava do 'amor que move o sol e as outras estrelas'"

Ele convida à convivência criatural e a ser responsável pela convivência de todas as criaturas numa fraternidade criatural:

> O cuidado da natureza faz parte de um estilo de vida que implica capacidade de viver juntos e em comunhão. Jesus lembrou-nos de que temos Deus como nosso Pai comum e que isto nos torna irmãos. O amor fraterno só pode ser gratuito, nunca pode ser uma paga a outrem pelo que realizou, nem um adiantamento pelo que esperamos que venha a fazer. Por isso, é possível amar os inimigos. *Esta mesma gratuidade leva-nos a amar e aceitar o vento, o sol ou as nuvens, embora não se submetam ao nosso controle. Assim podemos falar de uma fraternidade universal* (LS, n. 228).[9]

O amor e a fraternidade universal impelem a uma postura de cuidado para com as demais criaturas a fundo perdido, por pura graça, com um cuidado que se transforma numa *cultura do cuidado* (LS, n. 231).

Em terceiro lugar, o papa faz uma crítica sem rodeios ao antropocentrismo que está implícito na forma tecnocrática de tratar a realidade e na referência "imanentista" ao considerar a criação como natureza à disposição de um domínio prometeico confundido com a leitura do Gênesis. Nesse contexto tece sem luvas de pelica uma clara autocrítica do Cristianismo quando no seu interior se fez uma hermenêutica redutiva

---

(LS, n. 77). "O fato de insistir na afirmação de que o ser humano é imagem de Deus não deveria fazer-nos esquecer de que cada criatura tem uma função e nenhuma é supérflua" (LS, n. 84).

[9] A ênfase é nossa.

e antropocêntrica, embora o papa não utilize a palavra "especismo", que é própria para criticar o antropocentrismo na relação com as demais espécies de seres animais (*LS*, n. 115-121). Para superar tão nefasto equívoco de leitura, o papa aponta para uma leitura "sacramental" e para o sábado da criação como horizonte e sentido último, *telos*, ou seja, finalização da criação no "descanso celebrativo" do sábado. Na leitura cristã, o sábado da criação é também dominical e eucarístico, dia em que todas as criaturas cantam antecipadamente o tempo messiânico inaugurado pelo messias Jesus (*LS*, n. 233-237).

É importante apreciar os passos a mais, as *emendationes* do papa, ao criticar a degradação e o sofrimento inocente dos animais sob nossa arbitrariedade tecnocrática, consumista, impenitente no horizonte do antropocentrismo e do especismo. Certamente as consciências mais esclarecidas teriam desejado mais contundência nas questões e mais especificidade no desígnio da criação onde teologicamente se pode compreender cada coisa em seu valor intrínseco. O fato de o Papa Francisco, nesta encíclica inteiramente dedicada à ecologia – o cuidado da casa comum –, integrar num mesmo e único amor tanto Deus como o próximo e toda a terra com todas as criaturas, potencializa o que ele mesmo pretendeu: uma ecologia integral, em que a fé, a visão de criação divina, o valor de cada espécie e de cada criatura sejam vistos com um olhar eticamente consequente em sua dignidade intrínseca. A dimensão ecológica e animal integra, assim, o Magistério a respeito do amor cristão de forma bem incisiva, ainda que o *Catecismo* já ecoasse com a "possibilidade de amar os animais", uma tradição de amor indivisível na tradição cristã.

O papa começa sua encíclica invocando uma figura do amor indivisível na tradição cristã, ao abri-la com as palavras de louvor de São Francisco de Assis: "Louvado sejas, meu Senhor, pelo senhor e irmão sol". Francisco é o padroeiro dos animais e da ecologia, e está decididamente além da simples racionalidade do nosso tema e da nossa necessária militância. O que São Francisco tem de peculiar para o nosso assunto?

O olhar de São Francisco de Assis sobre os animais

Modo de usar

A hagiografia e a iconografia de Francisco de Assis podem nos dar uma primeira impressão de intenso romantismo. Seu relacionamento com os elementos da natureza, especialmente com toda espécie de animais, é descrito de forma tão fraternal e coloquial, tão terna, íntima e compassiva, que temos a tentação de perguntar o que é real em toda essa poesia sobrecarregada de afetos e exclamações. De fato, precisamos começar com uma distinção dos textos que nos servem de fontes para procedermos com uma hermenêutica adequada.

Já é lugar-comum entre os especialistas, quando se trata de "fontes franciscanas", a distinção entre os escritos do próprio Francisco de Assis e as biografias que foram sucessivamente elaboradas por frades e leigos.

Embora o *Cântico do Irmão Sol* seja considerado uma obra-prima da literatura religiosa nas origens da língua italiana,

Francisco não pode ser considerado sequer um escritor. Ele deixou alguns textos escritos, ditou alguns outros, mas tudo somado é pouca coisa, ainda que de grande valor para conhecer sua alma, seu carisma e suas orientações de vida aos seguidores. Para traçar um perfil realístico de Francisco, é necessário considerar o privilégio de seus escritos em confronto com seus biógrafos.

É que entre os biógrafos se acumulam e se sucedem interesses novos, que não eram os de Francisco, e que podemos resumir em dois: o primeiro é pintar com linguagem edificante a santidade de Francisco, de tal forma que se possa, lendo, ter o ardoroso propósito de imitar tal heroísmo cristão. É um belo interesse, que se traduziu em "legendas" – aquilo que é para ser lido – e que tem algo do mito, segundo a lição de Paul Ricoeur: mito é o que ajuda a pensar, a sentir, a fazer e a esperar. O segundo interesse dos diferentes biógrafos, à medida que os dentes roedores do tempo iam distanciando a lembrança de Francisco, foi também polêmico: retocar de tal forma a lembrança escrita que isso indicasse a real interpretação das origens para inspirar o caminho a seguir, contra interpretações ou novidades que não estariam na origem.

De qualquer forma, predomina a linguagem do maravilhoso, do sublime e do intenso, numa literatura que podemos chamar de *hagiografia edificante*. Essa forma de literatura exalta a vida de outros santos do período, como Santo Antônio, Santo

Domingo.[1] Para nosso exame, vamos tomar três referências principais: Tomás de Celano, que foi o primeiro biógrafo, contemporâneo do santo, e que escreveu duas pequenas obras, ou duas "Vidas", a uma distância de vinte anos uma da outra; São Boaventura, que escreveu quase quarenta anos depois em sua linguagem culta, sistemática e refinada, tentando aglutinar e disciplinar os seguidores de Francisco que atravessavam um período de excessos, de conflitos e tensões tanto dentro como fora da nova Ordem; e, finalmente, a mais encantadora reunião de narrativas edificantes da Idade Média, os *Fioretti* de São Francisco e de alguns dos seus seguidores, como o maravilhoso e excêntrico Frei Junípero e o sábio Frei Egídio.

"Sine proprium": *a não propriedade como condição de real fraternidade*

O segredo da fraternidade universal de Francisco, tanto com os elementos inanimados, grandes ou pequenos, o irmão sol, o irmão fogo e a irmã água, o regato e as folhas caídas pelo chão, como com os animais, a irmã cotovia, o irmão falcão, e até os

---

[1] Um frade dominicano, por volta de 1260, escreveu a mais famosa das narrativas edificantes, a *Legenda Áurea*, reunindo nela diversas vidas de santos. Santo Antônio mereceu diversas legendas, como a *Assídua*, a *Benigna*, a *Rigaldina*, a *Raimondina*. São Francisco, no entanto, foi objeto das mais variadas narrativas de caráter não só edificante, mas também polêmico, na luta pela interpretação mais fiel ao seu modo de vida. Temos, assim, as narrativas dos *Três Companheiros*, a *Legenda Perusina*, o *Anônimo Perusino*, o *Espelho de Perfeição*, o *Sacro Comércio*. E talvez o mais famoso, embora tenha surgido um século depois: *I Fioretti* – ou "As Florzinhas" – de São Francisco.

menores vermes, não está num romantismo sentimental nem propriamente em uma causa pela qual ele seria um militante, nem mesmo por inspiração bíblica, que viria em socorro hermenêutico somente *a posteriori*. O segredo está em sua radical experiência de *desapropriação*. É algo mais radical do que pobreza – é vazio de si, é *kénosis*. Francisco não chegou por um voluntarismo ou por uma militância a esta condição de "desapropriado" ou de *sine proprium* – sem nada de próprio, não só de coisas, mas de si mesmo, como ensina em suas *Exortações* e como se promete na *Regra* franciscana.[2] Ele chegou ao *sine proprium* pelo caminho doloroso da frustração do desejo, pelo desencanto dos ideais de seu tempo, pela decepção profissional, pela crise profunda tanto em sua saúde física como em sua alma, pelo conflito aberto em suas relações familiares e sociais, por um desespero desmedido que o devastou intensamente por quase três anos. Ele foi ejetado da boa sociedade para o exterior, e na periferia se deparou com andarilhos e vagabundos, e com doentes de lepra que eram excluídos da sociedade por questão de defesa. Começou com eles, com leprosos e vagabundos, novas relações, e então "justamente o que antes me parecia amargo se me converteu em doçura da alma e do corpo, e depois

---

[2] Até hoje a fórmula de consagração no seguimento de Francisco, quando os frades emitem votos, permanece com a linguagem da *Regra* ditada pelo santo, ou seja, não se trata de voto de pobreza, mas de voto de viver "sem propriedade" – *sine proprium*.

disso demorei só bem pouco e abandonei o mundo" (*Testamento de Francisco*, 1,3).

Ao abandonar tão radicalmente o mundo de suas vaidades e de toda sua vida anterior, o mundo real começou a revelar-se e a dar-se a ele em sua própria consistência e alteridade, e Francisco começou a ter uma alma, já vazia de si, capaz de abrigar o mundo de outra forma, com respeito à alteridade de todos os seres, numa relação de criaturas, ele simplesmente criatura entre as criaturas suas irmãs, com encantamento e serviço mútuo. Os biógrafos o descrevem como alguém que, depois de um tempo de desgosto, retornou ao paraíso como homem "matinal", ou, então, como alguém que alcançou a reconciliação sonhada por Isaías, quando a criança e a serpente brincariam sem dano.

Os animais não estão à nossa disposição

Pode parecer estranho que o santo padroeiro dos animais tenha prescrito na *Regra* para seus companheiros de vida a proibição pura e simples de criar animais:

> Ordeno a todos os meus irmãos, tanto clérigos como leigos, ao irem pelo mundo, ou morarem em lugar fixo, que de modo algum criem qualquer animal, nem junto a si mesmos, nem com outra pessoa, nem de qualquer outra forma. Nem lhes seja lícito andar a cavalo, a não ser que se vejam obrigados por doença ou por grande necessidade (*Regra não bulada*, 15,1-2).

Três considerações são úteis para compreender essas prescrições: segundo os especialistas, embora a *Regra* tenha sido elaborada por anos a fio em reuniões gerais anuais onde todos os frades participavam ativamente, ela mantém a marca pessoal de Francisco, sobretudo quando começa com uma ordenação na primeira pessoa do singular (CROCOLI; SUSIN, 2013, p. 72). Assim, a proibição absoluta e firme de criar animais por si, ou por terceiros, ou por forma alguma, provém seguramente de Francisco. A segunda observação diz respeito à segunda proibição, a de não andar a cavalo. A interpretação mais recorrente é de que os "cavaleiros" tinham *status* de nobreza, o que não era mais o caso para quem se tornava um irmão menor, identificado com a população simples dos *minores*. Mas a terceira observação é que se pode também interpretar as duas proibições num sentido único: evitar o domínio e a disponibilidade de animais para si. Trata-se da renúncia à posse e ao uso indiscriminado de animais. Caso de doença seria uma exceção. E, de fato, Francisco, já nos últimos anos, com suas doenças e suas chagas, precisava de um burrinho para seus deslocamentos. Mas ambos os interditos e, portanto, as renúncias exigidas, soam como uma indisponibilidade do animal ao arbítrio, ao comprazimento e até mesmo à comodidade humana dos frades.

Tal interdito pode ser melhor compreendido através de uma narração edificante que os biógrafos repetem, o que revela a importância do ensinamento. Segundo eles, junto à Porciúncula, lugar de referência dos frades itinerantes, morava uma cigarra que costumava cantar com suavidade. Por certo tempo Francisco a chamava, ela pousava em sua mão e, à ordem de Francisco, ela começava a cantar enquanto o próprio santo juntava seu canto de louvor, e cantavam até que ele a mandasse de volta para seu lugar. Depois de dias nesse jogo de jograis em que "ela estava sempre pronta para obedecer-lhe", no dizer de Celano, Francisco se dirigiu aos seus companheiros: "Vamos despedir nossa irmã cigarra, que já nos alegrou bastante aqui com o seu louvor, para que isso não seja causa de vanglória para nós". Assim, despediu-a e ela foi embora, terminando a narrativa (Celano, *Vita* II, 30, 171).

O tom geral das narrativas cheias de pássaros, de peixes, de animais do bosque e do campo ou domésticos é de que se tratava de um relacionamento absolutamente espontâneo, casual, embora contínuo. Ou seja, algo gracioso, não programado, acontecimentos em pura gratuidade, em clima de liberdade de quem não tem desejo de posse e por isso não tem planos. Assim se entende por que os hagiógrafos insistem que os animais corriam para Francisco, queriam ficar em sua companhia, só saíam quando admoestados, como por uma "licença" e "obediência", duas palavras recorrentes dos hagiógrafos nas relações dos animais com Francisco que vamos examinar logo adiante. Até aqui o mais importante é compreender que, para Francisco, a relação com os animais se dava na condição de *sine proprium*, sem propriedade, o que lhe permitiu uma fraternidade criatural e uma reciprocidade que transcende o sentimentalismo romântico, e tem consistência ontológica e pureza ética: ele viveu como criatura entre as criaturas, numa fraternidade criatural.

Pode acontecer o contrário: nós estarmos à disposição dos animais

Examinando mais de perto, há uma diferença quase brutal entre um dos escritos de Francisco e os escritos de seus biógrafos. A hierarcologia da natureza de fundo platônico-agostiniano continuava muito marcante e geral no século XIII, como já vimos em Santo Tomás, e influenciou a forma como Celano e, sobretudo, São Boaventura, um agostiniano confesso e refinado, descrevem a relação de Francisco com os animais. O raciocínio dos biógrafos é simples: Francisco, em sua santidade calcada no despojamento e na alegria e liberdade espiritual, é o Adão redivivo na aurora paradisíaca do mundo, a quem todas as criaturas *se submetem* em obsequiosa obediência. É por isso que as palavras "obediência" e "licença" são tão recorrentes, sempre de forma alegre, em animais felizes na chegada e na partida, respeitosos, atentos, enfim, sempre *obedientes*. Assim, por exemplo, São Boaventura na *Legenda Maior*:

> São Francisco, tão admirável e verdadeiramente celestial, que abrandou a ferocidade dos animais ferozes, domesticou os animais silvestres, ensinou aos mansos *e reduziu à sua primitiva obediência a natureza animal* que por causa do pecado se rebelara contra o homem. Esta é a verdadeira piedade que torna amigas as criaturas (XIII, 11 – ênfase nossa).

Ou ainda: "A compaixão fazia dele um outro Cristo, a amabilidade o inclinava para o próximo, *e uma amizade com cada uma das criaturas lembrava nosso estado de inocência primitiva*" (*Legenda Maior*, VIII, 1 – ênfase nossa).

Mas prestando atenção aos nossos hagiógrafos em outras narrativas, e diferentemente dessa hierarcologia em que o santo homem ordena e os animais obedecem, são, ao invés, profusos em narrar o relacionamento de Francisco com os animais na forma de *reciprocidade*, relações de mão dupla, com mútuo carinho e ternura, mútua atenção e socorro, descrições de uma real fraternidade e sororidade como entre sujeitos de uma família enorme, variada, exuberante, aberta, com múltiplos interlocutores. Nesse sentido os narradores empregam os melhores adjetivos, mais adjetivos do que qualquer outro gênero de palavra, para descrever a compaixão, o enternecimento, a escuta e a comunicação não só de Francisco para com os animais, mas também dos animais para com Francisco, em uma relação de alteridades entre familiares, reciprocidade e socialidade profusas, que estão longe da rigorosa e lógica afirmação agostiniana de que não há possibilidade de vida social e moral entre humanos e animais. Para São Francisco de Assis os animais não são alegorias, metáforas, evocações, nem espécies, mas individualidades reais, "de carne e osso", com capacidade de reciprocidade, que respondem a seu modo e com a sua linguagem às palavras e gestos que lhes dirige. E nesse sentido a memória edificante que os biógrafos de Francisco nos legaram vai muito além de certa cacofonia da teologia acadêmica e escolástica contemporânea que seguia rigorosamente a formalidade aristotélica e a hierarcologia platônico-agostiniana. Francisco realmente fala com os animais, e os animais, com sua linguagem própria, falam com Francisco.

Mas há mais: Francisco mesmo, em uma única frase de seu punho, vai bem além da reciprocidade, e aceita a possibilidade de inverter a hierarquia: e se os animais – e animais ferozes – dispusessem de nós como bem entendessem, reconhecendo que nisso estaria a vontade de Deus, aceitaríamos como obediência devida a eles e a Deus? Esse estranho desafio é igual ao que Francisco narra em sua parábola da "Verdadeira alegria". Nessa parábola, ditada em um tempo de dificuldade real com os caminhos da nova Ordem, elaborada em forma de diálogo socrático, ele imagina: E se ele e Frei Leão, frades da primeira hora, ao chegarem, em plena noite de neve, a seu lugar de origem, à Porciúncula, fossem rejeitados, expulsos; e se se dessem conta de que seria Deus mesmo que os teria colocado nessa situação, como reagiriam? Na sequência do diálogo ele conclui que a verdadeira alegria é a paciência que aguenta tal absurdo em paz no meio do nada, como Cristo na cruz. No caso dos animais, ele nos surpreende no final do seu criativo *Elogio das Virtudes*, justamente ao falar da obediência:

> A santa obediência confunde todos os desejos sensuais e carnais e mantém o corpo mortificado para obedecer ao espírito e obedecer a seu irmão, e torna o homem submisso a todos os homens deste mundo, e nem só aos homens, senão também

a todas as bestas e feras para que dele possam dispor o que quiserem, até o ponto que lhe for *permitido do alto* pelo Senhor (Jo 19,11).

Nesse último elogio às virtudes, em que radicaliza a obediência, Francisco acrescenta ao elemento conhecido pela ascética de seu tempo – a mortificação do corpo, dos desejos sensuais e mundanos em obediência ao espírito – a obediência do corpo ao irmão, a todos os homens deste mundo, e a todas as bestas e feras. Em outros lugares ele insiste na condição fraternal da obediência, na obediência aos irmãos, como aqui. Mas aqui a originalidade que pode causar estranheza é a obediência "a todos os animais e feras". Portanto, numa ordem cada vez mais "*des*-hierarquizada", cada vez mais de cabeça para baixo. O teste último, afinal, são os animais, e em sua bestialidade e ferocidade, não em sua beleza e mansidão. Como no caso da verdadeira alegria que reside na paciência, a verdadeira e mais radical obediência não reside em obedecer hierarquicamente a quem está acima, mas ao que é considerado o mais ínfimo, o animal feroz e perigoso – para que disponham tanto quanto for permitido do alto. Nesse final há uma evocação do Evangelho de João, quando Jesus está diante de Pilatos, submetido a um poder absurdo, mas pelo qual ele vê a vontade do Pai e o convite ao amor que abraça a cruz. Os animais, como o irmão e como todos os homens, podem ser a cruz que devamos carregar como um desígnio do alto, vivido na obediência e na paciência.

Portanto, nada de complacência estética ou afetiva, mas uma radical espiritualidade criatural.

A reconciliação entre o humano e o animal

Uma das mais belas narrativas dos *Fioretti* de São Francisco é o pacto de Gúbio entre o lobo e os habitantes da cidade com a mediação de Francisco. Essa narrativa já foi estudada sob diversos pontos de vista – psicanalítico, sociológico, antropológico, linguístico – e continua a ser uma obra de literatura inexaurível. Vale uma leitura calma para saborear cada cena, cada movimento, cada adjetivo, cada verbo:

> *Fioretti* de São Francisco, capítulo XXI.
> Do santíssimo milagre que São Francisco fez quando converteu o ferocíssimo lobo de Gúbio:
>
> No tempo em que São Francisco morava na cidade de Gúbio, no condado de Gúbio, apareceu um lobo muito grande, terrível e feroz, que não somente devorava os animais, mas também os homens; tanto que todos os cidadãos viviam um grande medo, pois diversas vezes ele se aproximava da cidade. E todos andavam armados quando saíam da cidade, como se fossem combater. E mesmo assim não podiam defender-se do lobo se se encontrassem sozinhos com ele. E por medo desse lobo, chegaram a uma situação em que ninguém ousava sair fora da terra.
> Por esse motivo, tendo São Francisco compaixão das pessoas da terra, quis sair para encontrar o lobo, ainda que os cidadãos em conjunto não o aconselhassem. Mas, fazendo o sinal da Santíssima cruz, saiu fora da terra, ele com os seus

companheiros, pondo toda a confiança em Deus. E como os outros ficassem na dúvida se deviam ir mais adiante, São Francisco tomou o caminho para o lugar onde o lobo ficava. E eis que, diante de muitos cidadãos que tinham vindo para ver esse milagre, o dito lobo foi ao encontro de São Francisco, de boca aberta. Aproximando-se dele, São Francisco lhe fez o sinal da Santíssima cruz, chamou-o a si e disse assim: "Vem aqui, irmão lobo, eu te mando da parte de Cristo que não faças mal nem a mim nem a ninguém". Coisa admirável de dizer! Logo que São Francisco fez a cruz, o lobo terrível fechou a boca e parou de correr; e, dada a ordem, veio mansamente como um cordeiro, e lançou-se aos pés de São Francisco, deitado. E São Francisco assim lhe falou: "Irmão lobo, tu fazes muitos danos por aqui, e fizeste grandes malefícios, estragando e matando as criaturas de Deus sem a sua licença. E não somente mataste e devoraste animais, mas tiveste a ousadia de matar pessoas, feitas à imagem de Deus. Por isso tu mereces a forca, como ladrão e péssimo homicida. E todo mundo grita e murmura contra ti, e toda esta terra ficou tua inimiga. Mas eu quero, irmão lobo, fazer a paz entre tu e eles, de modo que tu não os ofendas mais e eles te perdoem todas as ofensas passadas, e nem os homens nem os cães continuem a te perseguir".

Ditas essas palavras, o lobo, com gestos do corpo, da cauda e das orelhas, e inclinando a cabeça, mostrava que aceitava o que São Francisco dissera e queria observá-lo. Então São Francisco disse: "Irmão lobo, porque te agrada fazer e manter esta paz, eu te prometo que farei com que as pessoas desta terra te deem continuamente a comida enquanto viveres, de modo que não sofrerás fome. Pois eu sei que foi pela fome que fizeste todo o mal. Mas como eu te concedo esta graça eu quero, irmão lobo, que tu me prometas que tu não prejudicarás jamais a nenhuma pessoa humana nem a animal algum: tu me prometes isto?". E o lobo, inclinando a cabeça, fazia um sinal evidente de que estava prometendo. E São Francisco disse: "Irmão lobo, quero que me dês prova dessa promessa, para eu poder bem confiar". E como São Francisco estendeu a mão para receber seu juramento, o lobo levantou a pata direita e a colocou mansamente sobre a mão de São Francisco, dando-lhe o sinal como podia.

Então São Francisco disse: "Irmão lobo, eu te mando em nome de Jesus Cristo que tu venhas agora comigo, sem duvidar nem um pouco. Vamos confirmar esta paz, em nome de Deus". E o lobo, obediente, foi com ele como se fosse um carneirinho manso. Vendo isso, os cidadãos ficaram muito admirados. E a novidade ficou logo conhecida por toda a cidade. Por isso todas as pessoas, homens e mulheres, grandes e pequenos, jovens e velhos, foram para a praça ver o lobo com São Francisco. E estando o povo aí, bem reunido, São Francisco levantou-se e pregou para eles [...]. Feita a pregação, São Francisco disse: "Ouvi, meus irmãos: irmão lobo, que está aqui na frente de vós, me prometeu, e jurou, que vai fazer as pazes convosco e que não vai mais vos ofender em coisa alguma, e vós prometeis dar-lhe cada dia as coisas necessárias, e eu entro como fiador dele, de que vai observar firmemente o pacto".

Então todo o povo, a uma só voz, prometeu alimentá-lo continuamente. E são Francisco, diante de todos, disse ao lobo: "E tu, irmão lobo, prometes a estas pessoas observar o pacto da paz, de modo que não ofendas nem os homens, nem os animais, nem criatura alguma?". E o lobo ajoelhou-se, inclinou a cabeça, e com gestos mansos do corpo, da cauda e das orelhas, mostrava, quanto possível, que queria observar todo o pacto. São Francisco disse: "Irmão lobo, eu quero que, como tu me juraste essa promessa fora da porta, também me

dês fé da tua promessa diante de todo o povo, e que não me enganarás sobre a promessa e caução que eu fiz por ti".
Então o lobo levantou a pata direita e colocou-a na mão de São Francisco. Daí, por causa desse ato e das outras coisas que foram ditas, houve tanta alegria e admiração em todo o povo, tanto pela devoção ao santo como pela novidade do milagre, e pela paz do lobo, que todos começaram a gritar para o céu, louvando e bendizendo a Deus, que lhes tinha mandado São Francisco, que pelos seus méritos os havia libertado da boca do cruel animal.
Depois o lobo viveu dois anos em Gúbio, e entrava domesticamente pelas casas, de porta em porta, sem fazer mal a ninguém, e sem que o fizessem para ele. E foi alimentado cortesmente pelo povo. E mesmo andando assim pela terra e pelas casas, nunca um cão ladrava atrás dele. Finalmente, depois de dois anos, o lobo morreu de velho, causando muita dor aos cidadãos, porque, vendo-o andar tão manso pela cidade, recordavam melhor a virtude e a santidade de São Francisco. Para louvor de Jesus Cristo e do pobrezinho Francisco. Amém.

Por essa narrativa pode-se concluir que Francisco, como Jesus, introduz a reconciliação sabática, e começa a realizar o sonho de Isaías em que a criança e a serpente brincariam juntas. Sua radicalidade de *sine proprium*, sem apropriação, o tornou hospedeiro e mediador das criaturas. Ele estabelece uma aliança de mútuo compromisso entre a cidade e o animal, sem humilhação e sem sujeições desvantajosas.

É importante sublinhar que, no tom da narrativa e nas falas de Francisco, seu relacionamento com os animais não é algo simbólico, metafórico, nem algo "geral", mas uma fraternidade universal e idealizada, sem consequências. Francisco, segundo o especialista Eloi Leclerq, não era dado a ideias universais ou a sistemas. Ele não conhecia "a Ordem" dos frades, mas conhecia Frei Leão, Frei Masseo, Irmã Clara. Era um homem realista e prático para buscar soluções pessoais e criativas, mas não para manejar uma organização, uma causa ou militância. Diante do direito e de um doente, o que ele sabia era que "necessidade não conhece lei". Por isso os narradores conservaram seu modo de se relacionar com os animais não de forma geral, mas muito realista, com o abraço de bênção para a cigarra ou o cuidado de retirar o verme do caminho para não ser pisado. Esse relacionamento individualizado, de "carne e osso", sem generalizações, portanto para além de regras e ideias prontas, tornou-se um legado à escola de pensamento franciscano que distingue São Boaventura de seu contemporâneo Santo Tomás, e que se acentua em Duns Scotus, Guilherme de Ockham e nos franciscanos que tendem à crítica dos universais no nominalismo: não existe "o homem", mas somente "o João, a Maria, o Pedro...".[3] Por isso não se pode reduzir o padroeiro dos animais a uma causa abstrata e geral. O amor, em sua fonte, é indivisível, ainda que abrace diferentes objetos de amor: Francisco amou no mesmo

---

[3] Esta sensibilidade de Francisco estaria nas origens do famoso conceito de *haecceitas* ("isticidade", de "isto") de Duns Scotus, como também a afirmação da individualidade em confronto com os universais, no sentido de generalidades e abstrações. Cf. LECLERC, Éloi. *O sol nasce em Assis*. Petrópolis: Vozes, 2000.

amor os animais, os irmãos, Cristo, a Igreja, Irmã Clara – todos em um mesmo amor fraterno, e, como disse São Boaventura, a todos "dava o doce nome de irmão e irmã".

Francisco não sacralizou a natureza ou os animais. Como conhecia a fraqueza e o pecado de seus irmãos, conhecia também a possibilidade de brutalidade e os limites dos animais. Embora tenha inventado outras quaresmas para além da Quaresma de setenta dias e do advento de quarenta dias durante o ano, e além de todas as sextas e quartas-feiras do ano, em que se costumava fazer completa abstinência de carne – tudo somado ultrapassava meio ano sem carne –, não há relato de que ele fosse vegetariano, que nunca comesse carne, embora possamos inferir de seu modo de considerar os animais. O que nos chega como mais próximo disso é este texto: "Quando saía pelo mundo para pregar o Evangelho, conformava-se aos que o recebiam na qualidade dos alimentos, mas logo que voltava a seu retiro observava severamente a rígida sobriedade da abstinência" (*Legenda Maior*, 5,7). Tal comportamento está de acordo com a *Regra*, que por sua vez se conforma ao Evangelho: ir pelo mundo aceitando a hospitalidade e comendo o que apresentarem à mesa sem recusar. Por outro lado, há um relato certamente hiperbólico, portanto metafórico, em que os frades hesitavam sobre se deviam comer carne na festa do Natal porque ocorria numa sexta-feira. É importante observar que o Natal é a festa em que o filho de Deus "se fez carne", e Francisco: "Irmão, cometes um pecado em chamar de 'sexta-feira' o dia em que o Menino nasceu para nós. Quero que nesse dia até as paredes comam carne. Se não podem, pelo menos sejam esfregadas com carne!" (Celano, *Vita II*, 151, 199-200). E continuou expressando o desejo de pedir ao imperador para que promulgasse uma lei: que todos nesse dia jogassem trigo pelas ruas, enchendo-as para os passarinhos. Ou seja, trata-se de hipérboles de um santo que não precisava de racionalidade sistemática lá onde sua condição fraterna ditava sua relação de carne e osso para com todas as criaturas em cada circunstância. Na exuberância das narrativas há certamente também hipérboles, mas se fundam em relações vivas e reais, coerentes com o que foi Francisco. Terminamos este item com uma dessas tantas narrativas, tomada de Celano:

> [...] O santo pai Francisco percorria o vale de Espoleto. Chegando perto de Bevagna, encontrou uma multidão enorme de pássaros de todas as espécies, como pombas, gralhas e outras que vulgarmente chamam de corvos. Quando os viu, o servo de Deus Francisco, que era homem de grande fervor e tinha um afeto muito grande mesmo pelas criaturas inferiores e irracionais, correu alegremente para eles, deixando os companheiros no caminho. Aproximou-se e vendo que o esperavam sem medo, cumprimentou-os como era seu costume. Mas ficou muito admirado porque as aves não fugiram como fazem sempre e, cheio de alegria, pediu humildemente que ouvissem a Palavra de Deus. Entre muitas outras coisas, disse-lhes o seguinte: "Passarinhos, meus irmãos, vocês devem sempre louvar o seu Criador e amá-lo, porque lhes deu penas para vestir, asas para voar e tudo de que vocês precisam. Deus lhes deu um bom lugar entre as suas criaturas e lhes permitiu morar na limpidez do ar, pois, embora

vocês não semeiem nem colham, não precisam se preocupar porque ele protege e guarda vocês". Quando os passarinhos ouviram isso, conforme ele mesmo e seus companheiros contaram depois, fizeram uma festa à sua maneira, começando a espichar o pescoço, a abrir as asas e a olhar para ele. Ele ia e voltava pelo meio deles roçando a túnica por suas cabeças e corpos. Depois abençoou-os e, fazendo o sinal da cruz, deu-lhes licença para voar. Com os companheiros, o bem-aventurado pai continuou alegre pelo seu caminho, dando graças a Deus, a quem todas as criaturas louvam com humilde reconhecimento. Como já era um homem simples não pela natureza mas pela graça, começou a acusar-se de negligente por não ter pregado antes para as aves, que tinham ouvido a Palavra de Deus com tanto respeito. Daí para a frente passou a exortar com solicitude todos os pássaros, animais, répteis e até as criaturas inanimadas a louvarem e amarem o Criador, já que, por experiência própria, comprovava todos os dias como escutavam quando invocava o nome do Salvador (Celano, *Vita* I, 21, 58).

Conclusão
"Que devemos fazer?" (At 2,37b)

A pergunta "Que devemos fazer?" tem um contexto crucial nos Atos dos Apóstolos. Na manhã de Pentecostes, tomados pela coragem do Espírito, Pedro e seus companheiros abriram as portas do seu refúgio e surpreenderam Jerusalém com as palavras de Pedro: "Deus constituiu Senhor e Cristo este Jesus a quem vós crucificastes" (At 2,36b). E continua a narrativa: "Ouvindo isto, eles sentiram o coração traspassado e perguntaram a Pedro e aos demais apóstolos: 'Irmãos, que devemos fazer?'" (At 2,37). Em novo discurso, já no coração do sistema religioso de sacrifícios animais, no Templo, Pedro repete com mais veemência o desvelamento do que tinha sido feito com o inocente: vocês mataram o autor da vida! (At 3,15), e acrescenta no final: "Entretanto, irmãos, sei que agistes por ignorância, da mesma forma como vossos chefes" (At 3,17). Que devem fazer? A única solução positiva, o único caminho, é repetida em ambos os discursos: "Arrependei-vos, pois, e convertei-vos, a fim de que sejam apagados os vossos pecados, e deste modo venham da face do Senhor os tempos do refrigério [...] até os tempos da restauração de todas as coisas" (At 3,19-20a; 21b; At 2,38). Ao invés da lógica vingança, o que se promete é bênção (At 3,26), remissão da maldade e dom do Espírito (At 2,38b). Assim chegará o "tempo da *restauração* de todas as coisas" (em grego: *apokatástasis*), que, em nosso caso, é a restauração das relações "como era no princípio", de amizade e convivência, de hospitalidade e humanidade partilhada com todos os seres vivos, enfim, a realização do sonho de Is 11. Mas também em nosso caso é necessário "arrependimento" e "conversão", abandonando a maldade, ou seja, a crueldade – o sangue, a pele, a carne, a vida dos animais.

A palavra "conversão" provém da experiência religiosa, e sugere uma mudança profunda, radical. O Papa Francisco, na encíclica *Laudato Si'*, sobre o cuidado da terra como nossa casa comum, emprega a palavra para conclamar a uma "conversão ecológica". A nossa tese é de que no eixo central do cuidado ecológico está a relação da nossa espécie com as outras espécies e formas de vida. Por isso interpretamos a atual urgência e ocasião histórica como desafio a uma "conversão" na relação com os animais. Existem alternativas para poder abandonar as diversas formas de campos de concentração e de tortura e morte de animais a nosso favor. Mas sem o impacto da revelação que provoque o *sentimento de um coração traspassado*, como no caso dos ouvintes de Pedro, a acomodação na ignorância e no preconceito que acobertam a crueldade será fatal. Um choque de realidade é preciso. Narrativas de choques são uma boa estratégia da ética e, por que não?, de conversão teológica. Eis algumas.

O frade e a tourada

Em 1980, em viagem pela Espanha, onde fora por questões de estudos, um jovem frade brasileiro se encontrou em Madri em plena Semana Santa, uma boa ocasião para conhecer as procissões barrocas dos arredores. Os cartazes espalhados pela cidade prometiam para o domingo de Páscoa uma espetacular tarde de "corridas de toros" – entenda-se "touradas". Como o objetivo era aproveitar aqueles dias para conhecer a cultura, os costumes..., e pensando o quanto eram famosas tais touradas – e justo em Madri –, programou-se, comprou o bilhete e lá se foi faceiro para os lados da Plaza de Toros. Chegou cedo, mas, como era abertura da temporada, logo se viu rodeado de gente elegante, senhoras bem acompanhadas, um burburinho alegre numa arena charmosa. Do outro lado se podia admirar o camarote real, enquanto na arena uma banda dava o tom da festa. Na hora marcada intensificou-se a música em fanfarra, abriu-se o portão por onde adentrou um desfile de cavaleiros elegantemente montados em cavalos portando decorações reluzentes e abrindo caminho para o séquito finalmente coroado pelos heróis por antecipação, os toureiros. Vinham caminhando eretos, cabeça erguida e peito levantado, em soberbas roupas douradas dos tempos do rococó. A *pompa e circunstância* deu a volta sob os aplausos entusiasmados, tudo era brilho e glória. Estava, assim, aberto o "espetáculo" aos olhos fascinados do jovem frade, sem imaginar ainda que ali começaria também o espanto da sua ingenuidade e o seu arrependimento para sempre.

Na sequência, ao abrir de uma cancela entrou vigorosamente o primeiro touro, correndo sem objetivo preciso. A cada provocação e enfrentamento entre toureiro e touro levantava-se o coro dos "olés" do público. Que começou a ficar cada vez mais assanhado à medida que começaram as lançadas e o sangue começou a verter das costas pelo pescoço e pelos lados do touro. Vendo a cena, que começou a doer em seus olhos, o pobre frade se voltou para o lado, para as damas que estavam com suas cartelas marcando pontos, tentando entender o que podia significar ganhar ou perder pontos de acordo com o tipo de lançada no touro e outros ataques. Parecia que, à medida que o sangue vertia, se ganhava nas apostas e se ficava cada vez mais ensandecido. A certo momento, para garantir o êxito do toureiro-herói, um cavaleiro bem protegido afundou com diversos golpes uma longa lança na espinha do touro. E aí começou a segunda parte, as lançadas finais, os pontos e os gritos do público aumentando, os estremecimentos e a agonia do touro aumentando, até que, com o touro já parado, avermelhado pelo sangue, mal se segurando sobre suas pernas, depois da última brilhante pose do toureiro bem diante dos olhos já se apagando do touro, o toureiro prestes a ser aclamado herói crava-lhe com precisão e força a ultima estocada entre os olhos, faz o touro saltar para cair morto sob aplausos e gritos ensurdecedores.

Bem, a essa altura os olhos do coitado do frade também não viam mais bem, pareciam rodear, provocando vertigem, e as vozes pareciam ficar distantes, a cena se distanciava: o que estava ele fazendo ali? – ele, filho de São Francisco, e numa tarde de Páscoa, dia da celebração da ressurreição, da vida? Esfregou os olhos, apalpou-se, e, num sobressalto, viu-se já fora da tal Plaza de Toros, quase correndo, sem coragem de olhar para trás, como quem sai de uma humilhação, de uma violação, a crueldade celebrada como cultura, e um touro – haveria seis, aquele era apenas o primeiro – pagando com sua vida essa vontade de heroísmo de macho latino, essa vontade de linchamento e catarse num banho de sangue, e tudo com elegância, com chapéus e plumas, como em hipódromos e casamentos! Conta ele que até hoje, ao lembrar, sente a repugnância e a vergonha de ter ido a tal espetáculo – afinal, podia bem saber que não é para brincar com os touros que existem tais *plazas de toros*. Se bem que em Lisboa foi convidado a ir à tourada portuguesa, que, segundo lhe relataram diante de sua imediata repulsa, seria apenas brincadeira, o toureiro devendo meter-se entre as guampas do touro e segurar-se firme até que o touro o jogasse longe, um arremedo de herói às avessas que os portugueses aplicam à cultura das touradas. Mas nem esse relato de brincadeira e de anti-heróis curou seu trauma, que ficou para sempre, e que acabou lhe fazendo bem.

Cenas que fazem "sentir o coração transpassado", como o "cair em si" dos que mataram o inocente na cruz em At 2,37, mesmo que por ignorância, podem se tornar um momento de rico aprendizado, ainda que pela via dolorosa e traumática, na conversão para se afastar da crueldade objetiva e praticar a justiça para com seres vivos que olham você, que sentem e sofrem.

O menino, o leite e a vaca

Na verde savana de Bogotá, a alguns quilômetros da capital colombiana, já em área rural, foi inaugurado um *shopping center* que prima pela comercialização de produtos agrícolas e por uma bela decoração rural, e se chama justamente A *Fazenda*. Torna-se uma boa ocasião de um passeio em família. Foi o que fez um casal, num sábado à tarde, levando o filho de mais ou menos cinco anos, menino tipicamente urbano, para conhecer de perto o que uma fazenda tem.

Já no *hall* de entrada da monumental arquitetura estava uma grande vitrine com três pares de robustas vacas malhadas ao vivo, em pé, acomodadas do outro lado do vidro. Estavam ali paradas o tempo todo, sendo ordenhadas aos olhos dos curiosos visitantes, tendo os aparelhos de ordenha em seus úbres, e dali, através de mangueiras e recipientes transparentes, se podia acompanhar o leite generoso em seu caminho da vaca para o devido processamento, pasteurização e fabricação de derivados, numa espécie de esteira de montagem de fábrica que começava nas vacas.

O menino levou um tempo para entender o que estava vendo e precisou da insistente explicação dos pais para se dar conta de que o leite que lá adiante virava um apetitoso doce de leite saia diretamente das vacas. Então quer dizer que o leite que ele tomava todos os dias não vinha do supermercado, vinha de uma vaca? Ele não podia, não queria, fazia de tudo para não acreditar: havia uma vaca por trás do leite que ele tomava, e ele nem desconfiava! E agora, ao ver ao vivo e em cores, a primeira reação foi um verdadeiro escândalo: que ele nunca mais iria tomar leite, não queria mais nem tocar, nem ver! Nem doce de leite! E não adiantava raciocinar, ele começava a gritar e a se agitar para afirmar em alto e bom som que era definitivo, que o leite ia se mexer na barriga dele, que ele não ia colocar o que vinha de uma vaca viva dentro dele – e choramingava com olhos meio aterrorizados.

O leite – e o doce de leite – perdia, assim, o seu encanto aos olhos do menino. Ou, em palavras mais acadêmicas: a mercadoria perdia o seu *status* de *fetiche*. As churrascarias colocam em seus folhetos e *outdoors* espetos com carne no ponto, pingando gordura e transparecendo sabor de dar água na boca. Não colocam o boi sendo abatido, carneado. Como se a carne, desde que compramos no mercado, fosse uma realidade em si mesma, independente de um animal, uma coisa em si – autônoma. Essa *coisificação* da carne, do leite, dos ovos, do couro, pela qual comemos com sabor e nos vestimos com elegância de peles como se não tivesse nada a ver com animais que foram sacrificados, com vidas e corpos feitos mercadorias, é o que se pode chamar de "fetiche" com aparente vida própria. Mas é uma máscara, e o começo da idolatria das coisas e do consumo.

A sofisticação da cidade moderna tornou distante a paisagem rural em que a família começava o dia agarrando o porco a espernear e grunhir, enfiando-lhe a faca com precisão, carneando, fazendo salame e aproveitando o sangue para morcela, guardando parte da carne em sal para outros dias e terminando o dia comendo do porco que estava vivo em suas mãos de manhã cedo. Esse espetáculo agora parece desagradável e de mau gosto. Compra-se carne "suína" em bandejas plastificadas, higienizadas, apenas carne, não o porco. Essa "fetichização" purifica e incrementa o mercado, a indústria, os ganhos em grande escala. Falta uma visita a um abatedouro ou, ao menos, um estudo, um documentário, da cadeia de produção que começa nos "campos de concentração" de animais e seu cultivo sem atender seus direitos de seres vivos. A reação e o desencantamento do menino podem fazer bem.[1]

O filósofo, o cão e a transcendência

O filósofo judeu Emmanuel Levinas, aluno e crítico de Heidegger, conhecido por sua vigorosa afirmação da alteridade e

---

[1] Documentários não faltam na internet. Pode-se tirar grande proveito, por exemplo, desses: *Terráqueos*. Disponível em: <https://www.youtube.com/watch?v=Flqj178NtpA>. *A carne é fraca*. Disponível em: <https://www.youtube.com/watch?v=Nb26sQATp1Q>.

da ética, conta uma memória atravessada por sua interpretação talmúdica e bíblica, que ele chamou de "nome de um cão – ou sobre o direito natural".² Com suas palavras:

> Nós éramos setenta em um comando florestal para prisioneiros de guerra judeus na Alemanha nazista. O uniforme francês ainda nos protegia contra a violência hitlerista. Mas os outros homens, ditos livres, que cruzavam conosco ou que nos davam ordens de trabalho – e as crianças e as mulheres que passavam e que, às vezes, colocavam seus olhos sobre nós – nos despojavam de nossa pele humana. Nós éramos apenas uma quase-humanidade, um bando de macacos. Força e miséria de perseguidos: um pobre murmúrio interior nos lembrava de nossa essência racional. Mas nós não estávamos mais no mundo. Nosso vaivém, nossas penas e nossos risos, nossas enfermidades e nossas distrações, o trabalho de nossas mãos e a angústia de nossos olhos, as cartas que nos eram remetidas da França e aquelas que eram aceitas para (serem enviadas para) nossas famílias – tudo isso se passava entre parênteses. Seres enclausurados na sua espécie, malgrado todo seu vocabulário, seres sem linguagem. O racismo não é um conceito biológico, o antissemitismo é o arquétipo de todo enclausuramento. A opressão social só fazia imitar este modelo. Ela enclausura em uma classe, priva de expressão e condena a "significantes sem significados" e, daí, às violências e aos combates. Como extrair uma mensagem de sua humanidade que, por detrás das grades das citações, se entenda diferentemente de um falar simiesco?
> E eis que, já ao meio de um longo cativeiro – por algumas curtas semanas e antes que as sentinelas o caçassem –, um

---

² O relato "Nom d'un chien ou le droit naturel" se encontra em seus textos judaicos reunidos em *Difficile liberté* (2. ed. Paris: Albin Michel, 1976. p. 199-202).

cão errante entra em nossa vida. Ele veio um dia se juntar à turba quando, sob uma boa guarda, ela retornava do trabalho. Ele sobrevivia em algum canto selvagem nos arredores do campo. Mas nós o chamávamos Bobby, um nome exótico, como convém a um cão querido. Ele aparecia nos ajuntamentos da manhã e nos esperava no retorno, saltitando e latindo alegremente. Para ele – era incontestável – nós éramos humanos.

E então o nosso filósofo lembra alguns outros cães, perguntando-se de qual tipo de cão o Bobby poderia ser "parente", a qual "espécie" pertenceria. Primeiro lembra o de Ulisses, que o reconheceu em seu retorno para casa. E depois os do Êxodo, na noite perigosa da saída do Egito, quando um povo escravo devia comer a Páscoa às pressas e em pé, vigilante e pronto para ir em direção à liberdade e à recuperação da dignidade de seres humanos. Em Ex 11,7 se diz que na meia-noite tremenda da passagem do anjo da morte pelo Egito, espalhando-se o clamor como nunca antes e nem depois por todo o Egito, "entre todos os israelitas, desde os homens até os animais, *não se ouvirá latir um cão*". Levinas comenta:

> A liberdade do homem é a de um libertado que se lembra de sua escravidão e assim é solidário com todos os escravos. Uma turba de escravos celebrará este alto mistério do homem e "nenhum cão latirá". À hora suprema de sua instauração – e sem ética e sem *logos* – o cão vai testemunhar

a dignidade da pessoa. O amigo do homem – é isso! *Uma transcendência no animal.*³

Então Levinas pode responder à pergunta: o Bobby não era parente do cão de Ulisses que voltava para sua Ítaca, pois aquele é o cão da pátria, da identidade firme que faz o mundo rodar ao seu redor. Bobby vive num "não lugar", em "parte alguma":

> Último kantiano de uma Alemanha nazista, não tendo o cérebro que é necessário para universalizar as máximas de suas pulsões, ele descendia dos cães israelitas do Egito. E seus latidos de amigo – fé de animal – nasceram no silêncio de seus antepassados das bordas do Nilo.

Em consequência, Levinas lembra também o mandamento que está em Ex 22,30: "Sereis homens santos diante de mim. Não comereis a carne de um animal dilacerado por uma fera no campo. Deitá-la-eis aos cães". E "por que não comê-la, mesmo sendo carnívoro?", se pergunta Levinas. Pensa, então:

> Carne dilacerada nos campos, restos de lutas sanguinolentas de selvagens que se entredevoram – a espécie forte à espécie fraca – e que a inteligência sublimaria em jogos de caça! Espetáculo sugerindo os horrores da guerra, as dilacerações no interior da espécie, donde os homens cavam as emoções artísticas do jogo da guerra (*Kriegspiel*). Ideias que cortam o apetite! De fato, elas podem vir também à mesa de casa, quando se enfia o garfo no bife. Há nisso boa razão para

---

³ A ênfase é nossa.

retomar a via vegetariana, que, a crer no Gênesis, foi de Adão, nosso pai comum! Ou há nisso ao menos razão para limitar, por algum interdito, a carnificina que a nossa boca de "homens santos" reclama diariamente!

Finalmente, nosso surpreendente filósofo conclui que ao Bobby, sim, cabia, por *direito natural*, direito de sua espécie, aquilo que estava interdito aos "homens santos", a carne de animal dilacerado no campo por uma fera. Em última análise, ao mesmo tempo *transcendência em relação à própria espécie e respeito pela espécie do outro*, esta é a lição do cão Bobby à luz deste mandamento e da solidariedade com os escravos que seriam libertados de uma escravidão intraespécie – dos homens.

Em toda essa lembrança, o que nos chama a atenção é o contraste: por um lado, humanos rebaixados por outros humanos, expulsos da espécie e enclausurados numa espécie desumanizada, sem linguagem e sem significado. Quando não se devorando no interior da mesma espécie pela guerra que deixa os corpos dilacerados nos campos! E, por outro lado, um animal – Bobby – que transcende a sua espécie, porta o socorro de sua linguagem de latidos e saltos alegres, reconhecendo-os como humanos – *a transcendência está do lado do animal*. Bobby lembra o burro e o boi do presépio, seus *parentes* cristãos, enquanto quem devia ser Povo de Deus é rebelde, sem conhecimento, malfeitor e perverso (Is 1,3).

É surpreendente que Levinas, um filósofo tão cuidadoso com a transcendência, já que nela há algo da santidade ética, localize-a aqui num animal enquanto humanos em guerra se fecham a qualquer transcendência. De qual transcendência nos fala Levinas aqui? A pergunta é capciosa e perigosa, pode ser desviante. Levinas não se está referindo a uma alma imortal destinada à transcendência em relação a este mundo, nem precisa de tal elucubração para afirmar a transcendência de um ser que não chegou sequer à linguagem do *logos* e à responsabilidade ética. Levinas dá um golpe no especismo de forma irônica, e a situação seria cômica se não fosse trágica: a espécie que não transcende, que está encerrada em sua imanência, é a dos homens que os viam de longe como outra espécie. Bobby tomou a iniciativa de transcender e devolveu-lhes humanidade. Basta assim.[4]

Conversão animal

Em tempos de crise ecológica e urgência de decisões e "conversão ecológica" (Papa Francisco), a pergunta que condiciona a responder que o animal não tem transcendência espiritual nem

---

[4] Perguntar por mais transcendência é desviante. Levinas reconhece e respeita em Bobby, como manda a Bíblia, o direito natural de comer a carne dilacerada no campo, o que é proibido para a espécie humana, que transformaria isso em jogo de guerra. Não é necessário discutir se Bobby vai para o céu, como gostaria a menina que perguntou ao Papa Francisco a respeito de seu cachorrinho. Sabiamente o papa afirmou que toda a criação está nas mãos de Deus, ele é que sabe. Mas ir ao detalhe neste caso seria desviante, como viu o clássico da escolástica Santo Tomás. Em seu tempo ainda havia rescaldo das discussões sobre a forma de presença de Cristo na Eucaristia. Ele lembra que perguntar – como se fazia – se Cristo está em todas as partes da hóstia consagrada, ou mesmo se ele se mexe na hóstia, é perguntar por detalhes que irão levar a erros e ao ridículo. Duns Scotus também viu que a pergunta insensata leva a respostas desastrosas quando se perguntava mal sobre os motivos da encarnação divina.

destinação comparável ao ser humano leva também a recriminar quem cuida de animais "mais do que de crianças". Esse sofisma é recorrente, mas as crianças e o próprio Jesus dão a melhor resposta: há que fazer uma coisa sem descuidar da outra (Mt 23,23b). É verdade que há exageros que confundem o animal, compensações afetivas, deslocamento de libido, projeções, patologias, mas dito e repetido como generalização torna-se sofisma que encobre o conservadorismo objetivamente cruel do vício de hierarquizar, da licença à crueldade especista, com consequências não só para os animais, mas para toda a ecologia. Pois de todos os elementos da criação o que está mais próximo do humano, que ganha nome e entra na convivência, mais do que a flor ou a pedra ou o vento ou a água – ainda que todos possam ser chamados franciscanamente de irmãos – é o animal. Portanto, o que se fizer ao irmão animal é o que se fará a toda criatura. O animal é o eixo do tratamento ecológico. As crianças têm razão, elas sabem conviver fraternalmente com os animais tratando-os de "tu/você" sem confusão. A elas está prometido em primeiro lugar o Reino de Deus, ou seja, o sonho de Is 11,8: a criança irá brincar com a serpente e esta não lhe fará mal.

Mas a nós outros, adultos, envelhecidos no paradigma de uso animal, ainda fascinados por nos revestirmos de sedutoras peles selvagens, mal disfarçando a idolatria dos ditos "primitivos" que repreendemos quando acreditavam tomar as energias dos animais cujas peles utilizavam como máscaras rituais, e que hoje, no entanto, agregam valor à nossa aparência elegante – o que dá no mesmo –, "que devemos fazer"? Se cotidianamente colocamos na nossa mesa receitas de carnes com molhos e temperos refinados, se em nossos matinais não passamos sem nossos patês ou, ao menos, um pedacinho de salame, se nossos fins de semana são feitos de picanha ou de uma costelinha? Ou se quebramos o galho com um *carreteiro* feito de um arroz básico com pedaços de carne, "que devemos fazer?". Ninguém precisa se desesperar: a conversão e o esforço estão ao alcance de todos. Segundo a classificação de Tom Regan, há três tipologias, que podem ser estágios, no caminho da nossa relação com os animais: os "vincianos", os "damascenos" e os "relutantes".[5]

"Vincianos" são os naturalmente vegetarianos ou *veganos*, amorosos para com os seres vivos. A palavra provém de Leonardo da Vinci, que, desde criança, com a naturalidade própria das crianças que veem no animal um "tu/você" de convivência, adotou uma alimentação vegetariana e perseverou nela por toda a sua longa vida. Embora seja uma minoria, trata-se de uma postura importante pelo seu testemunho e pela sua indicação: crianças que, desde cedo, são educadas para uma alimentação isenta de carnes e derivados e para o cuidado com todos os seres vivos poderão ser uma humanidade mais equilibrada e justa. Dessa forma, o que nossa geração não irá alcançar pode ajudar a ser uma realidade logo adiante.

---

[5] Cf. REGAN, Tom. *Jaulas vazias*. Porto Alegre: Lugano, 2006. p. 25-32.

"Damascenos" são os que, por alguma razão de saúde, ou de ordem ética, ou religiosa, ou qualquer outra, têm um acontecimento que se torna divisor de águas e mudança de vida na alimentação e no cuidado com os seres vivos. A palavra provém de São Paulo, que, no caminho de Damasco, teve o impacto de uma revelação, caiu por terra e mudou sua forma de vida (At 9,1-19). Hoje, o recurso à ciência, ao documentário, e as experiências, como as narradas anteriormente, podem ser o ponto de partida para a mudança. Bruscas ou gradativas, tais mudanças têm o mesmo dinamismo da superação de hábitos prejudiciais.

"Relutantes" são a maioria dos que se aproximam do dilema colocado pela nova consciência diante dos animais. Aqui também há comportamentos diferenciados que é importante valorizar. Há os que diminuem mais drasticamente ou aos poucos sua condição de carnívoros, mas não os derivados. Há os que protegem seletivamente alguns animais, geralmente os mais domésticos, mas se alimentam de outros, ou ainda vestem couro sem se perguntar pela possibilidade de substituição. Somente aos poucos, e com reveses, vão abraçando os diversos níveis da transformação, desde o cotidiano até a dimensão de mercado global e da política.

Há quem levante a bandeira da abstinência geral de carne na segunda-feira – seria o dia da ressaca? Na tradição cristã, a abstinência sempre foi na sexta-feira, como forma de se preparar espiritualmente para a celebração dominical. Se toda a humanidade estabelecesse um dia da semana, já seria uma revolução.

Mas por que não dois? Ou três? Não é tão difícil. Por que adultos precisam continuar tomando leite, se todo mamífero deixa de tomá-lo depois de desmamado? Deixar ou diminuir o consumo de leite ou de ovos ajuda a amenizar o sofrimento dos animais que a indústria trata como coisa e não como alguém. Melhor ainda se houver mudança total de hábito, dando um não definitivo e radical também aos derivados de carne. Mas se não se consegue tudo, então pode ser em parte. O mercado se agitaria, mas opções e prioridades são absolutamente necessárias. Por que, afinal, em vez de criar uma superpopulação de gado para abate sob condições infernais não comemos diretamente os grãos destinados a eles – que podem chegar a 70% do grão produzido, como no caso de milho e soja! –, diminuindo assim pastagens, desflorestamento, desertificação e aquecimento global? E com alimentação mais saudável?

Bons hábitos vêm sendo implantados: o famoso *Cirque du Soleil* renunciou conscientemente ao uso de animais. Barcelona proibiu touradas. No Brasil, uma lei federal proibiu o uso de animais em circo. A farra do boi e as rinhas de galo também são legalmente proibidas, trata-se de serem assumidas e internalizadas por um valor moral e não somente por medo das penalidades. Interditos e regras mais severas no uso de animais vão se alastrando, penalizando os que maltratam ou abandonam. Em muitas igrejas se acolhe animais para uma bênção, conforme uma bela tradição. Pode-se inventar e espalhar felicidade, que é o que todos querem. Os animais inclusive.

Bibliografia

AGAMBEN, Giorgio. *O aberto*. O homem e o animal. Rio de Janeiro: Civilização Brasileira, 2013.
AGOSTINHO. *A cidade de Deus*. 2. ed. Petrópolis: Vozes, 1990. v. 1.
AQUINO. *Suma contra os gentios*. Porto Alegre: Edipucrs/EST, 1996. v. II.
_____. *Suma teológica*. Porto Alegre: EST/Sulina/UCS, 1980.
ARISTÓTELES. *Política*. Brasília: UnB, 1985.
ARMSTRONG, Karen. *A grande transformação*. O mundo na época de Buda, Confúcio e Jeremias. São Paulo: Companhia das Letras, 2006.
ASSMANN, Hugo (org.). *René Girard com teólogos da libertação*. Um diálogo sobre ídolos e sacrifícios. Petrópolis/Piracicaba: Vozes/Unimep, 1991.
BENTHAM, Jeremy. *Princípios da moral e da legislação*. São Paulo: Abril Cultural, 1979. Col. Os pensadores.
BERESNIAK, Daniel. *Le mythe du péché originel*. Monaco: Rocher, 2006.
BÍBLIA DE JERUSALÉM. 8.impr. São Paulo: Paulus, 2012.
BROWN, Raymond; FRITZMYER Joseph; MURPHY Roland (org.). *The New Jerome Biblical Commentary*. Englewood Cliffs: Prentice-Hall, 1990.

CHARBONNEAU-LASSAY, Louis. *Le bestiaire du Christ*. Paris: Albin Michel, 2006.
COETZEE, J. M. *A vida dos animais*. São Paulo: Companhia das Letras, 2002.
COMPARATO, Fábio K. *A afirmação histórica dos direitos humanos*. São Paulo: Saraiva, 2003.
CROCOLI, Aldir; SUSIN, Luiz Carlos. *A Regra de São Francisco de Assis*. Apresentação e comentários. Petrópolis: Vozes, 2013.
DERRIDA, Jacques. *O animal que logo sou*. São Paulo: Unesp, 2002.
DESCARTES, R. Discurso do método. In: *Obras escolhidas*. Trad. Jacob Guinsburg e Bento Prado Jr. São Paulo: Difel – Difusão Europeia do Livro, 1962. Col. Clássicos Garnier.
DIAS, Edna Cardozo. *A tutela jurídica dos animais*. Belo Horizonte: Mandamentos, 2000.
ERMAN, Michel. *La cruauté*. Essai sur la passion du mal. Paris: Presses Universitaires de France, 2009.
FARMER, William R. (org.). *The International Bible Commentary*. Collegeville: Liturgical Press, 1998.
FELIPE, Sônia T. *Acertos abolicionistas*; a vez dos animais – Crítica à moralidade especista. São José-SC: Ecoânima, 2014.
_____. *Por uma questão de princípios*. Alcance e limites da ética de Peter Singer em defesa dos animais. Florianópolis: Fundação Boiteux, 2003.
_____. Valor inerente e vulnerabilidade: critérios éticos não especistas na perspectiva de Tom Regan. *Revista Ethic@*, Florianópolis, v. 5, n. 3. p. 125-146, jul. 2006.
FERRY, Luc. *A nova ordem ecológica*. A árvore, o animal e o homem. Rio de Janeiro: Difel, 2009.
FONTES FRANCISCANAS. Disponível em: <http://www.centrofranciscano.org.br/fontes>.

FRANCIONE, Gary L. *Animals as Persons*. Essays on the Abolition of Animal Exploitation. New York: Columbia University Press, 2008.

_____. *El error de Bentham (y el de Singer)*. Disponível em: <http://www.igualdadanimal.org/articulos/gary-francione/el-error-de-bentham-y-el-de-singer>. Acesso em: 10 jan. 2014.

GIRARD, René. *A violência e o sagrado*. 3. ed. São Paulo: Paz e Terra, 2008.

_____. *Do bode expiatório ao Cordeiro de Deus*. Disponível em: <http://www.ihu.unisinos.br/noticias/522643-do-bode-expiatorio-ao-cordeiro-de-deus-artigo-de-rene-girard>.

GREIF, Sérgio; TRÉZ, Thales. *A verdadeira face da experimentação animal*; a sua saúde em perigo. Rio de Janeiro: Sociedade Educacional "Fala Bicho", 2000.

GRUEN, Lori. *Ethics and Animals*. An Introduction. Cambridge: Cambridge University Press, 2011.

HYLAND, J. R. *God's Covenant with Animals*. A Biblical Basis for the Humane Treatment of All Creatures. New York: Lantern Books, 2000.

HORTA, Reginaldo José. "Acaso Deus se preocupa com os bois?" (1Cor 9,9): os animais na teologia de Santo Tomás de Aquino. In: *Anais do 27º Congresso Internacional da Soter. Espiritualidades e dinâmicas sociais*; memória – prospectivas. p. 1437-1449. Disponível em: <http://www.soter.org.br/documentos/documento-Dum08FpW7qWJbpsf.pdf>. Acesso em: 20 jul. 2015.

IRIARTE, Lázaro. *Vocação franciscana*. Petrópolis: Vozes, 1976.

JOHNSON, Elisabeth. *Ask the Beasts*. Darwin and the God of Love. New York: Bloomsbury, 2014.

JUNG, Carl. *O homem e seus símbolos*. Rio de Janeiro: Nova Fronteira, 1977.

KANT, I. *Fundamentação da metafísica dos costumes*. Lisboa: Edições 70, 2005.

LAÊRTIOS, Diôgenes. *Vida e doutrinas dos filósofos ilustres*. 2. ed. Brasília: UnB, 2008.

LE GOFF, Jacques. *Saint François d'Assise*. Paris: Gallimard, 1999.

LECLERC, Éloi. *O sol nasce em Assis*. Petrópolis: Vozes, 2000.

LEVAI, Laerte Fernando. *Direito dos animais*. Campos do Jordão: Editora Mantiqueira, 2004.

LEVINAS, Emmanuel. *Difficile liberté*. 2. ed. Paris: Albin Michel, 1976.

LINZEY, Andrew. *Animal Gospel*. Louisville: Westminster John Knox Press, 2010.

_____. *Creatures of the Same God*. Explorations in Animal Theology. New York: Lantern Books, 2009.

_____. *Why Animal Suffering Matters*. Philosophy, Theology, and Practical Ethics. Oxford: Oxford University Press, 2009.

_____; REGAN, Tom (org.). *Animals & Christianity*. Eugene: Wipf & Stock, 1990.

LOURENÇO, Daniel Braga. *Direito dos animais*. Fundamentação e novas perspectivas. Porto Alegre: Sergio Antonio Fabris Ed., 2008.

MIRANDA, Evaristo Eduardo de. *Animais interiores*. Nadadores e rastejantes. São Paulo: Loyola, 2004.

MOLTMANN, Jürgen. *Deus na criação*. Doutrina ecológica da criação. Petrópolis: Vozes, 1993.

MONTAIGNE, Michel de. *Ensaios*. São Paulo: Abril Cultural, 1972. Col. Os pensadores.

NACONECY, Carlos M. *Ética & animais*; um guia de argumentação filosófica. Porto Alegre: Edipucrs, 2006.

PASSOS, João Décio; SANCHEZ, Wagner Lopes (coords.). *Dicionário do Concílio Vaticano II*. São Paulo: Paulinas/Paulus, 2015.

RACHELS, James. Darwin, espécie e moralidade. In: GALVÃO, Pedro (org.). *Os animais têm direitos? Perspectivas e argumentos*. Lisboa: Dinalivros, 2010. p. 177-200.

REGAN, Tom. *Jaulas vazias*. Porto Alegre: Lugano, 2006.

_____. *Vozes vegetarianas*. Disponível em: <http://www.vegetarianismo.com.br/sitio/>. Acesso em: 10 jan. 2014.

_____; SINGER, Peter (org.). *Animal Rights and Human Obligations*. 2. ed. New Jersey: Prentice Hall, 1989.

ROÇA, Roberto de Oliveira. *Abate humanitário de bovinos*. Disponível em: <http://www.cpap.embrapa.br>. Acesso em: 27 dez. 2011.

RONECKER, Jean-Paul. *O simbolismo animal*. São Paulo: Paulus, 1997.

ROUSSEAU, J.-J. *Discurso sobre a origem e os fundamentos da desigualdade entre os homens*. São Paulo: Abril Cultural, 1978. Col. Os pensadores.

_____. *Os devaneios do caminhante solitário*. Porto Alegre: L&PM, 2011.

SINGER, P. *Defending Animal Rights*. Chicago: University of Illinois, 2001.

_____. *Ética prática*. São Paulo: Martins Fontes, 2002. 3. ed., 2006.

_____. *Libertação animal*. Porto Alegre/São Paulo: Lugano, 2004.

SOUZA, Ricardo Timm de. Ética e animais. Reflexões desde o imperativo da alteridade. Porto Alegre, *Veritas*, vol. 52, n. 2, junho 2007. p. 109-127.

SUSIN, Luiz Carlos. *A criação de Deus*. Valencia/São Paulo: Siquem/Paulinas, 2003. Col. Livros Básicos de Teologia, n. 5.

SUSIN, Luiz Carlos. Verbete "Ecologia". In: PASSOS, João Décio; SANCHEZ, Wagner Lopes (coords.). *Dicionário do Concílio Vaticano II.* São Paulo: Paulinas/Paulus, 2015.

THIMMER, Marianne. *Meat The Truth – Uma verdade mais que inconveniente.* Disponível em: <https://www.youtube.com/watch?v=u7LBPHtOBnk>.

TRÉZ, Thales de A. *Instrumento animal;* o uso prejudicial de animais no ensino superior. São Paulo: Canal 6, 2008.

VOLTAIRE. *Dicionário filosófico.* 2. ed. São Paulo: Abril Cultural, 1978. p. 96. Col. Os pensadores.

Impresso na gráfica da
Pia Sociedade Filhas de São Paulo
Via Raposo Tavares, km 19,145
05577-300 - São Paulo, SP - Brasil - 2016